ガザに地下鉄が走る日

岡 真理

みすず書房

ガザに地下鉄が走る日＊目次

ガザに地下鉄が走る日

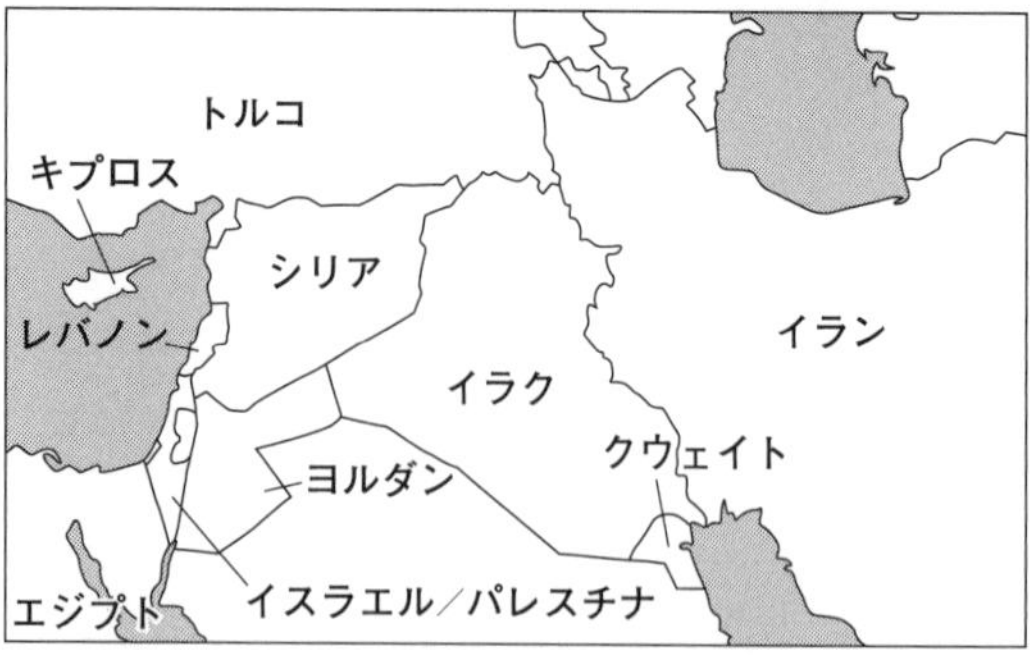
トルコ
キプロス
シリア
レバノン
イラン
イラク
クウェイト
ヨルダン
エジプト
イスラエル／パレスチナ

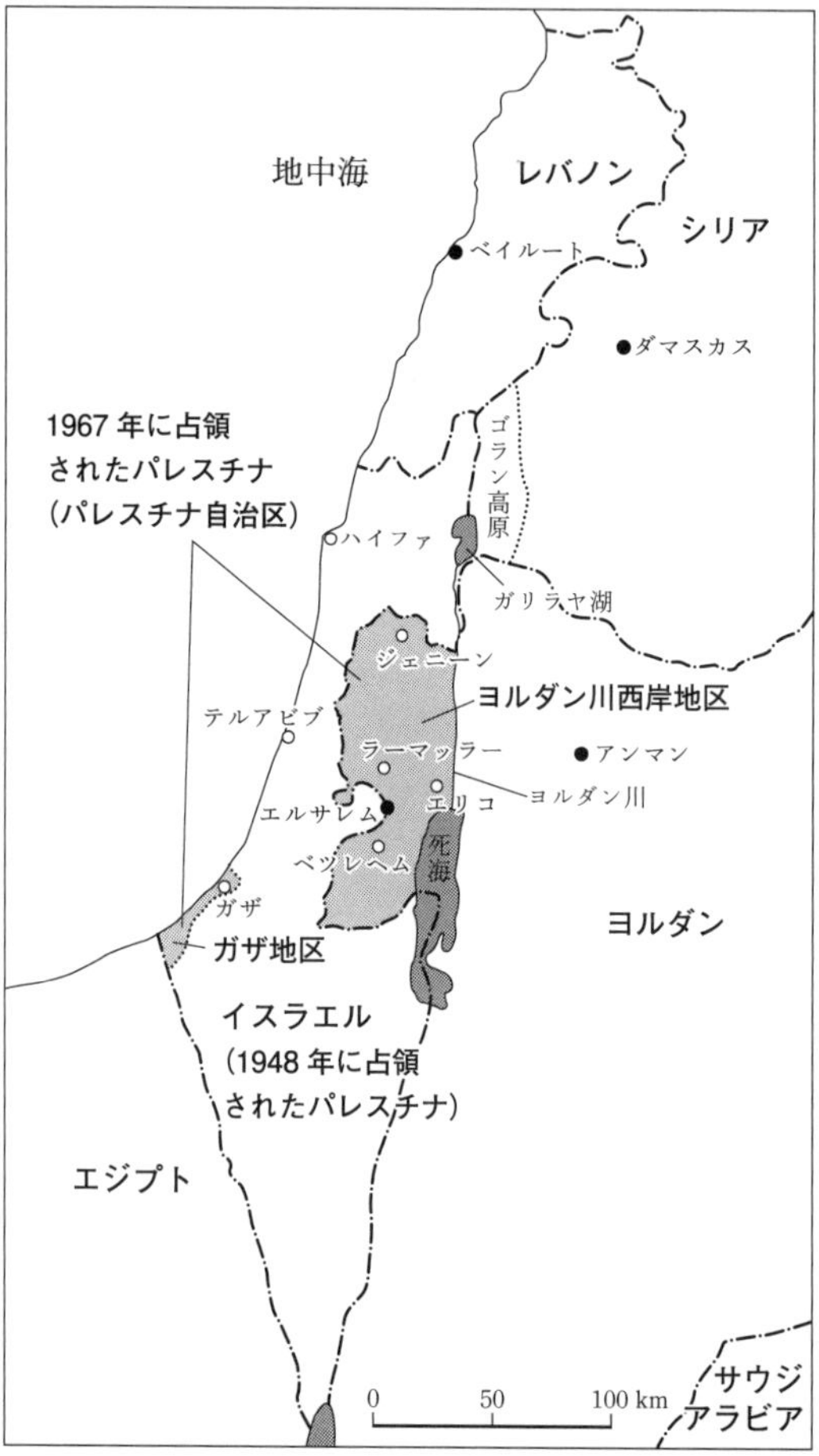
地中海
レバノン
シリア
ベイルート
ダマスカス
1967年に占領
されたパレスチナ
(パレスチナ自治区)
ゴラン高原
ハイファ
ガリラヤ湖
ジェニーン
ヨルダン川西岸地区
テルアビブ
ラーマッラー
アンマン
エルサレム
エリコ
ヨルダン川
死海
ベツレヘム
ガザ
ガザ地区
ヨルダン
イスラエル
(1948年に占領
されたパレスチナ)
エジプト
0
50
100 km
サウジ
アラビア

ありのままの人間の安定した立場は、国民国家の法権利にあっては構想することができない。

――ジョルジョ・アガンベン

一九四八年、パレスチナに「ユダヤ国家」を掲げるイスラエルが建国された。その過程で、この地に住まっていたイスラーム教徒とキリスト教徒のパレスチナ人七〇万余名が民族浄化*され、難民となった。パレスチナ人を襲ったこの民族的悲劇をアラビア語で「ナクバ（大破局）」と呼ぶ。

＊　民族浄化（ethnic cleansing）とは、特定の領域から、自分たちとはエスニシティの異なる集団を集団虐殺、強制追放、その他さまざまな暴力的手段により強制的に排除すること。

第一章　砂漠の辺獄

1　ダイイング・メッセージ

インターネットで見つけた一葉の写真。

砂漠のただなかで五、六歳だろうか、幼い少女が両腕を懸命に上に伸ばして一枚の大きな紙を掲げている。そこには手書きの英語でこう書かれている——“I'm dying in the desert”わたしは砂漠で死んでゆく。背後にはいくつものテントが連なる。場所はイラク・シリア国境の砂漠地帯。時代は二〇〇七、八年ごろ。少女は内戦下のイラクを逃れようとして、国境のはざまのノーマンズランド（緩衝地帯）に留めおかれているパレスチナ人だ。

2　キャンプK

二〇〇四年八月、私はヨルダンの首都、アンマンにいた。

国境の向こう――イラク――で戦争が始まったのはその前年、二〇〇三年三月のことだ。イラク戦争の開戦から一ヵ月後の二〇〇三年四月、合衆国はサッダーム・フセイン政権の崩壊を発表、五月にはブッシュ大統領が早々と戦闘終結を宣言した。だが、それから一年以上がたち、二〇〇四年六月にはイラク暫定政府に主権委譲がなされたものの、イラクの現実は戦闘終結とはほど遠かった。占領に対する住民の抵抗は収まらず、米英軍の空爆による市民の殺傷が続き、爆弾によるテロル、身代金目当ての誘拐がイラクの日常となっていた。ひっくり返ったパンドラの箱からありったけの悪徳があふれ出たかのように、バグダードは――中世イスラーム文明の栄華を誇ったアッバース朝の帝都は――、チグリスが血で赤く染まったと言われるモンゴル軍来襲時以来の、凄まじい暴力に蹂躙されていた。

イラク戦争の開戦直後から、隣国ヨルダンには何十万ものイラク人が祖国の戦火を逃れて難民となってやって来ていた。しかし、二〇〇四年八月のアンマンは、陸続きのほんの数百キロ先で戦争が続いているとはにわかには信じられないくらい、穏やかな日常があった。ホテルでは賑やかに結婚式がおこなわれ、日が落ちると繁華街は家族そろって夕涼みに繰り出す市民であふれた。地図に引かれた一本の線によって隣りあった国々がくっきりと別の色に塗り分けられるように、一本の国境線のこちら側とあちら側で、天国と地獄ほども違う世界があった。

その二年前の二〇〇二年の夏、私は初めてレバノンを訪れ、レバノン国内のパレスチナ難民キャンプをいくつか回っていた。レバノンのパレスチナ人には市民権すらない。パレスチナ人である限り、彼らの身分は「難民」であり、法的、社会的に差別され、ヨルダンやシリアなど、パレスチナ難民が多数居住する地中海東岸のアラブ諸国のなかでももっとも劣悪な人権状況に置かれてきた。さまざまな宗派で構成され（国会も宗派ごとに議席配分されている）、微妙な政治的バランスで成り立っているレバノンに、総人口の一割を占めるパレスチナ人（そのほとんどがスンナ派のムスリムだ）を定住させないための国家政策だ。翻ってヨルダンのパレスチナ人は、かねてよりヨルダン国籍を与えられ、「ヨルダン人」として「国民」の権利に与っていた。[1] 現アブドゥッラー国王の夫人はクウェイト生まれのパレスチナ人であり、先代のフセイン国王の第三夫人もパレスチナ人だった。首相や閣僚になったパレスチナ人もいる。二〇〇四年の夏、ヨルダンに行ったのは、二年前のレバノン訪問に続いて、ヨルダンのパレスチナ難民キャンプを実際に訪ね、そこに生きるパレスチナ難民の肉声に触れ、彼らの生の一端を自分の目で確かめるためだった。

バカア難民キャンプやヒッティーン難民キャンプ[2]など、アンマン近郊のパレスチナ難民キャンプを訪れるかたわら、国連パレスチナ難民救済事業機関（ＵＮＲＷＡ）のアンマン事務所やヨルダン政府のパレスチナ難民問題局を訪ね、また、アンマン在住のパレスチナ難民支援事業の関係者にも会ってお話を聞いた。キャンプＫの存在を知ったのは、日本国際ボランティアセンター（ＪＶＣ）のスタッフとして、当時、現地で活動していた佐藤真紀さんと原文次郎さんからお話をうかがっていたときのことだ。キャンプ・カラーメ、通称キャンプＫ。それは、イラクとヨルダンの国境のはざま、砂漠地帯のノーマンズランドに設けられた難民キャンプだった。

3　国境

大陸にあって島国にないものがある。国境だ。島国には国境がない。陸地を接する隣国が存在しないのだから当然だ。島国にとって「隣国」とはつねに海の向こう、海外だ。だから、島国のことばで「外国」と「海外」は同義であり、この二つはいつでも交換可能だ。島国の人間が外国／海外に行くとき、空路にせよ海路にせよ、物理的に「国境」を越えることはない。空の港、あるいは海の港のパスポートコントロールを出ること、入ることが、国を出ること、入ることだ。だから島国の人間は「国境」を知らない。もちろん頭では知っているけれども、でも実際に、物理的《フィジカル》に国境を越えるという経験をしない限り――いや、より正確には、越えようとして越えられない、目の前に立ちはだかる障壁としての国境を身をもって体験しない限り――「国境」を知ることはできない。

かつて、もう三〇年以上も昔のこと、エジプトに留学していた学生時代、ひと月ほどかけて東地中海の国々を旅したことがある。まずカイロからギリシャのアテネに飛び、そこからバスでまる一昼夜かけてトルコのイスタンブールへ。エフェソスの古代遺跡を訪ねて、夜行列車で首都アンカラに向かい、さらにバスで東へ移動して奇岩奇石で有名なカパドキアへ。それから南下し、アンタキアを経てシリアに入りアレッポへ。地中海岸の街ラタキヤに立ち寄り、内陸部のパルミラ遺跡を訪れたあと、首都ダマスカスへ。そして、バスでダラアからヨルダンに入り首都アンマンへ。本当はペトラ遺跡も見たかったけれど、すでに一カ月に及ぶ長旅に疲れ果て、ペトラは次の機会に見送ることにし、アンマンから空路、カイロに戻った。

アレッポ、パルミラ、ダマスカス、ダラア……。いま、これらの都市の名を、痛みを覚えることなく口にすることはできない。二〇一一年に始まる内戦によって、疫病のように広がった暴力に蝕まれているシリアの国のこれらの地を、三〇年前、私はたしかに旅したのだった。今でも昨日のことのように覚えている。ダマスカス近郊のグータの森の、湧き上がる泉からほとばしる水の清冽さ、アレッポの要塞を吹き渡る六月のそよ風、旧市街のスーク、そしてパルミラ遺跡の、夕陽に薔薇色に染まった、悠久の時を超えて砂漠のなかに立ち並ぶ、ローマ時代の白亜の列柱……。

大陸を陸路、とりわけバスで旅して知ったことがある。「国境線」と言われるけれど、現実の国境は「線」ではなく「面」だということ。国境線には幅があるのだ。それを実感したのはトルコ・シリア国境だった。カパドキアからバスを乗り継ぎ、国境の検問所に到着したとき、日はとうに暮れていた。パスポートコントロールで出国印を押しながらトルコの係官が「歩いて来たのか?」と訊ねた。なぜ、そんなことを訊かれるのか分からぬままに「国境までバスで来た」と答えると、「そうか」と言って出国ゲートのバーを上げてくれたので、そのまま先へ歩いて行った。ところが十数メートルも歩くと辺りは真っ暗で、道の先は漆黒の闇の中に吸い込まれて何も見えなかった。

トルコ側の出国管理を出れば、すぐ目の前にシリア側の入国管理があるのだと思っていた。アテネからイスタンブール行きのバスでギリシャ・トルコ国境を越えたときはそうだった。ギリシャのパスポートコントロールを出て川を渡ると、橋の向こうにすぐ、トルコ側の出入国管理の建物があった。その数カ月前、バスで陸路、カイロからテルアビブに行ったときに通ったエジプト・イスラエル国境もそうだった。だが、辺りをとりまく闇の濃さと静けさに、シリア側の国境が数十メートル先でないことは直観的に分かった。いったい何キロ先にあるのか、そもそも徒歩で辿りつけるものなのか、見当もつかなかった。ああ、だからあの係官は「歩いて来たのか?」と驚いて訊ねたのだ。それは、「シリア側の国境まで、この真っ暗闇のなかをお前は歩いていくつもりなのか?」という意味だったのだ。徒歩と知っても止めずに送り出したのだから、歩いていけない距離というわけではないのだろう。しかし、この漆黒の闇のなか、何が潜んでいてもおかしくはないような気がした。

それ以上、足を踏み出しかねてその場に佇んでいると、後ろから車がやって来た。シリアへ向かう長距離タクシーだった。事情を話すと快く乗せてくれた。タクシーに乗っていたのは、週末を利用してトルコ観光に来ていた中年のシリア人夫婦だった。夫はたしか小学校か中学校の教師だった。アレッポの自宅に帰るところだという。私もアレッポに行くつもりだと告げると、そのままアレッポ市内の適当なホテルまで乗せて行ってくれることになった。シリア側の国境までどれくらいかかったか、正確な時間は覚えていない。だが、闇のなか、蛇行が続く丘陵地帯の道をタクシーはかなりの時間、走っていた記憶がある。夫妻はアレッポの街の、小ぎれいな宿までタクシーで案内してくれた。アレッポ、このシリア最大の都市は、内戦で市街戦の舞台となり、歴史的な旧市街のスークも灰燼に帰してしまった。あの心優しい夫婦はどうしているだろうか。故郷を破壊され、いま、どこで、どのような思いで生きているのだろうか……。

国境と国境のあいだには、場合によっては数キロ以上に及ぶ緩衝地帯が存在するのだということを、国を出ただけでは、隣の国に自動的に入れるわけではないのだということを、私は一九八三年六月の頭、ラマダーン月が始まった最初の日に、トルコ・シリア国境で知ったのだった。このことは、別の視点に立てば、次のようにも言えるだろう。この世界のすべてが、あたかも隙間なく国民国家の網の目に覆い尽くされてしまったかのように見える今日、しかしその一方で、国民国家と国民国家を分かつ国境と国境のあいだには「空隙」が存在するということ。国境と国境のはざま、国民国家と国民国家のはざまの空隙——ノーマンズランド。何者のものでもない土地。国民国家の外部、いや、もしかしたらそれは、「この世界」そのものの外部なのかもしれない。

4 No Man

イラク・ヨルダン国境の砂漠地帯にも、何キロにも及ぶ緩衝地帯——ノーマンズランド——が広がっている。イラク戦争が始まった直後から、戦火を逃れて何万、何十万ものイラク人市民がここを通って隣国のヨルダンに避難した。だが、イラク側の国境は通過したものの、ヨルダン側の国境で入国を拒否されて、ヨルダンに入ることができない者たちがいた。イラクのパレスチナ人とクルド人だった。イラク人であれば、イラクの情勢が落ち着けば国に戻るだろう。祖国なのだから。外国人であれば、ヨルダンを経由して、やはり自国に戻るだろう。だが、国家を持たないパレスチナ人やクルド人は？

パレスチナ人が人口の半分以上を占め、レバノンとは対照的にパレスチナ人にも国籍が与えられ、近隣アラブ諸国のなかではパレスチナ難民がもっとも厚遇されているかに見えるヨルダンだが、首相や王妃となるパレスチナ人がいる一方で、難民となって半世紀がたっても、依然、劣悪な難民キャンプ暮らしを余儀なくされている数十万もの貧しいパレスチナ人がいる。彼らは自ら好きこのんでヨルダン人になったわけでも、異邦暮らしをしているわけでもない。彼らにとって祖国はあくまでもパレスチナであり、祖国への帰還こそ彼らが求めているものだ。

「ヨルダン人」としてヨルダン社会で政治的、経済的に成功できるパレスチナ人とは異なり、難民キャンプに暮らす貧しい彼らの、パレスチナ人としての民族意識、政治意識は先鋭化する。イスラエルと和平条約を結び、パレスチナ人をヨルダン国民として扱い、「ヨルダンが第一」という国家スローガンを掲げてパレスチナ・ナショナリズムを抑圧するヨルダンの国家体制は、彼らにとっては、イスラエルと共謀して彼らのパレスチナ帰還を阻む「敵」にほかならない。故フセイン国王が王政維持と引き換えに、ヨルダンのパレスチナ難民を故郷に帰還させないことを秘密裏にイスラエルに約束していたことも、今では周知の事実だ。ヒッティーン難民キャンプに隣接する形で警察署があるのも、国家体制にとって彼らが監視と管理の対象であることを露骨に物語っている。当局者は「他意はない、偶然だ」と言っていたけれど、イスラエル占領下のパレスチナ人同胞に何かあると、いち早くこれら難民キャンプで連帯デモが組織され、デモは直ちにヨルダン官憲によって弾圧され、死者が出ることもある。ヨルダン国籍を持つことが社会上昇のためのパスポートになるパレスチナ人が存在するのも事実だが、他方で、何十年たっても難民キャンプで暮らすこれらの貧しいパレスチナ難民にとって「ヨルダン国籍」とは、彼らを政治的に閉じ込める監獄に過ぎない。

ヨルダンやシリアやレバノンのパレスチナ難民がそうであるように、イラクのパレスチナ人もまた、一九四八年のナクバ、すなわち「ユダヤ国家」イスラエルの建国にともなう民族浄化で故郷パレスチナを追われ、イラクに渡った難民たちとその子孫だ。イラク戦争とそれに続く内戦の惨禍はイラクに暮らす者たちを等しく襲ったが、しかし、パレスチナ人にはパレスチナ人であるがゆえの悲劇が待っていた。アラブ社会主義を掲げ、「パレスチナの大義」を体制正当化の資源に利用したサッダーム・フセインの独裁体制のもとで厚遇されたパレスチナ人は、フセイン政権の崩壊後、日々、死神に魅入られたかのようにとめどなく噴出する暴力のなかで迫害の対象となったのだった。パレスチナ難民にとってイラクはもはや安全な寄留地ではなかった。

彼らがヨルダンに入国すれば、帰るべき国を持たない彼らは、パレスチナ難民としてそのままヨルダンに定住するだろう。ヨルダン国家にとっては、潜在的な「まつろわぬ民」をさらに抱え込むことになる。イラクという寄留地を追われた彼らが、ヨルダンで、この地の難民キャンプに暮らす同胞たちの列に加わり、祖国パレスチナへの帰還の実現を要求しないと誰に言えよう。イラク人やその他の外国人が難民としてヨルダンに迎え入れられているかたわらで、パレスチナ人であるがゆえにイラクを追われた彼らは、パレスチナ人であるがゆえにヨルダン入国を拒絶され、夏は気温が摂氏五〇度を超え、冬は零下となる砂漠のただなかに何カ月も留めおかれることになった。イラクに戻ることは可能だったが、イラクにいれば死の危険があるからこそ逃げてきたのだ。だから、そこに留まるしかなかった。祖国を持たないがゆえに、国境のノーマンズランド、この世と地獄を分かつ、砂漠の辺獄に。

ノーマンの土地の住人たちである彼らはNo Manだった。いま、この世界にあって、国を持たないということはノーマン、すなわち何者でもない者、人間ならざる者であることを意味する。国を持たざる難民とはノーマンなのだ。国民国家の空隙に落ち込んだノーマン。彼らは人権とも、彼らを守る法とも無縁だ。「法」も「人権」も、それは「人間《マン》」、すなわち「国民」の特権なのだということ。国民でない者は「人間」ではない、それが、普遍的人権を謳うこの世界が遂行的《パフォーマティヴ》に表明している紛うことなき事実であり、その事実が——彼らが「国民」ではないために「人間」ではないという事実、それゆえに人権や人間を護るべき法の埒外の存在であるという事実が——露わになるのが、ここノーマンズランドだ。

私たちがもし、「国境」を真に知らないとしたら、それは私たちが単に島国で生まれ育ったから、というだけではない。私たちが「国民」であるから、国家によって幾重にも護られた存在であるから――「パスポート」とはその証にほかならない――、越えようとしても越えられない障壁として国境が私たちの前に決して立ち現れることがないからだ。海にせよ砂漠にせよ、国と国を分かつその間隙を、生と死を分かつ辺獄として、私たちが決して経験することがないからだ。

国境と国境のあいだの辺獄に留めおかれた彼らのために、砂漠のなかのノーマンズランドに設けられたキャンプ・カラーメ。なんという皮肉だろう、キャンプ・カラーメの「カラーメ」とは、アラビア語で「尊厳」を意味する。

ＪＶＣの佐藤さんと原さんは、キャンプ・カラーメでテント暮らしを余儀なくされているこれら難民たちの支援活動に携わっていた。とりわけ学齢期にもかかわらず、教育機会を奪われている子どもたちをケアし、サポートするプロジェクトをおこなっていた。前回、キャンプを訪問したときは、ファッション雑誌を何冊か持参し、子どもたちがそこに載っているドレスの写真を切り抜いて、紙の人形の着せ替えを楽しむというワークショップをしたそうだ。長期にわたる砂漠のなかのテント暮らしで、当然のことながら病気になったり亡くなったりする者たちもいる。つい先日には、少年が緩衝地帯の道路を走っていた車に撥ねられて亡くなったという。喉が渇いた少年は、コーラを買うお金を無心するために、走って来た車に駆け寄って撥ねられたのだった。喰うに事欠く難民がコーラを？　と一瞬、思った。だが、この子たちは、ついこのあいだまで、イラクで市民生活を営んでいたのだ。国連による全面的な経済制裁下ではあったが、それでも、学校に通い、家ではテレビを見て、アイスクリームだって食べていただろうし、コーラだって飲んでいただろう、私たちと同じように。

私はキャンプKを訪ねることはできなかった。国境の外のキャンプであり、国連から許可を得て活動するNGOのスタッフでなければ行くことができなかった。だが、実際に訪れたわけでも会って言葉を交わしたわけでもない者たち、「尊厳《カラーメ》」という名とは裏腹に、人間の尊厳の極北におかれ、砂漠の辺獄に宙吊りにされているこれら難民たちの存在は、その夏、私がヨルダンで体験したほかの何にも増して私の脳裡に深く刻まれ、日本に帰って来てからもずっと、彼らのことを思わずにはおれなかった。あれから十数年以上の歳月が過ぎても、彼ら、辺獄に住まう死者ならざる死者たち——ノーマンである彼らは十分にこの世の「生者」であるとは言い難い——のイメージが、ふとした折々に脳裡によみがえった、亡霊のように（ああ、そうか、「よみがえる」とは、黄泉から帰ることなのだ、と今、綴っていて思う）。あの夏、ヨルダンに行ったことは、ひとえにキャンプ・カラーメの存在に、ノーマンなる者たちに出会うためだったと言っても過言ではなかった。それ以来、人間《ノーマン》ならざる者たちの亡霊が、私の生の伴走者となった。

冒頭、紹介した写真は、数年前、インターネットで画像検索して見つけたものだ。イラクのパレスチナ難民がイラク・シリア国境の緩衝地帯に留めおかれていることを伝える、アメリカのNGOスタッフによる二〇〇八年のレポートに添えられた写真だ[3]。私がヨルダンを訪れてから三年以上たってなおイラクの内戦は収まらず、国外に脱出する難民たちは後を絶たず、パレスチナ難民はシリアでも入国を阻まれて、国境のはざまの砂漠のノーマンズランドで、世界の関心の埒外に依然として棄ておかれていた。だが、幸運にもシリアに入国できた者たちはその数年後、今度は、イラクを凌駕するシリアの内戦によって再び難民化することになる。

5 暗黙の虚構

二〇一五年夏、ヨーロッパに押し寄せる中東難民の問題が日本でもマスメディアで盛んに報じられた。難民たちの大半がシリア難民だ。シリアの内戦が始まったのは二〇一一年。その後の五年間に、二二〇〇万の総人口のうち四五〇万を超える者たちが、戦場と化した故郷を逃れ難民となって、レバノンやヨルダン、トルコなど近隣諸国に脱出した。国連難民高等弁務官事務所（UNHCR）によれば、二〇一八年九月現在、その数は五六〇万人を超える。

「中東」と言うと砂漠のイメージが強いが、シリアとレバノンを分かつレバノン山脈は、高いところは三〇〇〇メートルを超える一大降雪地帯だ。冬がめぐって来るたびに、山中の難民キャンプで難民たちは飢えと寒さに見舞われて、抵抗力のない乳幼児が死んでいった。だが、彼らが中東の国々で「中東の難民問題」でいる限り、大きく報じられることもなければ、社会的関心を集めることもなかった。レバノンは人口五〇〇万だ。そのレバノンがこの間、人口の実に二〇パーセントにあたる百万人以上のシリア難民を受け入れている。日本の人口比に換算すれば二四〇〇万人に相当する（二〇一八年九月現在、ヨルダンは六七万人、トルコにいたっては三五〇万人以上だ）。やがて、グラスに満杯になった水が溢れこぼれるように、これら中東の周辺諸国というグラスから溢れ出た難民たちが怒濤のようにヨーロッパへ押し寄せて、「ヨーロッパの難民問題」となって初めて彼らのことは日本でも連日、大きく報道されるようになり、私たちにとって彼らは、ハンガリー人の女性カメラマンが難民の子どもを足蹴にしたことに憤りを覚える程度には、ほんの少しだけ「他人事」ではなくなった。

地中海の彼岸に辿り着けたからと言って、その先に必ずしも天国が待っているわけではない。(4) しかし、それでも、「ヨーロッパの難民問題」になれた者たちは、まだしも幸せだと言える。たとえそれが「排除すべき難民」「潜在的テロリスト」としてであれ、欧米世界の——ということは「この世界」の——政治言説空間に、彼らがこの世界に存在するという事実がたしかに書きこまれたのだから(同じように、一九六〇年代後半から一九七〇年代前半にかけて、祖国解放のための武装闘争を開始したパレスチナ人にとっては、「テロリスト」というネガティヴな表象であっても、彼らが政治的主体として表象され、世界にその存在を認識されることが決定的に重要であり、表象を持たず、「気の毒な難民」として忘れ去られるよりはるかに歓迎すべきことだった)。彼らの背後には、彼岸に辿り着くことができずに、「ヨーロッパの難民問題」にも「この世界の住民」にもなることもできずに、地中海の藻屑となって消えていく、あるいは、雪の中の難民キャンプで寒さに震えながらひもじさで死んでいく数知れぬノーマンたちがいる。

従兄とともにロンドンを目指すアフガン難民の少年を主人公に、パキスタンからイギリスまでの彼らの旅路をドキュメンタリータッチで描いたマイケル・ウィンターボトム監督の映画『イン・ディス・ワールド』(二〇〇二年)は、英国に入国を果たした主人公が難民キャンプの家族に電話で、従兄が「この世界にはいない」と告げる場面で終わる。従兄はトルコからイタリアに密航するとき、密閉されたコンテナのなかで窒息死したのだった。映画のタイトルともなっている「この世界」ということばには、「あの世」と対比される「この世」と同時に、この世で十全に人間として生きる者たちの世界という二重の意味がこめられている。パレスチナ難民出身の作家、ガッサーン・カナファーニーにも『われわれのものではない世界』と題する短篇集がある。

ノーマン、何者でもない者たち。何者でもないがゆえに、ただ人間でしかない者たち。人間でしかない彼らは、人間が何者かであることによって——たとえば市民であるとか国民であるとかに——付随するいっさいの諸権利をもたない。イタリアの哲学者、ジョルジョ・アガンベンの言葉を借りるなら、これら「ありのままの人間」たちは、だからこそほかの誰にも増して人権によって護られることを必要としていながら、しかし、現実には、彼らこそがこの地上で、人権の彼岸に置かれている。

たとえば二〇一一年以来、UNHCRは、本格的な冬の到来を前に毎年、降雪地帯の難民キャンプに滞留しているシリア難民の越冬キャンペーンをおこなっているが、暖かい衣類や暖房器具、電気毛布といった、彼らが生き延びるために死活的に必要としているこれらの物資は、キャンプが孤絶した遠隔地にあることや、資金難といった障害によって難民たちに十分行き渡らせることができない。人権もまたそれと同じように、難民問題を所掌する国際機関の機能不全や資金難、あるいは受入国の排外主義といった障害のせいで、それをもっとも必要としている者たちに行き渡らないのだろうか。そうではないとアガンベンは言う。

人権なるものが、その言葉とは裏腹に、「ありのままの人間」の権利ではいささかもなく、市民や国民である者たちの特権であるという人権をめぐるこの背理《アポリア》は、実は背理ではなく、国民主権を基礎とする国民国家の誕生の中に書きこまれたものであることをアガンベンは、エッセイ集『人権の彼方に』所収の表題作において、次のように論じている。

国民国家 **Stato-nazione** とは、生まれ **natività** ないし誕生 **nascita** を（つまり人間の剝き出しの生を）自らの主権の基礎とする国家を意味している。［…］生まれという要素をあらゆる政治的連合の中心に記入した（第一条と第二条）からこそ、この宣言は、主権の原理を国民 **nazione** に（もともとたんに「生まれ」を意味する **natio** という語源に沿って）強く結びつけることができるのだ（第三条）。［…］アンシアン・レジームにおいては、生まれの原則と主権の原則は分離されていたが、この二者がいまや取り返しのつかない仕方で一つになり、新たな国民国家なるものの基礎を構成する。ここで暗黙のものとなっている虚構とは、**生まれ**がただちに**国民**となる、ということである。そうして、この二つの契機の間にはいささかの隔たりもありえないということになる。したがって、権利が**人間**に与えられるのは、**人間**が**市民**の登場とともに即座に消滅する前提である（**人間**は**人間**としては決して明るみに出てはならない）限りにおいてでしかない。(5)（傍点引用者）

砂漠の辺獄は、国境と国境のはざまにのみ存在するのではない。「人間と市民の同一性、生まれと国籍との同一性を破断する」難民という死者ならざる死者たちが住まう空間はどこであれ、すべて砂漠の辺獄であり、そこにおいて「この世界」を成り立たしめている暗黙の虚構——人間の生まれと国民になるということのあいだにいささかの隔たりもありえないという、国民国家を基礎づける虚構——が白日のもとにさらされている。アガンベンはそのエッセイを、「人間の政治的な生き延びは、空間がこのように穴をあけられて位相幾何学的に変形を受けた地上にあってのみ、自分が難民であるということを市民が認めることができる地上にあってのみ、思考することができる(6)」という一文で締めくっているが、まさに砂漠の辺獄とは国民的領土に穿たれた、アガンベンの言う、この「位相幾何学的な穴」であり、パレスチナを思考するとは、ノーマンとともにこの砂漠の辺獄から世界を思考するということにほかならない。

註

（1）ヨルダンは一九五〇年、ヨルダン川西岸地区を併合し、一九五四年に制定した国籍法で、ヨルダンに在住し、ナクバ以前にパレスチナの国籍を有していたパレスチナ人にヨルダン国籍を付与することを決定した。これによりヨルダンのパレスチナ人のほとんどはヨルダン国籍を有することになった。ただし、一九六七年、第三次中東戦争でイスラエルに占領されたガザを逃れてヨルダンにやって来た難民たちに関しては、市民権がなく、レバノンのパレスチナ人と同様の状態に置かれている。

（2）いずれも、一九六七年の六月戦争を逃れてヨルダンにやって来たパレスチナ人難民を収容するために、アンマン近郊に設けられた緊急キャンプ。バカア難民キャンプは、ヨルダンで最大のパレスチナ難民キャンプ。

（3）"The Iraqi Palestinian Crisis" Tuesday, 8 April, 2008, Guest blog by Refugees International Senior Advocate Kristele Younes and Refugee Council USA Director Elizabeth Campbell　http://thegroundtruth.blogspot.jp/2008/04/iraqi-palestinian-crisis.html

（4）カンヌ映画祭でパルムドールを受賞したフランス映画『ディーパンの闘い』（原題 "Dheepan" ジャック・オーディアール監督、二〇一五年）が、スリランカからパリに渡った難民を主人公に描いているのはこの悲劇だ。

（5）ジョルジョ・アガンベン『人権の彼方に――政治哲学ノート』、高桑和巳訳、西谷修解題、以文社、二〇〇〇年、二八―二九頁（Giorgio Agamben, MEZZI SENZA FINE, 1996）

（6）アガンベン、前掲書、三四頁

第二章　太陽の男たち

歩みをとめて
そっと　小さい手を握りながら
「大きくなったらなんになる?」
「人になるよ」
弟の説はまこと　未熟な答えだ。
尹東柱「弟の印象画」(金時鐘訳)

1　ターレクの山

一九九〇年十二月の暮れ、私はジブラルタル海峡にいた。

その二年半前の一九八八年の春、専門調査員としてモロッコの日本大使館に赴任した私は、首都ラバトで二〇代最後の三年間を過ごした。帰国を三カ月後に控えた最後の年末年始休暇をアンダルシアで過ごそうと、十二月の末、モロッコ北部の港町タンジェからフェリーでスペインのアルヘシラスに渡った。冬のジブラルタル海峡がどのようであったか、灰色の空以外、何も覚えていない。記憶にも残らない、小一時間ほどの船旅だった。

大使館で唯一のアラビストであった私の仕事のひとつは、毎朝、モロッコのアラビア語の主要紙に目を通すことだった。当時はまだ先代のハサン二世（一九二九―九九、在位一九六一―一九九）の治世で、どの新聞も一面には毎朝、国王の写真がでかでかと掲げられ、トップニュースはつねに国王のことだった。「国王陛下がどこそこを訪問」、「国王陛下が誰それと会見」、国王陛下が、国王陛下が……。「国軍の最高司令官にして天才《アブカリー》かつ賢者《ハキーム》、信者の統率者《アミール・アル＝ムーミニーナ》であるハサン二世国王陛下……」と、見出しにはいつも、国王を修飾する大仰な形容詞やタイトルが最大級の活字で躍っていた。第三次世界大戦が勃発しても、トップニュースはきっと国王のことなのだろうと思ったものだ。新聞だけではないことはテレビも同じだった。

まっとうなジャーナリズムが存在しないのは、表現の自由が存在しないためであり、「独裁」の証である。それは、ムバーラクのエジプトでもアサドのシリアでも、カッザーフィのリビアでも、ベンアリのチュニジアでも似たりよったりであっただろう。二〇一一年、チュニジアで始まった政権打倒の運動がチュニジア一国の革命にとどまらず、一連の「アラブ革命」に発展した淵源には、王制か共和制かを問わず、アラブ諸国の地下を流れる、この「独裁」という底流がある。

あるとき私に「モロッコ人がなぜ毎日、新聞を買うか知ってるかい？」と訊ねたのが誰であったのか、今ではもう思い出せないが、彼の答えだけははっきりと覚えている――「クロスワードパズルをするためさ」。モロッコ紙に読むに値する記事などないという、ジャーナリズムの不在を自嘲しながら国王独裁を暗に批判したジョークだ。あの頃もしかしたら、クロスワードパズルもせずに、モロッコで新聞を熱心に読んでいたのは、私ぐらいのものだったのかもしれない。

そうやって毎日、新聞を読んでいると、時折、モロッコ北部の地中海岸、あるいは大西洋岸の浜辺に溺死体が打ち上げられているのが発見されたという記事を紙面の片隅に見つけることがあった。夜の闇に紛れて密航しようとしてスペインの海上警備隊に見つかり、海に飛び込んで溺れ死んだ若者の遺体だ。若年人口の多いモロッコでは、当時、若者の失業率も高く、国にいても未来を見出せない若者たちが命の危険を冒して、スペインへの密航を試みていた。より良い生、暮らし、人生を求めて、向こう側の世界へ渡ろうとして、国境のはざまで命を落とす若者たち。ああ「太陽の男たち」だ、と思った。

2 ノーマンズランド

広い会場の床はいくつもの区画に整然と区切られ、そこに古着が敷き詰められている。その奥には、うずたかく積まれた古着の巨大な山。録音された人間の心臓の鼓動の音が会場を満たす。五月のニューヨーク。おそらくは、何千着という古着から醸し出される匂いもまた、屋内にそこはかとなく立ち込めていたにちがいない。古着の山の傍らに置かれたクレーンが、ショベルで古着の一部を拾い上げてはわきに落とす。いつ、どのタイミングで、山のどの部分の古着をどれだけ拾い上げるかは、クレーンの操縦席に座った男の恣意に委ねられている。フランスのアーティスト、クリスチャン・ボルタンスキー（一九四三—）のインスタレーション作品「ノーマンズランド」（二〇一〇年）だ。

服、靴、眼鏡……人が身につけるものは、なべて人間なるものの換喩である。エルサレムのヤド・ヴァシェム（ホロコースト記念館）とワシントンのホロコースト・ミュージアム。ナチスの絶滅収容所の展示セクションに辿り着くと、その入り口にはどちらも、床いっぱいに小さな靴が敷き詰められていた。かつて、第二次世界大戦末期、解放された絶滅収容所に入った連合軍の兵士たちを出迎えたのは、被収容者から没収された服の山、靴の山、眼鏡の山だった。七〇年後の今、これらホロコースト・ミュージアムでは、絶滅収容所の展示の入り口で、床を覆い尽くす小さな靴たちが来訪者を出迎える。収容所に連れて来られた、ヨーロッパ各地のユダヤ人の子どもたちが履いていた靴。いったい何百足あるのか。ナチスの占領地域からかき集められたユダヤ人が、貨物列車の貨車に百人以上もすし詰めにされて、何昼夜もの旅を経て収容所に送られてくる。どの靴も汗と尿にまみれていただろう。履いていた子どもたちの体臭が——出来事の記憶が——拭い去りがたく滲みこんだ靴。灰色の絵の具を上塗りしたように、どの靴もすっかり色褪せている、まるで亡霊の履物であるかのように。近づくとそれらの靴から、七〇年という時を隔てて、そのときの匂いが立ちのぼってくる。にわかに両腕が粟立つ。

靴、とりわけ遺された靴は、それを本来、履いているべき者の身体がそこにないことで、人間の非在・消失を強く喚起する。ホロコースト・ミュージアムの床に敷き詰められた色褪せた靴の群れが、その幼い履き手たちを見舞った不条理な死のメタファーであるならば、人の姿を象る服とは、人間そのものの換喩であり、古着で構成された「ノーマンズランド」は、強制収容所のメタファーだ。古着が敷きつめられたいくつもの区画は、収容所の敷地に建ち並ぶバラックを表現していよう。そして、気まぐれに下りて来ては拾い上げた古着を移動させるクレーンは、収容所から解放されて生き延びることができる者とそうでない者を選別する「神の手」であるとボルタンスキーは言う(1)。

ボルタンスキーの父親はウクライナ出身のユダヤ人だ。ナチスによるフランスの占領時代、父親はパリの自宅アパートの地下に身を潜めてホロコーストを生き延びた。戦後、収容所から生還することのできた両親の友人たちから、クリスチャン少年は収容所の話を聞くことになる。ボルタンスキーの作品はつねに「生と死」や「記憶」をテーマとする。彼のアートの根源には、幼い頃、生還者から聞かされた、この強制収容所の記憶のトラウマが、そしてユダヤ人の血が流れる自分自身をとりまくこの世界そのものに対する実存的不安——「世界」とは、いつなんどき、牙を剝いて自分に襲いかかってくるか分からない、そのような不条理な暴力をはらんだ場であるという不安——がある。(2)

人の姿をした古着は人間それ自身の換喩であると同時に、それを着る肉体がもはや消失したそれは、亡骸のメタファーでもある。積み上げられた古着の山は、いつ訪れるとも知れない神の手による救済を希求する収容所の囚人たちであるだけでなく、そこで人知れず息絶えて、その死を誰にも知られず、その名を記憶されない者たちの遺骸の堆積を想起させる。アラン・レネの映画『夜と霧』(一九五五年)における、あるいはヤド・ヴァシェムやワシントンのホロコースト・ミュージアムの展示モニターでエンドレスに流されていた、絶滅収容所に遺された亡骸の山の記録映像を思い出す。収容所を解放した連合軍が撮影したものだ。これら放置された遺体を埋葬することが、収容所を解放した連合軍兵士たちの最初の任務のひとつだった。だが、遺骸はあまりに膨大過ぎて、ひとつひとつ丁寧に葬ることができず、塵芥を始末するようにブルドーザーのショベルで機械的に処理されていた。古着を拾い上げてはぞんざいに傍らに落とすクレーンのように。「人間はあのように死んではならない」(3)(石原吉郎)なら、古着の山は、人間がそのように死んではならない死、人間から名を、個の尊厳を剝ぎとる大量死の犠牲者たちのメタファーでもある。

　ボルタンスキーがこの作品を「ノーマンズランド」と名づけたのは、強制収容所が、そこにおいて人間が、人間であることの一切の意味を剝ぎとられ、ただの数字に、人間ならざるもの《ノーマン》に還元されてしまう場だからだ。同時に、いま（二〇一六年四月現在）、この作品を観るならば、真っ先に想起されるのは、戦禍を逃れてシリアを脱したもののヨルダン入国が認められずに、シリアとヨルダンの国境のはざまのノーマンズランド――「砂漠の辺獄」――に滞留している一万人ものシリア難民たちのことだ。彼らのうちの誰が、いつ国境を越えて、辺獄の死者から「この世界」の住人となるか、それは「神の手」に、すなわち「この世界」の住人であることを自明とし、国民であることと人間であることのあいだにいささかの乖離ももたない者たちの気まぐれに委ねられている。さらに古着の山は、国境を越えることなく、国境と国境のはざまの砂漠で、あるいは欧州と中東やアフリカを隔てる地中海で、世界に知られることなく息絶えて消えていく難民たちの亡骸の堆積にも見える。

　国境の緩衝地帯と収容所とは、その本質において実は同じものだ。どちらも国民国家から放逐された人間が、その存在から国民／市民であること、社会のなかで何者かであることを剝ぎとられ、人間以外の何ものでもない、ただ人間でしかない存在、ただ生きている命、剝き出しの生に還元されて法外の存在となる、そのようなトポスである。あるいは、こうも言えるかもしれない。緩衝地帯としてのいわゆる「ノーマンズランド」が国民国家と国民国家の境界、国境と国境のはざまに存在する「砂漠の辺獄」であるとしたら、キャンプ／収容所とは、国民国家の内側に存在する「砂漠の辺獄」であり、アガンベンの言う、国民的領土に穿たれた「位相幾何学的な穴」であると。

二〇一〇年一月、ボルタンスキーがパリで「人間たち（Personnes）」というタイトルのもと発表した作品を同年五月、ニューヨークのアーモリー（旧武器庫）で「ノーマンズランド」と題して展示したとき、彼が、国境と国境のはざまのノーマンズランドをどこまで意識していたかは分からない。だが、古着で強制収容所の暴力を象徴したその作品を観るほどに、キャンプ／収容所なるものと砂漠の辺獄たるノーマンズランドが、人間の実存にとって同じ意味論的トポスであることを強く意識せざるをえない。だとすれば、自身難民でもあったガッサーン・カナファーニー（一九三六―一九七二）が小説『太陽の男たち』(4)（一九六三年）において、四人の難民の男たちを主人公に、難民キャンプで呻吟するパレスチナ人の政治的生き延びの問題を、イラク・クウェイト国境のノーマンズランドを舞台に描いたのは、けだし当然のことであったと言える。

3　太陽の男たち

イラク南部の大都市バスラ。チグリスとユーフラテスが合流した大河、シャット・エル＝アラブ川が流れるその街に三人のパレスチナ難民の男たちが、三者三様の理由でクウェイト入国を目指してやって来る。作中、幾度も繰り返される「十年」という言葉が示唆するように、一九四八年のナクバ、すなわちイスラエル建国にともなうパレスチナの民族浄化で、彼らが故郷を追われ、難民となってから十年目の八月のことだった。クウェイトに行けば仕事がある。ナクバで家も、オリーブの樹々も、何もかも失い、この十年間、ただ故郷に戻ること、それだけをひたすら想いながら国連の援助に縋って生きてきた初老のアブー・カイスは、まだ幼い子どものこれからの学資を稼ぐために。政治活動でヨルダンの官憲から追われている青年アスアドは、新しい人生を切り開こうとして。そして、医者を目指していた十六歳のマルワーンは、クウェイトで働いて家族を養っていた兄が突然、結婚し、仕送りを止めてしまったために、学業を諦め、兄の代わりに働いて、夫に捨てられた母と幼い弟妹を養おうとしていた。おのおの理由は違えど、家族や自分の生き延びのために、クウェイトで働くことにみな、それぞれの人生を託していた。

パスポートもヴィザもない難民たちは密入国するしかない。なんとかバスラまで辿り着いたものの、密入国の案内を請け負う業者との折り合いがつかないでいた三人の前に、ひとりのパレスチナ難民の男が現れて、彼らの国境越えを申し出る。クウェイトの金持ちのお抱え運転手をしているこの男、アブー・ハイズラーン（竹竿親父）は翌日、給水トラックを運転してクウェイトに戻ることになっていた。給水タンクに水は入っていない。その空のタンクに身を潜めて国境を越えることを男は三人に提案する。

翌朝、四人を乗せたトラックは、灼熱の砂漠を一路、イラク・クウェイト国境を目指して走る。イラク側の国境の検問所が近づいた。夏、砂漠気候のバスラ地方の気温は五〇度を超える。金属製のタンクの屋根に滴り落ちた汗は、音を立てて瞬時に蒸発する。砂漠の太陽に灼かれたそのタンクのなかに三人は身を隠す。七分の辛抱だ、そう言って検問所の前で車を停めるや脱兎のごとく車から飛び出したアブー・ハイズラーンは、猛スピードで出国手続きを済ませるとトラックに駆け戻りエンジンをかける。そして検問所が視界から見えなくなるところまで一気に走り去り、車を停めるとタンクの屋根によじ登り蓋を開け、憔悴しきった三人の男たちを地獄の竈の底から引き上げた。

イラク側の検問所は無事、通過した。難民の男たちを乗せて、砂漠のノーマンズランドをひた走るトラック。やがてクウェイト側の検問所が近づき、三人は再び、地獄の竈に入る。アブー・ハイズラーンも先刻と同じように、猛烈な勢いで入国手続きに向かう。だが、エアコンの効いた快適な事務所で暇を持て余しているクウェイトの役人たちは、格好の暇つぶし相手が来たとばかりに、彼を無駄話につき合わせようとする。なにをそんなに急いでいる？　お前も隅におけない奴だ、例の踊り子のことを教えろよ、名前は何と言った？　ずいぶんと別嬪らしいじゃないか……刻々と過ぎていく時間。役人の手から入国書類をひったくり、猛然と車を走らせるアブー・ハイズラーン。車を停め、鉄の蓋を開けたとき、すでに二〇分以上が経過していた。名前を呼んでも、応える者はなかった。

中東で、あるいは欧州の水際で、国境を越えるに越えられず、世界の忘却のなか、ノーマンズランドで絶命していく者たちの悲劇。現代世界におけるこの今日的悲劇は、前章でも触れたようにマイケル・ウィンターボトム監督の『イン・ディス・ワールド』(二〇〇二年)をはじめ、いくつかの映画で描かれているが(5)、カナファーニーはこれを今から五〇年以上も前に、灼熱の砂漠のノーマンズランドに放置され焦熱地獄と化したタンクのなかで窒息死する難民の男たちという、忘れがたい鮮烈なイメージで形象化したのだった。

アブー・ハイズラーンを運転手に雇っているクウェイトの富豪、ハッジ・リダーは、客人たちを招いて砂漠で狩りをするために、国境など存在しないかのように易々とクウェイトとイラクを行き来する。その同じ砂漠、同じ国境を、三人の男たちは越えられずに窒息死する。私にとっては観光旅行の一コマ、旅の記憶にすら残らないジブラルタル海峡を、モロッコの若者たちが越えられずに海に散っていくように。あるいはクルーズを楽しむエーゲ海が、中東難民たちにとっては決死の覚悟で渡る辺獄であるのと同じように。

現在、中東と欧州を舞台に生起している「国境と難民」という問題について私たちが思考する上で、カナファーニーの『太陽の男たち』は、今、あらためて読まれるべき作品である。しかし、この小説の思想的意義は、二一世紀の今日的問題を半世紀以上前に予見的に描いていたことだけにとどまるものではない。

国境を越えようとして越えられない中東やアフリカの難民たちを描いた映画は、その出来事を、私たちの世界で生起している同時代の人間の悲劇として広くこの世界に知らしめて、それに対する私たちの人間的な共感を喚起するために作られている。だが、『太陽の男たち』が書かれた当時、クウェイトに渡ろうとしたパレスチナ難民たちが必ずしも、この小説に描かれているような非業の死を遂げていたというわけではない。では、カナファーニーは何のためにこの作品を書いたのか。

4 砂漠の谺

その晩、夜の闇に紛れてアブー・ハイズラーンは給水トラックを運転し、町はずれの塵芥処理施設に赴く。そして、タンクのなかに入ると、三つの遺骸をタンクの蓋から外に押し上げる。硬直した遺体はタンクの屋根を滑り落ちて地面にどさりと鈍い音をたてて落下する（ボルタンスキーの「ノーマンズランド」で、拾い上げた古着を落とすクレーンに私が想起したのは、映画化された『太陽の男たち』のこの場面だった）。明日いちばんにやって来た塵芥処理車の運転手が見つけるだろうと、道路わきに三人の遺骸を打ち棄ててアブー・ハイズラーンはその場を立ち去ろうとするが、ふと気がついて踵を返す。そして三人のポケットから金を取り出し、マルワーンの腕から時計をもぎとって車に戻ったそのときだった。突然、ある想念が彼の脳裏を襲う。追い払おうとしても追い払えない巨大な想念にアブー・ハイズラーンは苛まれる。ようやくその想念が消えていったとき、彼の口を衝いて出たのは次のことばだった。


「なぜおまえたちはタンクの壁を叩かなかったんだ……」

　彼はくるりと身体を一回転させたが、地面に倒れそうになった。それから車のステップに足をかけて運転台に戻り、ハンドルに頭をもたせかけた。

「なぜおまえたちはタンクの壁を叩かなかったんだ。なぜ叫び声をあげなかったんだ。なぜだ」

　砂漠が突然いっせいに谺した。

「なぜおまえたちはタンクの壁を叩かなかったんだ。なぜタンクの壁を叩かなかったんだ。なぜだ。なぜだ。なぜだ[6]」


　作品のラストで三度、繰り返されるアブー・ハイズラーンの問い、「なぜ、なぜ、なぜ」――。なぜ彼らはタンクの壁を叩かなかったのか、なぜ助けを求めて叫ばなかったのか。そこにこそ、この作品にカナファーニーが込めた思いが凝縮されている。

　この作品は、ナクバから十年後の、パレスチナ難民が生きている全般的状況そのものをメタフォリカルに描いたものだ。国境と国境のはざまのノーマンズランドと難民キャンプは、同じ意味論的トポスだと先に述べた。砂漠に放置され、焦熱地獄となって中の男たちが窒息死するタンクとは、砂漠のノーマンズランドをより劇的に形象化したものであるが、同時に、このタンクによって象徴される、彼らを死に至らしめた国境と国境のはざまのノーマンズランドとは、故郷を追われ、難民となったパレスチナ人が「何者でもないもの」として留めおかれている難民キャンプと、そこにおける難民的生そのもののメタファーである。キャンプを出てクウェイトに行こうが、家族と自分自身の生き延び――生物的な、物質的な、個人的な、経済的な生き延び――だけに心を砕いているかぎり、彼らがその難民的状況の囚人であることに変わりはない。「植民地主義というやつはね、人間から脳みそを引っこ抜いてしまうんですよ」、在日高齢者無年金訴訟の原告の、あるハラボジが語った言葉を思い出す。

難民／ノーマンであるかぎり、難民キャンプというノーマンズランドで窒息死するしかない。彼らがいかに人間の法の埒外にあろうと、「この世界」にとってそんなことはどうでもよいことだ。彼らは「ノーマン」なのだから。国境の出入国管理事務所の役人同様、「この世界」の人間たちは、快適な自分たちの世界で安穏と無駄話に興じ、難民たちの政治的生き延びに関心などないのだから。なぜ壁を叩かなかったのだ、なぜ叫ばなかったのだ、という砂漠にこだまするアブー・ハイズラーンの叫びは、壁を叩け、外に向かって叫べ、この世界にパレスチナ人が存在するのだということを世界に知らしめよ、さもなくばパレスチナ人は、難民キャンプというノーマンズランドでノーマンのまま、世界の忘却のうちに絶命するしかないのだという、同胞に対するカナファーニーの魂からの叫びにほかならない。

5　The Duped

『太陽の男たち』は一九七三年、エジプト人のタウフィーク・サーレフ監督によって『欺かれし者たち』（The Duped / al-Makhdūʿūna）のタイトルで映画化された（制作はシリア）。小説と映画では決定的に異なる点がある。映画では、タンクの中の三人が壁を叩いて、外の者たちに救いを求めて叫ぶのだ。だが、彼らのその声も、タンクを叩く音も、エアコンの室外機の音に掻き消されて誰も気づかない。

『太陽の男たち』の刊行から四年後の一九六七年、第三次中東戦争によって、聖地エルサレムを含むヨルダン川西岸地区およびガザ地区までもがイスラエルに占領され、歴史的パレスチナのすべてが占領された。アラビア語で「ナクサ（大いなる挫折）」と呼ばれるこの大敗北を契機に、パレスチナを自分たちの手で解放するために、さまざまな武装解放組織が誕生する。ナクバから十九年、いつか誰かが――国連が、英雄ナセル率いるアラブ軍が――自分たちをパレスチナに連れ戻してくれることを夢見て、失ったものを恋しがりながら難民という境遇に甘んじていたアブー・カイスら親の世代とは対照的に、ノーマンとして難民キャンプの泥土のなかで成長した難民二世の子どもたちは、家族の糊口をしのぐために自分の人生を犠牲にするのではなく、パレスチナを取り戻すために、命を賭して闘うことを選んだのだった。彼らは、「難民」という「人道問題」であることを止め、祖国の解放とそこへの帰還のために銃をとり解放戦士《フェダーイーン》たちとなって、この世界の前に立ち現れることになる。彼らを難民キャンプという砂漠の辺獄に留めおき、その存在を安らかに忘却していた人間たちの喉元に銃を突きつけ、「この世界」の安寧を揺さぶる彼らを、世界は「テロリスト」と呼んだ。何者でもなかった者たち、人間ならざる者たちが、「人間」として、政治的主体として、この世界に存在を刻みつけた瞬間だった。

一九六〇年代後半から七〇年代前半とは、そのような時代だった。パレスチナ人はすでに声をあげているのに、必死でタンクの壁を叩いているのに、世界はその声、その音に耳を塞いでいる、そう説明されて、カナファーニーも納得したという。映画における物語ラストの改変は、小説が書かれてから映画が作られるまでの、パレスチナ難民自身の状況をめぐる十年間の歴史的変化を反映している。同時に、小説がまずもって同胞たるパレスチナ人、とりわけ「脳みそを引っこ抜」かれて、自分たちの個人的な生き延びだけに頭を奪われている難民たちに、その状況を自ら打ち破ることへの期待を込めて書かれた作品であるのに対し、エジプト人監督の手によりシリアで制作された映画作品は、彼らを忘却し、見殺しにし続けるこの世界、とりわけアラブ世界を作品の宛先としていることの反映でもある。

6　恋する虜

『太陽の男たち』のラスト、アブー・ハイズラーンの「なぜ」という叫びに込めたカナファーニーのメッセージに応えるように、やがてパレスチナ難民の第二世代が、世界の温情と慈善の対象であることを止めて、自らパレスチナを取り戻す政治的主体へと変貌していったとき、難民キャンプというノーマンズランドは、それまでとはまったく別の空間へと変貌を遂げていくことになる。一九七〇年代初頭、ヨルダンの難民キャンプで、彼らとともに二年間を過ごしたジャン・ジュネの、その死後に刊行された遺作『恋する虜』[7]で、ジュネが限りない愛をもって証言していたのはそのことだった。

難民という、国民でも市民でもない、ただ人間でしかない者たち。人間がこの世に誕生するということと、人が国民になるということは、まったく次元を異にすることがらでありながら、「生まれ」と「国民になる」ということのあいだにいささかの隔たりもありえない、そのような暗黙の虚構の上に成り立つ「この世界」において、国民でも市民でもなく「ただ人間でしかない者」とは人間であって人間ならざる者たち（ノーマン）だ。これら人間ならざる難民たちが暮らす難民キャンプは、それゆえに法外のトポスであり（なぜなら法とは「人間」のためのものだからだ）、この世界が人間に保障する一切の権利が無効とされる場、世界の外部であった。ナクバ以来この七〇年間のパレスチナ難民の歴史が集団虐殺の歴史であるのはそのためだ。だが、その難民たちが銃を持ち、パレスチナへの帰還を自らの生を賭けて実現しようとし始めたとき、人間が「ノーマン」であることの意味が変容し、難民キャンプが「ノーマンズランド」であることの意味も変容を遂げることになる。ボルタンスキー的意味におけるそれとは真逆の空間、人間が人間であることの意味をいっさい剝ぎとられて、「人間ならざるもの」として死にゆく場ではなく、国民でも市民でもないままに人間が自由な存在でありうる、そのような世界の姿を開示する場に。

パレスチナ解放闘争と呼ばれる運動のすべてがそうであったというのではない。いや、むしろ「パレスチナ解放」という政治的タームが意味しているものは、主権をもったパレスチナ国家を樹立し、パレスチナ人がその国家に帰属すること、難民あるいは占領下の住民という「ノーマン」として人権の彼岸に置かれてきた彼らが国民として登録されることで、人間の諸権利を保障されることであるだろう。すなわち、十全たる国民となることによって人間になること、人権を保障されること。シオニズムがユダヤ国家を欲したのもそれがためだ。

だが、ヨルダンの難民キャンプでジュネが、パレスチナの解放のために銃を持って闘う政治的主体となった若きフェダーイーンのなかに幻視したのは、難民における「人間と市民の同一性、生まれと国籍との同一性の破断」（アガンベン）が人間ならざる者として彼らを死に至らしめる悲劇ではなく、むしろその同一性の破断ゆえに人間が真に自由でありうる夢のような姿だった。「パレスチナの解放」が最終的には国民国家の獲得を目指しているのだとしても、そして、それが実現した刹那にその夢は失われてしまうのだとしても、その途上のその瞬間、そこには、林の中を吹き渡る一瞬の風のように、人間がどこまでも自由である夢の姿があった。

7　人になること

人間と市民の同一性、生まれと国籍の同一性という、国民国家を基礎づける暗黙の虚構、現代世界を成り立たしめている定理を破断する者たち――十全に国民ならざる者たち――は、程度の差こそあれ、みな「難民」であり、そのような者たちが生きる空間はどこであれ、濫喩的にノーマンズランド／難民キャンプと呼びうるだろう。この世界は、彼らがノーマンズランドのノーマンである限りは、「気の毒な難民」に対して、ときに気まぐれな温情を与えはしても、国民ならざる彼らが、「人間ならざる者」の分際で政治的権利、人間の自由を求め、世界が人間の新たな共同性へと開かれることを求めたとき、凄まじい暴力となって顕現し、彼らの上に襲いかかることになる。タッル・エル＝ザァタル、サブラー・シャティーラ、ジェニーン、ガザ……。パレスチナ難民キャンプが繰り返しジェノサイド的暴力に見舞われるのは、難民キャンプがノーマンズランド、すなわち人間ならざる者たちが住まう法外のトポスであるからだが、それだけではない。この世界においてノーマンとされた者たちが、ただ生きている命に還元されることを拒否して、自らの政治的生き延びを断固として手放さず、「人間であること」を主張してやまないためである。

註

（1） Dorothy Spearse, "Exploring Mortality With Clothes and a Claw", *The New York Times*, 9 May 2010, http://www.nytimes.com/2010/05/10/arts/design/10boltanski.html?_r=0

（2） 同右

（3） 石原吉郎「確認されない死の中で」『望郷と海』、みすず書房、二〇一二年

（4） ガッサーン・カナファーニー『ハイファに戻って／太陽の男たち』、黒田寿郎・奴田原睦明訳、河出書房新社、二〇〇九年（初版は一九七八年。二〇一七年に文庫化された）

（5） たとえば、サヴィアー・コラー監督『ジャーニー・オブ・ホープ』（スイス、一九九〇年）、フィリップ・リオレ監督『君を想って海をゆく』（フランス、二〇〇九年）、エマヌエーレ・クリアレーゼ監督『海と大陸』（イタリア、二〇一一年）、ジャンフランコ・ロージ監督『海は燃えている』（イタリア、二〇一六年、ベルリン映画祭金熊賞受賞）など。

（6） カナファーニー「太陽の男たち」黒田寿郎訳、九九頁

（7） ジャン・ジュネ『恋する虜――パレスチナへの旅』、鵜飼哲・海老原武訳、人文書院、一九九四年

第三章　ノーマンの骨

1　カレンダー

ここ十数年、愛用しているカレンダーがある。カナダのパレスチナ支援グループが製作し販売している“Colors of Palestine”というカレンダーだ。毎年、パレスチナ人アーティストの手による（あるいはパレスチナをテーマにした）十二枚の絵が収められている。年によって、月ごとに異なるアーティストの作品のこともあれば、一年まるまる同じアーティストの作品のこともある。

北米で作られているので、合衆国の独立記念日や感謝祭などカナダやアメリカの祝日もマークされているが（八月六日、九日の広島と長崎の原爆記念日も記されている）、このカレンダーにはパレスチナに深く関わる三つの信仰――ユダヤ教、キリスト教、イスラーム――に関係する祝祭日が記載されている。キリスト教であれば復活祭やクリスマス（西方教会とは祝祭日が異なる東方教会のそれも別途、記されている）、ユダヤ教であれば過越の祭やハヌカー（ギリシア人からエルサレムの神殿を奪還した祝い）、ユダヤ暦の新年、そしてイスラームであれば断食月であるラマダーン月の開始日や、カドルの夜（預言者ムハンマドに最初の啓示が下った日）、断食月明けのお祝い、犠牲祭、イスラーム暦の新年などである。

エルサレムはこれら三つの信仰の聖地であり、この聖地で人々は信仰を異にしつつもアラビア語を話しながら隣人として歴史的に共生してきた。それがエルサレムの街の歴史であり、パレスチナの歴史であり、さらに敷衍すれば中東イスラーム世界のありようだった。イスラームはユダヤ教徒、キリスト教徒を同じ「啓典の民」と見なし、彼らを被保護民《ズィンミー》として庇護した。千数百年に及ぶ長い歴史の過程で、異教徒に対する迫害がなかったわけではない。しかし、総じて「共生」こそがムスリム社会の原則だった。

たとえば歴史的に地中海世界最大のユダヤ教徒人口を抱えていたモロッコは、宗主国フランスがナチス・ドイツに占領されたことで、親ナチスのフランス、ヴィシー政府から国内のユダヤ教徒を摘発すべしとの命令が下された。しかし、ときのスルタン、ムハンマド・ベン・ユーセフ（独立後は初代国王、ムハンマド五世）は、スルタンである自分はイスラーム法に従って、臣民であるユダヤ教徒を保護する義務があるとしてフランスの命令を敢然と拒否し、モロッコのユダヤ教徒はホロコーストを免れた。

エルサレムとは、アラブ・イスラーム世界における、この歴史的共生のシンボルにほかならない。その共生の歴史を暴力的に破壊したのが、近代におけるシオニズムによる侵略であり、イスラエル国家の建設だった。

2 アンダルシア

一九九〇年一月、私はスペインのアンダルシアにいた。

イベリア半島は、十五世紀末にグラナダに残った最後のアラブ王朝が滅ぼされ、ヨーロッパ・キリスト教徒による再征服《レコンキスタ》が完了するまで八〇〇年間にわたってアラブ・イスラーム世界だった。グラナダ、コルドバ、セビリヤ……。これらアンダルシア諸都市の魅力は、アラブ・イスラーム時代の歴史と文化を色濃く残していることにある。

グラナダ。アルハンブラ宮殿を訪れるのは二回目だった。その六年前の夏、エジプト留学中にグラナダを訪れたことがあった。冬の灰色の空の下で見る宮殿はどこか侘しげで、アルハンブラは断然、夏の方が似合うと思った。イスラーム建築の粋を集めた宮殿と言われるが、その後、モロッコで暮らして、フェズの精緻なモザイク装飾を見慣れた目には、時代的に遡るアルハンブラのそれは、まだ十分に洗練されていないように映る。それでも天井のドームに隙間なく施された蜂の巣状の鍾乳石飾りは、何度見ても圧巻だった。

コルドバの旧市街に残るメスキータ（モスク）。今はキリスト教の聖堂になっている。その界隈は中庭《パティオ》のある家々で有名だ。アラブ世界は、西アジアから北アフリカの二大陸にまたがる実に広大な世界なので、その生活様式や文化は地域によって千差万別だが、コルドバ旧市街のパティオのようすは、スペインからは地中海を隔てて何千キロも離れたシリアの、ダマスカス旧市街の中庭のある家々の雰囲気にとてもよく似ていた。そういえば、ダマスカスを都とするウマイヤ朝がアッバース朝に滅ぼされたあと、ウマイヤ家の生き残りがアンダルシアに渡り、ウマイヤ朝を再興したのが後ウマイヤ朝だ。

コルドバはその都だった。

アンダルシアがアラブ・イスラーム世界であったということは、ユダヤ教徒、キリスト教徒が、アラビア語を話すアラブ人として、イスラーム教徒のアラブ人と共生する社会だったということだ。コルドバのメスキータの近くにはユダヤ人地区があり、そこにイブン・マイムーン（一一三五—一二〇四）の生家がある。

ラテン語名マイモニデスの名で知られる彼は、同じくコルドバ生まれの同時代人、イブン・ルシュド（アヴェロエス、一一二六—一一九八）とともに、中世アラブ・イスラーム世界を代表する哲学者だ。ユダヤ教徒のイブン・マイムーンもムスリムのイブン・ルシュドもアリストテレスを読み、アラビア語で著述をおこなった。イブン・マイムーンはのちにフェズに移り、そしてパレスチナへ、その後、カイロへ渡っているが、世界史的な——あるいは人類史的な——知の巨人ふたりが、若き日にこのコルドバで、アリストテレス哲学を語りながら神の本質について論じていた姿を想像すると、なんと贅沢な街、豊穣な時代かと思わずにおれない。

十二世紀半ば、北アフリカ一帯を支配したムワッヒド朝が、ここアンダルシアをも支配下におくことになる。「カリフ国」を掲げたこのベルベル人王朝は、その厳格で不寛容な宗教政策で知られる。彼らは異教徒を庇護するイスラームの伝統を廃棄し、改宗を迫った。イブン・マイムーンがコルドバを離れるのを余儀なくされたのはそのためだ。ズィンマの民として庇護され、信仰の自由が保障される他のアラブ・イスラーム地域へと移り住んだのだった。

哲学や文学が絢爛たる花を咲かせたアンダルシアは、アラブ・イスラームの一四〇〇有余年にわたる歴史のなかでも、アッバース朝と並ぶ黄金時代のひとつである。それを可能にしたのが、多様な思想、多様な価値観を許容する寛容の精神だ。ムワッヒド朝による迫害はあったが――「啓典の民」に対する改宗の強制を、当時も今も、この世界のムスリムの大半は（「イスラーム国」を標榜する者たちのそれと同じく）イスラームの伝統を踏みにじる、反イスラーム的行為と断じるだろう――、異教徒に対する寛容という、このイスラームの伝統が、コルドバで哲学者イブン・マイムーンを生み、パレスチナやカイロで彼の思想を育んだ。

だが、アンダルシアでヨーロッパ人キリスト教徒によるレコンキスタが完了したとき、その地に暮らすユダヤ教徒、イスラーム教徒を待っていたのは、キリスト教への改宗か追放の二者択一だった。ユダヤ教徒、イスラーム教徒のまま、彼らが故郷にとどまることは許されなかった。

キリスト教以外の信仰を持つ者たちが自分たちとともに同じ土地を故郷として暮らすことを許さない、この同じ暴力――民族浄化の暴力――が、五〇〇年後、再びヨーロッパで繰り返される。ナチスが政権をとったドイツと、ナチス・ドイツに征服された東欧の国々で、ユダヤ人はまず社会の周縁に追われ、次に祖国から追放され、最後にこの地上からの抹殺が企図された。五〇〇年前は「信仰」を理由に、故郷に生きる権利を否定されたのが、近代においては「人種」の違い、「血」がその理由とされた。信仰の人種化である（「信仰」が「血」の問題にすり替えられたことで、改宗による生き延びもはや不可能だった）。そして、ユダヤ人がナチスの絶滅収容所から解放された三年後、再び同種の暴力が、今度はパレスチナの地で繰り返されることになる。キリスト教徒とイスラーム教徒のパレスチナ人は「アラブ人」と人種化され、パレスチナに住まう権利を否定され、のみならずナチス支配下のヨーロッパで「ユダヤ人」とされた者たち同様、非人間化され、人間としての権利を奪われたのだった。[1] パレスチナ問題が「パレスチナに移植されたユダヤ人問題」とされる、ひとつの所以である。

3 Massacre After Massacre

パレスチナ連帯を主旨とする先のカレンダーには、三つの信仰の祝祭日の合間を埋めるように、パレスチナ問題に関連するさまざまな記念日が記されている。五月十五日「ナクバ。七五万人のパレスチナ人が自らの家を追われ、難民となった[2]（一九四八年）」。六月二日「パレスチナ解放機構（PLO）創設（一九六四年）」、六月五日「ナクサ。六日戦争[3]（一九六七年）」。九月二八日「アル＝アクサー・インティファーダ始まる（二〇〇〇年）」、十一月二日「バルフォア宣言　ユダヤ人に「パレスチナにおけるホームランド」を約束（一九一七年）」、十一月十五日「パレスチナ国家独立宣言（一九八八年）」、十一月二九日「パレスチナ人民との国際連帯デー（一九四七年、国連）」、十二月九日「第一次インティファーダ始まる（一九八七年）」。

これらの大半は、高校の教科書にも載っている世界史的な出来事だ。しかし、この暦に記されたパレスチナの記念日はこのようなものだけではない。三月三〇日は「土地の日（一九七六年）」。一九七六年のこの日、イスラエル政府による大規模な土地収用計画に抗議して、イスラエルのパレスチナ系市民が全国でゼネストと抗議デモを組織するが、政府はデモ鎮圧に軍を投入、デモに参加した非武装の市民六名が殺され、数百名が負傷した。四月九日は「デイル・ヤーシーンの集団虐殺（一九四八年）」の、八月十二日は「タッル・エル＝ザァタル集団虐殺（一九七六年）」の、九月十五—十六日は「サブラー・シャティーラ集団虐殺（一九八二年）」の、十月二九日は「カフル・カーセム集団虐殺（一九五六年）」の記念日だ。

最初の二つはパレスチナの村の名、あとの二つはレバノンのパレスチナ難民キャンプの名だ。パレスチナ人の集団的記憶に深く刻まれたこれらの固有名詞のあとに反復される「集団虐殺（Massacre）」ということばが、ナクバ以来七〇年にわたる彼らの歴史がいかなるものであったかを自ずと物語っていよう。だが、ナクバのただなかで、あるいは一九四八年に占領されて「ユダヤ国家」とされたパレスチナで、あるいはまた故郷を追われ難民となって住まうことになった異邦の難民キャンプで、パレスチナ人を襲った虐殺はこれにとどまるものではない。

4　デイル・ヤーシーン

デイル・ヤーシーン。それは長らく「ナクバ」の代名詞だった。イスラエルの建国前夜の一九四八年四月、エルサレム近郊にあるこのパレスチナ人の村で、極右のユダヤ民兵組織によって引き起こされた虐殺事件は、ナクバの悲劇を象徴する出来事としてパレスチナ人に記憶され、そのようなものとして長く語られ続けてきた。しかし、パレスチナの地に「ユダヤ国家」を建設するために、そこに住まうパレスチナ人を一掃し民族浄化する過程で、実際にはデイル・ヤーシーンと同規模ないしはそれを上回る集団虐殺が、パレスチナの各地で複数、起きていたことが今では明らかになっている。小規模の虐殺を含めれば、その数は何十にも及ぶ。

アメリカに「平和のためのユダヤ人の声（ＪＶＰ）」（Jewish Voice for Peace）というＮＧＯがある。イスラエルによるエルサレム・西岸・ガザの占領に反対し、一九六七年の占領の終結とパレスチナ難民問題の国際法に則った解決を求め、さまざまな活動に取り組むユダヤ人団体である。ナクバとは何かを——言い換えれば、「ユダヤ国家」がパレスチナ人に対するいかなる暴力の上に創られたかを——社会に知らしめるためＪＶＰが作成した「ナクバ・ファクトシート」には、イスラエル建国に際してパレスチナで生起した集団虐殺について、以下のように書かれている。

一九四八年四月九日、デイル・ヤーシーン村は、イルグンとシュテルン・ギャング（レヒ）〔いずれも極右のユダヤ民兵組織〕から成るユダヤ軍に占領された。少なくとも九三名の村人が惨殺された。遺体は損傷し、また、女性たちは強姦されたのち殺された。死者のうち三〇名は赤ん坊だった。

一九四八年五月二二日、アレキサンドリア旅団のユダヤ人兵士がタントゥーラの村を占領、一一〇—二三〇名の男たちを射殺した。〔歴史家のイラン・〕パペは以下のように記述している。「ユダヤ人たちは、女たちや子どもたちを一か所に集めた。彼らが〔殺した男たちの〕遺体を棄てた場所だった。これらの女や子どもたちに、亡くなった自分たちの夫や父親、兄弟の姿を見せつけ、恐怖に陥れるためだった」

一九四八年十月二八日、ヘブロン近郊のダワーイメ村で、およそ一四五名の子ども、女性、男性が殺され、四五〇名以上が行方不明になった。うち一七〇名は女性と子どもだった。

一九四八年十月二九日、ユダヤ人とドゥルーズ教徒の兵士が、サフサーフ村を攻撃、占領した。翌朝、七〇名の男性が無慈悲に射殺された。

デイル・ヤーシーン、タントゥーラ、ダワーイメ、サフサーフの虐殺事件は、〔ナクバにおいてパレスチナで〕生じた、数多くの同じような暴虐事件の一部に過ぎない。それらの暴虐事件は、追放、難民化、集団虐殺、強姦や、村の完全破壊をはじめとする暴力行為にまつわるパレスチナ人の記憶のなかに生きているのである。(4)

デイル・ヤーシーンの名が記憶される一方で、その犠牲者をはるかに上回るダワーイメやタントゥーラの名が長らく忘却に付されてきたのには、いくつかの理由がある。ひとつには、ナクバにおけるパレスチナ人に対する民族浄化の記憶が全般的に否認され抑圧されているイスラエルで、デイル・ヤーシーンの虐殺だけは例外的に、事件発生当初より、シオニスト指導部および虐殺実行者ら自身によって積極的に語られてきたためだ。

虐殺実行者たちは事件の晩、外国の特派員らを近隣の入植地に招いて、自らの「戦果」を披歴し、犠牲者数を二五四名と倍増して発表した。事件は「ニューヨーク・タイムズ」でも報道され、国際赤十字も事実だと認めた。シオニスト指導部は極右の軍事組織による戦争犯罪を非難するとともに、この衝撃的な事件を可能な限り広範に報じた。虐殺を戦果として誇るにせよ非難するにせよ、デイル・ヤーシーンは加害当事者自身によって「事実」として認定され、その犠牲者数は、一九八七年にビルゼイト大学（ヨルダン川西岸地区にあるパレスチナの大学）の調査によって最大でも一二〇名を超えないことが明らかにされるまで、長らく二五四名と信じられてきた。(5)

通常、虐殺をおこなった側は、虐殺があったこと自体を否定したり、それが否定しがたいとなると、犠牲者の数を可能な限り少なく見積もろうとしたりするものだ。下手人自ら死者の数を二倍に水増しして、自分たちの犯罪行為を誇張して世界中に宣伝するなど、普通はありえない。虐殺を実行したイルグンの指導者で、のちにイスラエル首相となるメナヘム・ベギンは、デイル・ヤーシーンの虐殺について次のように回顧している。

［パレスチナ］全土のアラブ人は、「イルグンに屠られる」という空想物語を信じ込まされ、とんでもないパニックに襲われて、命を守ろうと逃げ始めた。彼らは恐怖に駆られ、制御不能な状態で我先にと逃げ出し、その集団避難はたちまち大脱出となった。今日のイスラエル国家の領土に住んでいた約八〇万のパレスチナ人のうち、今もこの地にいるのは十六万に過ぎない。［この出来事の］政治的・経済的重要性は、どんなに評価してもしすぎることはない。(6)

デイル・ヤーシーンで起きたことは、パレスチナに留まろうとするアラブ人の運命とはこのようなものだという、パレスチナ人に対する見せしめだった。イラン・パペは、その著書『パレスチナの民族浄化』(7)において、パレスチナの地にユダヤ国家を建設する以上、そこに住まうパレスチナ人を民族浄化することは、シオニズムのプロジェクトに本質的かつ不可避的に内包されていたとし、パレスチナの民族浄化がシオニスト指導部による組織的な計画であったことを実証している。デイル・ヤーシーンは、パレスチナ人を恐怖に陥れ、その「自発的な」集団避難を促し、この民族浄化を容易にするための戦略の一環だった。イルグンらの犯罪行為を非難する体を装いながら、シオニスト指導部がこの事件を積極的に報じて宣伝したのもそのためだ（とはいえ、パペによれば、「パレスチナの町々を攻撃するに際して、彼ら〔シオニスト指導部〕は、〔デイル・ヤーシーンの〕虐殺のせいで住民が逃げ出すことを期待していたが、ことはそう巧くは運ばなかった。彼らは一九四八年の四月のあいだじゅう、いろいろな町の住民たちを虐殺し、強制追放しなければならなかった」とも述べている(8)。

もうひとつ、デイル・ヤーシーンの名だけが記憶された背景には、この虐殺がイスラエル建国前に、ユダヤ正規軍ではない民兵組織によって実行された出来事だという点が挙げられる。実行者が極右の軍事組織であったために、シオニスト指導部は自らの責任と切り離して、自分たちの倫理性を担保しながら事件を非難することができた。だが、イスラエル建国後、これら民兵組織は正規軍のハガナーと統合されイスラエル国防軍となる。タントゥーラ、ダワーイメ、サフサーフの集団虐殺は、建国後に国防軍がおこなった犯罪である。デイル・ヤーシーン村事件で、イルグンやシュテルンの戦争犯罪を非難しつつパレスチナ人住民の恐怖を煽るためにそのニュースをさかんに報じたシオニスト指導部は、イスラエル国家の責任が問われるこれらの建国後の犯罪行為については、態度を一変させる。「ユダヤ国家」の創設というシオニズムの栄光の歴史が、実は先住民に対する計画的な集団虐殺の血にまみれたものであったことを物語るタントゥーラやダワーイメの記憶は、その他、何十というパレスチナの村々で起きた同じような暴虐の記憶とともに、イスラエルのナショナル・ヒストリーにおいては徹底的に隠蔽され、抑圧されることになる(9)。

5 タントゥーラ

タントゥーラ。パレスチナ北部の、地中海に面した海辺の村。イスラエルの「独立宣言」から一週間後の一九四八年五月二二日、村はイスラエル国防軍に占領された。村の集団墓地に連行された男たちは幾列にも並ばされ、足元の地面に穴を掘らされ、そして、穴掘りが完了した列から銃弾を見舞われて、自ら掘った穴に落ちて行った(10)。パレスチナ人住民が追放され一掃された村にはその後、イスラエルの集団農場が造られ、風光明媚な浜辺はビーチ・リゾートとなっている。そして七〇年前、虐殺された一〇〇名を超える男たちの遺体が遺棄されたその場所は、イスラエル建国におけるこの始原の暴力の記憶をその犠牲者の亡骸もろとも地中深くに隠して国民の集団的記憶から葬り去るかのように、コンクリートで塗り固められ、巨大な駐車場となった。

パレスチナのナクバと同じ一九四八年の春、韓国の済州島では、韓国のナクバとも呼ぶべき四・三事件が起きた。南朝鮮の単独選挙に反対し、済州島で左派の島民が武装蜂起し、これを鎮圧するために陸地（韓国本土）から派遣された国軍等により、島の村々は焼き払われ、三万ともいわれる島民が殺された。済州島の飛行場に航空機の車輪が降り立つとき、塗り固められた滑走路のコンクリートの下で、七〇年前、「アカ」《パルゲンイ》として処刑され、そこに埋められた者たちの骨が砕ける音が、齢九〇を超える島出身の作家の耳には聞こえるという(11)。同じように、七〇年前のあの日、集団墓地に連行された夫の、父の、兄の、弟の、変わり果てた姿を目に焼きつけながら、トラックに載せられて村から追放されたタントゥーラの女たち、子どもたちが、もしも今、故郷の村を訪ねることができたならば、ビーチで海水浴を楽しむためにそこを訪れるユダヤ人の家族連れやカップルの車が駐車場に入るたびに、

その タイヤの下で、七〇年前に射殺されてそこに埋められた男たちの無数の骨にプシッ、プシッと罅《ひび》の入る音が、彼女ら、彼らの耳には聞こえるにちがいない。

これらの女たち子どもたちは、村を追放され難民となって、ある者はレバノンへ、ある者は西岸、あるいはシリア、ヨルダンへと四散を余儀なくされた。異邦の難民キャンプで暮らす彼、彼女らの身に、その後も幾度となく戦争や虐殺や追放が繰り返される。ナクバで父や兄を亡くした彼女らは、タッル・エル゠ザァタルで、サブラー・シャティーラで、あるいはガザで、夫を、子どもたちを、あるいは孫を奪われ続けるのである。

離散状態のなか、いまだ過去の暴力の傷口が癒えてもいないのに、新たな暴力が上書きされてゆく。一九四八年のナクバ、そのとき自分たちの村で何が起きたのか、その始原の暴力の記憶を掘り起こし、共同体の集団的記憶として言説化する余裕など、今日を生きていくことに必死の彼女たちにあろうはずもなかった。近年、歴史家やジャーナリスト、NGOの地道な努力によってそれらの事実が記録され、公的言説として共有されるようになるまで、これらの出来事は長いあいだ、彼女たち一人ひとりのなかで、ごく私的な記憶としてのみ生きられてきたのだった。いや、今日を生きていくために、それらの辛い思い出は、彼女たちにおいてもまた記憶の地中深くに葬り去られて、積極的に忘却されてきたのかもしれない。悲しい記憶を思い出して何になろう。今日の悲しみを耐えるだけで精一杯なのだから。

この七〇年間、パレスチナの内と外で、パレスチナ人の身に繰り返し生起する虐殺は、ナクバ、すなわちパレスチナ人の民族浄化が、遠い過去に起きた昔話ではなく、現在もなお進行中の出来事であることを示している。イラン・パペはこれを「漸進的ジェノサイド（Incremental Genocide）」と呼ぶ。長い歳月をかけて徐々に進行するジェノサイドという意味だ。パレスチナ問題とは、この漸進的ジェノサイド、終わらぬナクバの問題である。

パレスチナ問題について話をするたびに、必ずと言ってよいほど、「ホロコーストを経験したユダヤ人がなぜ、同じようなことをパレスチナ人に？」という質問を受ける。デイル・ヤーシーンの虐殺について述べたイラン・パペの次の文章は、この問いに対するひとつの答えとして読むことができるだろう。パレスチナの村々を民族浄化せよという指令を受けていたシオニスト軍は、一九四八年四月一日、ハガナーから「すべての村を敵の基地と見なし、十歳以上の者はみな戦闘員と見なせ」（強調引用者）という命令を受け取っていた。パペは書く。

> デイル・ヤーシーンでは、女も赤ん坊も容赦されなかった。この指令の重要性は、パレスチナ人を非人間化したことにある。この非人間化こそ、やがて諸部隊に対する命令へと収斂し、その後の十カ月あまり、彼らが何千人ものパレスチナ人を虐殺し、一〇〇万ものパレスチナ人を追放し（これは、当時のパレスチナ全土の人口の半分にあたる）、その村や町を破壊することへとつながっていく。［…］ユダヤ人と謂えども、この惑星に暮らす他の人々と異なっているわけではないのだ。ほぼすべての人間

集団に対して、他のある人間集団を非人間化することを教え込むことができる。このようにして、ごくふつうのドイツ人がナチスの死の機械に、アフリカ人がルワンダのジェノサイドに、農民たちがカンボジアのキリング・フィールドにとりこまれていった。自分たちのことを、非人間化の犠牲者だと主張する者たちでさえ、そうだ。一九四八年のシオニスト部隊は、パレスチナで、老若男女問わず殺害するという仕事にいたく熱心にいそしんだのである。[12]（強調筆者）

アガンベンは、収容所において人間がなぜ、このような残酷なことをしえたのか、という問いは偽善的だと言う。むしろ問うべきは、いかなる政治的装置がそれを可能にしているか、であると。

収容所で犯された残虐行為を前にして立てるべき正しい問いとは、人間に対してこれほど残酷な犯罪を遂行することがいったいどのようにして可能だったのかという偽善的な問いではない。それより真摯で、とりわけさらに有用なのは、人間がこれほど全面的に、何かをされようとそれが犯罪として現れることがないほどに［…］自らの権利と特権を奪われることが可能だったのは、どのような法的手続きおよび政治的装置を手段としてのことだったのか、これを注意深く探求することであろう。[13]

そうであるなら、「ホロコーストの犠牲者であるユダヤ人がなぜ？」という問いもまた偽善的であるだろう。ホロコーストのような暴力の被害者なら、それが倫理的誤りであることを己が体験によって熟知しているはずであり、そうである以上、同じような暴力を他者に対して振るったりはしないはずだという考えが、この問いの前提にある。自らが被害者であるにもかかわらず、そのような暴力を他者に振るう者たちは歴史から——自らが被った暴力的体験から——何も学んでいないように見える。しかし、歴史から何も学んでいないのは、実はこのような問いをナイーヴに投げかける者たちの方であるのかもしれない。歴史の事実が私たちに教えるのは、パペが書いているように、人間とは「非人間化」の暴力の犠牲者であろうとなかろうと、「他者を非人間化することを教え込むことができる」、ということなのだから。

一九二三年九月、大地震のあとの関東地方で「朝鮮人」と名指された者たち、一九四八年の済州島で「アカ」と名指された者たち。あるいは、二〇〇一年のアフガニスタンで「アルカイダ」と、二〇〇三年のイラクで「テロリスト」と名指された者たち。そして、一九四八年のパレスチナで、シオニストに「アラブ人」と名指された者たち。そのように名指されることで、これらの者たちは、「これほど全面的に、何かをされようとそれが犯罪として現れることがないほどに〔…〕自らの権利と特権を奪われることが可能」になった。それはいったい「どのような法的手続き、政治的装置を手段としてのことだったのか」(アガンベン)。収容所とは、そのようなすべてが可能になるトポスだ。「アカ」「アルカイダ」「テロリスト」「アラブ人」、あるいは一九二三年の東京で、埼玉で、千葉で、神奈川で、「朝鮮人」と名指された者たち。そのような者として名指されたとき、そこは、すべてが可能な「収容所/ノーマンズランド」へと変貌し、彼らはそのヘテロトピア(異化された空間)の囚人、非人間《ノーマン》となって殺された。

聞こえないか、私たちがそこを歩くとき、私たちの足の下、塗り固められたコンクリートのその下で、今なお無数のノーマンたちの骨が砕ける音がするのを。

註

(1)「アラブ人」とは歴史的にはアラビア半島でアラビア語を話す者たちのことであったが、アラブ・イスラーム世界の拡大にともない、今日ではアラビア語を母語とする者たち、さらに、非アラブ世界に移民した二世以降の者たちなど、アラビア語の母語話者ではなくとも、アラビア語で歴史的に育まれた文化を自身の文化的アイデンティティとして見なす者たちを意味する言語文化的な概念である。中東アラブ世界では、キリスト教徒もユダヤ教徒も、アラビア語を母語とするかぎりにおいて、みな「アラブ人」であった。

(2) パレスチナ人に対する民族浄化は、国連総会が一九四七年十一月二九日、パレスチナ分割を賛成多数で可決した直後から、イスラエル建国を跨いで一九四九年の冬まで一年以上にわたって展開したが、五月十五日が「ナクバの日」とされるのは、その前日の一九四八年五月十四日、イスラエルが「独立宣言」をおこなったためである。

(3) 一九六七年の第三次中東戦争開始の日。イスラエルの奇襲攻撃によりアラブ側は大敗、東エルサレムを含むヨルダン川西岸地区(当時、ヨルダン領)、ガザ地区(当時、エジプトの管轄下)、エジプト領シナイ半島、シリア領ゴラン高原を六日間でイスラエルに占領された。エジプト・イスラエルの和平条約によってエジプトに全面返還されたシナイ半島を除いて、いずれも半世紀にわたりイスラエルの占領下にある(エルサレムとゴラン高原はその後、イスラエルに併合された)。一九四八年のナクバに対し、「ナクサ(大いなる挫折)」と呼ばれる。

(4) *Jewish Voice for Peace*, "Nakba Factsheet", https://jewishvoiceforpeace.org/wp-content/uploads/2015/07/JVP-Nakba-Fact-Sheet.pdf

(5) *Deir Yassin Remembered*, http://www.deiryassin.org/mas.html

(6) Menachem, Begin, *The Revolt:Story of the Irgun*, cited in Ilan Pappe, *Ethnic Cleansing of Palestine*, Oneworld Publications, 2007

(7) Ilan Pappe, *Ethnic Cleansing of Palestine*, Oneworld Publications, 2007(イラン・パペ『パレスチナの民族浄化』、早尾貴紀・田浪亜央江訳、法政大学出版局、二〇一七年)

（8） Ilan Pappe, 'How Israel Was Absolved of Deir Yassin and All Other Massacres,' *The Electronic Intifada,* 10 April 2015.

（9） イスラエルにおけるナクバの記憶の抑圧・隠蔽の例は枚挙に暇がないが、以下、数例を挙げるならば、まず、当然のことながら、イスラエルの歴史の教科書にナクバの記述はない。イスラエルには、パレスチナ人のナクバの記憶をイスラエルの歴史に刻みこむための活動をしている「ゾフロット」（ヘブライ語で「彼女たちは記憶している」の意）というNGOがあり、ゾフロットが、歴史の授業でナクバについて教えるための副教材を作成し、それを使った授業のワークショップなどを開催していたが、教育大臣通達によって、ゾフロットの教材を用いた授業は禁止された。また、ナクバを公的に追悼することも法的に禁じられた（通称「ナクバ法」）。一九九八年、テオドール・カッツは、タントゥーラの集団虐殺を、これに関わったイスラエル兵、被害者であるタントゥーラ村のパレスチナ人サヴァイヴァーらのオーラルヒストリーに基づき明らかにした修士論文をハイファ大学に提出、一旦は過去最高の得点で評価されたが、内容が新聞報道され、退役軍人らがカッツを名誉毀損で告訴。論文の評価は一転、修士論文は不合格となった。(Jonathan Ofir, 'The Tantura massacre of 1948 and the academic character assassination of Teddy Katz,' *Mondoweiss,* 3 March 2016.)

（10） Ilan Pappe, 'How Israel Was Absolved of Deir Yassin and All Other Massacres,' *The Electronic Intifada,* 10 April 2015.

（11） 金石範「私は見た、四・三虐殺の遺骸たちを」『すばる』二〇〇八年二月号、一五九頁

（12） Ilan Pappe, 'How Israel Was Absolved of Deir Yassin and All Other Massacres'

（13） ジョルジョ・アガンベン『人権の彼方に』、高桑和巳訳、以文社、四六頁

第四章　存在の耐えられない軽さ

1　ガザ

二〇〇九年一月十日土曜日。

「イスラエルはガザの虐殺をやめろ!」「占領をやめろ!」「パレスチナから出ていけ!」……五〇〇名余りの市民が口々に叫びながら、大阪の街をデモ行進した。イスラエルがガザ地区全土に対し突如、大規模な軍事攻撃を開始したのはその二週間前、二〇〇八年十二月二七日のことだった。ガザは一年前から完全封鎖されていた。逃げ場のない小さなガザに一五〇万(当時)もの住民たちを閉じ込めて、日夜、一方的に破壊し殺戮する。人間の想像を絶する出来事だった。攻撃はいつ果てるとも知れなかった。年が明けて一月五日、地上軍がガザに侵攻。毎朝、インターネットをチェックするたびに、犠牲者の数は一〇〇人単位で更新され、今や一〇〇〇人に迫ろうとしていた。攻撃開始から二週間目のその週末、世界各地で、イスラエルによるガザ虐殺に対する抗議行動がおこなわれた。

土曜日の大阪、梅田のオフィス街は閑散としていた。小雪がしきりに舞う。プラカードを掲げ持つ素手が寒さにかじかんだ。それでもあの日、デモに参加した者たちの誰もが、天まで届けと言わんばかりにあらん限りの声で「虐殺を止めろ」と叫び続けた。そうせずにはいられなかった。

小一時間ほどでデモは終着地点に到着し、流れ解散となった。小雪のちらつく灰色の空の下の灰色のオフィス街から地下に下りると、突然、無人のモノクロームの街並みに代わって、目の前は何千人もの色とりどりの人々であふれかえった。世界の突然の変貌に、一瞬、何が起こったのか分からなかった。地下街は、正月セールのショッピングを楽しむ幾多の家族連れで賑やかにごった返していた。のどかで、平和で、幸せな、新年の風景。それは、ガザで今、パレスチナ人の身に起きていることとはあまりにもかけ離れていた。

正月の余韻のなかで買い物にいそしむこれらの者たちは、おそらくガザという名を聞いたこともなければ、そこで今、パレスチナ人と呼ばれる者たちが逃げ場もなく閉じ込められて、ミサイルや砲弾で一方的に殺されていることも知らないのだと思った。当時、日本のマスメディアは、ガザに対するイスラエルの攻撃について報じてはいたものの、その報道の質も量も、出来事の重大さにまったく見合ったものではなかった。新聞やテレビでしか海外のニュースに触れないごく一般の市民が、ガザの殺戮について知らなくても当然だった。

だが、私は思わずにいられなかった。もし、いま、ここに、ガザのパレスチナ人がいて、この光景を目にしたとしたら……？　同じ地球上で今、ガザに閉じ込められたパレスチナ人が必死に世界に救いを求めながら、日夜、なぶり殺しにされているとき、そんなことは自分たちとは何の関係もない別の惑星の出来事であるかのように、新年のバーゲンセールに興じる者たちの姿を見たとしたら……？そうしたら彼は果たして、この世界を許すことができるだろうか。そして気がついた。それが、レイチェル・コリーがガザで発したのと同じ問いであることに。

2 カヴァリング・イスラーム

友人のみなさん、そして家族のみんな、

パレスチナに来て二週間と一時間がたちました。でも、自分がまのあたりにしているものを表現する言葉は、まだほとんど見つかりません。(1)

（レイチェル・コリー「ガザからのメール」、山田和子訳。以下、特に明記しない限り同様）

ワシントン州のアメリカ人女子大学生、レイチェル・コリーさんがガザに渡ったのは、第二次インティファーダさなかの二〇〇三年一月、イラク戦争が始まる二カ月前のことだった。

当時の西岸とガザ——一九六七年にイスラエルに軍事占領され、一九九三年のオスロ合意によって「パレスチナ自治区」とされた地域——は、二〇〇〇年九月末に第二次インティファーダが勃発して以来、イスラエル占領軍の再侵攻下にあった。パレスチナ人の生は——生活という意味でも生命という意味でも——日々、イスラエル占領軍による暴力的な破壊に蹂躙されていた。「インティファーダ（intifada）」とは、「蜂起」を意味するアラビア語の普通名詞だが、大文字のIで始まるそれは、イスラエル占領下におけるパレスチナ民衆による対占領闘争、抵抗運動を意味する。占領とは基本的に構造的暴力だが（その構造的暴力のもとに西岸とガザの住民たちが置かれて半世紀以上になる）、インティファーダにおいては、占領はすさまじい物理的暴力となって顕現する。

オスロ合意によって武装闘争を放棄したＰＬＯ（パレスチナ解放機構）だが、第二次インティファーダが始まると、自治政府を担うファタハをはじめ、イスラーム主義を掲げるハマースもマルクス主義のＰＦＬＰ（パレスチナ人民解放戦線）も、右から左まであらゆる勢力が、イスラエル領内に侵入して武装闘争を展開した。この頃、アラビア語で「軍事作戦」と言えば、「アマリーヤ・イスティシュハーディーヤ」、すなわち自爆による「殉死作戦」を意味した。パレスチナ人の自爆攻撃は、実行者の出身の街やキャンプに対するイスラエル軍のさらなる破壊的な侵攻を招来した。

「テロと報復の連鎖」「暴力の悪循環」といった文言が、パレスチナ・イスラエルを語る際の枕詞のように、日本のマスメディアでも繰り返された。しかし、十代、二〇代の若者が、ダイナマイトで自らの肉体を木端微塵にすることで周囲の人間を殺傷する暴力と、最新式の兵器で重武装した占領軍が、戦闘機や戦車や軍事用ブルドーザーで市街地を攻撃し、住民を殺傷し、難民キャンプを瓦礫の山にする圧倒的な暴力が、どちらも「暴力」にちがいないとはいえ、それらは果たして「同じ暴力」なのだろうか。両者のこの圧倒的な非対称性を無視し、「暴力」ということばで平準化して、事態を「暴力の悪循環」に還元してしまうことが果たして、彼の地で起きている出来事を適切に表象していると言えるのか。イスラエル領内に侵入したパレスチナ人がそこで行う自爆攻撃がよしんば「テロ」と呼びうるとして、では、パレスチナ人のその「テロ」は、いかなる状況が生み出したものなのか。未来あるはずの若者たちを自爆にまで追い詰めずにはおかない状況とは、いったい、いかなる類のものなのか。そうした状況を生み出す問題の根源とは何なのか。

そうしたもろもろの問いを問うことなく、「テロと報復の連鎖」や「暴力の悪循環」といった枕詞を冠せられて書かれる記事は、そこで起きている出来事を報道しているようでいてその実、占領者と被占領者があたかも対等な存在であるかのように、両者のあいだの圧倒的な非対称性を覆い隠し、さらにパレスチナ人のテロルが、この当時ですでに三十数年、違法に続いている占領の暴力によって生み出されているという根源的な事実を隠蔽してしまう。

本来、ペンの力によって伝えなければならないのは、自爆を選ばせるまでに若者たちを絶望の淵に追い詰める「占領」とはいったいいかなる暴力なのか、ということであるはずだ。だが、数十年にわたる常態化した占領のもとでパレスチナ人が具体的にどのような生を強いられているか、テレビや新聞などのマスメディアでは語られないどころか、「占領」という言葉さえ登場しない。その代わりに、たとえば全国紙に「ジハード〔聖戦〕による死者は殉教者としてたたえられ、殉教者は天国で乙女に囲まれ、甘美な生活ができると信じられていることも、自爆テロを助長する要因といわれます」(二〇〇三年三月七日「読売新聞」朝刊)というような「解説」が掲載されることに端的に表れているように、パレスチナ人の「テロ」をイスラームにおける「聖戦」に結びつけ、彼らが、私たちには理解しがたい狂信的な信仰ゆえに「自爆テロ」をおこなっているかのようなイメージを社会に流布する。中東で起きることは、すべてイスラームという信仰、イスラームという文化――我々とは本質的に異質な文化――に還元されてしまうと、サイードが『イスラーム報道』(2)で批判している、まさにそのとおりの「カヴァリング・イスラーム」だ。

「テロと報復の連鎖」「暴力の悪循環」などというと、人間の理性による制御がきかなくなった暴力が勝手にインフレを起こして暴走しているかのような印象を受けるが、現実はそうではない。イスラエルはガザに対する大規模軍事攻撃を仕掛けるために、その口実となるハマースの攻撃を誘発しようと日常的にガザを空爆して挑発している。第二次インティファーダのときも、現地で起こる出来事のひとつひとつを注視していると、パレスチナの抵抗勢力の一掃を企図するイスラエルは、占領下の街やキャンプに侵攻して大規模な攻撃を仕掛けるその口実をつくるために、日常的にパレスチナ人の殺傷を続けてパレスチナ側の自爆攻撃を煽っていたケースも少なくなかった。そこには占領者たちの明確な政治的、戦略的意図がありプロットがある。メディアにおけるクリシェの反復はパレスチナで現実に生起している出来事の真の意味——すなわち占領の暴力——を隠蔽する「カヴァリング・イスラーム」にほかならない。

「パレスチナ自治区」なることばもそうだ。一九九三年のオスロ合意以降、現在まで、マスメディアでパレスチナの地図が登場するとき、西岸とガザはそれ以外の地域（一九四八年に占領された地域、すなわち現在「イスラエル」と呼ばれている土地）と区別される形で、黒く塗りつぶされて「パレスチナ自治区」と表記されている。だが、その実態は、それが「自治区」ということばで私たちが連想するようなものではまったくない。そもそも西岸地区の六〇パーセントが依然、イスラエル軍の直接的な管轄下にあり、完全自治区とされるA地区はわずか十八パーセントに過ぎない。「自治区」という呼称も、西岸とガザの全体が「自治区」として黒く塗られた地図も、継続する占領を文字どおり糊塗し、私たちの目から隠蔽するための言説装置、オーウェルの言うダブルスピークである。

レイチェル・コリーさんが国際連帯運動（ＩＳＭ）の一員としてガザに赴いた二〇〇三年一月当時、第二次インティファーダが始まってすでに二年半が経過し、イスラエル占領軍による物理的暴力は常態化し、占領下の日常となっていた。当時、世界の関心はもっぱら、開戦が不可避となったイラクに注がれていた。インティファーダが始まった当初はさかんにこれを報じていた世界のマスメディアも、パレスチナ人による自爆攻撃があるとカラー写真入りで一面で大きくとりあげるものの、占領地における占領軍による攻撃や殺傷は、それが彼の地の日常であってみれば、もはやさしたる関心を引かなかった。

3　ガザからの手紙

どんなにたくさんの本を読み、集会に参加し、ドキュメンタリーを見て、口コミの情報に接してきたとしても、パレスチナの状況の現実に対する心の準備はできていなかったでしょう——この事実を今、私はつくづくと思い知らされています。自分の目で見ない限り、この状況は決して想像できるものではありません。そして、自分の目で見ても、自分のこの体験は、この地の現実そのものではまったくないことを、常に嫌というほど認識させられるのです。

レイチェル・コリーさんがそのメンバーであったＩＳＭは、イスラエル占領軍による暴力と人権侵害からパレスチナ人を護るため、二〇〇一年、占領下のパレスチナ人の呼びかけによって結成された非暴力直接行動を旨とする国際ＮＧＯだ。欧米の若者たち有志が占領地に入り、「人間の盾」となってパレスチナ人に寄り添い、イスラエルの占領軍兵士がパレスチナ人の生命や生活に対して直接的な危害を加えるのを防ぐもろもろの活動をおこなっている。

ＩＳＭの若者たちは、占領を生きる人々と生活をともにしながら、その人権擁護活動にあたる。パレスチナ人の家でパレスチナ人の家族（お母さん、お父さん、おじいちゃん、おばあちゃん、自分と同年代の息子や娘たち、弟、妹のような幼い子どもたち）と食卓を囲み、同じベッドを分かち合い、彼らがどのような思いでその家で生活しているか、どのように家族を大切にしているか、子どもたちはどのような夢をもって生きているか、そうした交流を日々持ちながら、彼らが生きている占領の暴力をその具体相において体験する。

私の家族で、車で走っている時に、オリンピア市の大通りの先にある塔からロケット砲の襲撃を受けた者など誰もいません。私には家が、自分の国がある。海を見に行くことも許されている。実際上、裁判なしで何カ月も何年も私が拘束されることなど、まずありえない（これは私が、ほかの多くの人とは異なって、白人の合衆国市民だからです）。学校や仕事に行く時、マッド・ベイとオリンピアのダウンタウンの中間にある検問所に重装備した兵士がいて、私が仕事に行っていいかどうか、仕事が終わったあとにもう一度家に戻っていいかどうかを、全権をもって決定するなどというようなことはないと、私はかなりの確信を持って日々を送ることができる……。

合衆国ではこんなことは起こりえない、とレイチェルがここに書いていること、それらすべてが、ガザの日常なのだ（海に関しては、その後、二〇〇五年にイスラエルの入植地がガザから全面撤退したことで、ガザの海岸線の大部分を占有していた巨大入植地がなくなり、パレスチナ人はそれまで奪われていた海に、好きな時に行けるようになった)。それは二重の不条理だ。このような理不尽な暴力に満ちた日常を生きねばならないという不条理。だが、それにも増して不条理なのは、自分たちがこのような暴力を生きることを強いられている、その同じ世界で、そんな暴力とはまったく無縁に、安穏な暮らしを楽しんでいる者たちがいるという事実だ。ＩＳＭの若者たちは占領下のパレスチナで、占領の暴力を間近に体験するだけではない。占領の暴力を体験することによって、私たちが生きる「この世界」そのものの不条理を、身をもって体験することになる。

だから、この子供たちがいる世界にやってきて、短期間、不完全な形で、その社会に入っていった時に、私が憤りを感じるとすれば、逆に、この子たちが私の世界にやってきたら、いったいどういうことになるのだろうと考えてしまうのです。

合衆国の子供たちにとって、普通、両親が撃たれたりはしないということを、パレスチナの子供たちも知っています。合衆国の子供たちが時々、海を見に行くということも知っています。でも、ひとたび、実際に海を見て、水は当然のようにいくらでもあって夜中にブルドーザーで奪われたりすることはない、そんな静穏な場所で生活してみたら……真夜中に突然家の壁が崩れてきて目を覚まさせられるのではないかという、そんな不安にかられることなどない夜を過ごしたとしたら……これまで家族や友人を誰も失ったことがないという人に会ったとしたら……人を殺す塔や戦車や武装した「入植地」や巨大な金属の壁に囲まれていない世界の現実を体験したとすれば……

レイチェルは続ける、

そうしたら、この子供たちははたして、世界を許すことができるでしょうか――。

4 存在の耐えられない軽さ

普遍的人権、人間の尊厳、人間の自由、平等、平和、そういったことがまことしやかに語られる二一世紀のこの同じ地球上で、人権も平和も自由も尊厳も、空気のように享受している者たちがいる一方で、人権も自由も尊厳もなく、日々、殺されて一顧だにされない者たちがいる。人間が虫けらのように殺されるという不条理、だが、その物理的暴力以上に、世界がその不条理を耐えがたいこととして感じていないという事実――存在の耐えられない軽さ――こそが、人間にとって致命的な暴力なのではないだろうか。

世界は、パレスチナの占領を放置し、そうすることによってそこに生きる人々を半世紀にわたり占領の暴力のただなかに遺棄し続けることで――あるいはガザの完全封鎖を十年以上にわたり放置し、ガザの人々を「生きながらの死」と彼らが呼ぶ状態に捨て置くことで――、パレスチナ人に対してメタメッセージを発しているのだと言える。おまえたちの尊厳が冒されようと、私たちには関係のないことだ。おまえたちは私たちと平等な人間ではない。おまえたちがどうなろうと、それはこの世界にとって何ら問題ではないと。

私は本当に心配、人間がその本性において善であるという私の根源的な信念を問い直さずにはいられません。こんなことはもう終わりにしなければ。［…］不信と恐怖、それがいま、私が感じているものです。そして裏切り。私は裏切られた気持ちです。これが、私たちの世界の根本的な現実であるということに、そして、私たちが実際にそれに加担しているということに。

これは、私がこの世に生まれてきたとき、望んだことじゃない。ガザの人々がこの世に生まれてきたとき、望んだことでもない。パパとママが私に生を授けようと決めたとき、私に生まれ出てほしかったのは、こんな世界じゃない。（翻訳筆者）

「この子たち」は許せるだろうか。私たちは許せるだろうか、こんな世界を。許せるはずがない、いや、許してはいけないのだ。許していいはずがない、こんな不条理を。許してはいけないなら、どうするのか。答えは明らかだ。私たちは変えなければならない、この世界を、私たちの手で、非暴力の手段によって。

許してはならないこの世界を、「この子たちは果たして、許すことができるのでしょうか」とレイチェルが問うたとき彼女が懸念していたこと、それは、世界を許すことのできないノーマンが——あるいはノーマンに代わって誰かが——、非暴力の手段によってこの世界を変えようとする代わりに、わが身もろともこの不条理な世界それ自体を破壊する挙に出るのではないか、ということだ。二〇〇一年九月のニューヨークとワシントンにおける同時多発テロから、まだ一年数ヵ月しかたっていないときだ。9・11という出来事のイメージが彼女の意識の根底にあっただろう。

二〇〇九年の一月のあの日、デモのあとの梅田の地下街で私が想起したのも同じことだった。今ここで、この光景を目にしたガザのパレスチナ人が、この世界に対する怒りと絶望を「自爆」という形で表現したとしても、それは、人間として十分に理解可能なことだと思った。それはテロにちがいない。忌まわしい犯罪にちがいない。自分たちが犠牲者だからといって、何の罪もない無関係な私たちを殺していいわけがない。いや、本当にそうだろうか。私たちは無関係なのだろうか、罪はないのだろうか。ミサイルや白燐弾で殺す代わりに、私たちは、ガザを関心の埒外に打ち棄てることで、日々、殺しているのではないか。

白燐弾で人間を生きたまま焼き殺す物理的暴力と、無関心によって、彼らが私たちと平等な人間であることを否定する暴力と。私には無関心による他者の人間性の否定のほうが、より罪深いものに思えてならない。

5 ガザに生きる

小さなゴムボートにすし詰めになって、トルコからギリシャをめざして地中海を渡る難民たち。ハンガリーの国境フェンスを越えようと国境地帯の草原をひた走る人間の群れ。ドイツ行きの列車を待つ何千もの者たちで難民キャンプと化した駅……。二〇一五年の夏、テレビニュースは毎晩、ヨーロッパに押し寄せる中東の難民たち（その大半は内戦を逃れたシリア難民たちだ）の映像であふれかえっていた。今、数年前のあの連日の報道が嘘のように、シリア難民をめぐる報道はない。

シリア内戦が終息したわけではない。政府軍と反政府軍の戦闘は依然、続いている。シリアを脱して国外へ避難するシリア人は今もあとを絶たない。この間、シリア総人口二二〇〇万の半数以上が故郷を追われ、国内外で難民となった。国外難民の数は国連に登録されているだけで五五〇万以上にのぼる（二〇一八年八月現在）。二〇一五年の秋以降、ヨーロッパの国々が次々に難民たちに対して門戸を狭め、EUは難民がヨーロッパに押し寄せるのを防ぐため、トルコに対し多額の融資と引き換えに、ギリシャのシリア難民をトルコに強制送還させることを承諾させた。国連難民高等弁務官事務所（UNHCR）の統計では、二〇一八年八月現在、三六〇万以上の難民がトルコに居住する。さらなる難民の流入を阻止するため、トルコは、国境を越えて自国に入国しようとする難民たちをシリア・トルコ国境で追い返している。世界は、中東の難民たちを中東に封じ込めることに、あるいはシリアの難民たちをシリアに封じ込めることに、ほぼ成功した。中東の難民問題が「ヨーロッパの難民問題」となって初めて、マスメディアはこれをさかんに報道したが、シリアの難民たちが中東の難民でいる限り、伝えるべきこと、私たちが知るべきことは何もないかのようだ。

忘却のなかに打ち棄てられた難民たち。仮に、難民によるテロルが起こるとすれば、それは、世界の忘却に抗するノーマンの絶叫に思えてならない。この子たちがそのような形で自分たちの絶望と怒りを世界にぶつける、そんな未来をレイチェル・コリーさんはガザの子どもたちとの出会いを通して懸念した。だが、テロリストになるとは、自ら人間性を手放すことだ。そこに誰がどのような大義を吹き込もうとも、暴力に大義など、ない。敵が私たちの人間性を否定するからと言って、私たちもまた「敵」の人間性を否定したとすれば——それは、敵の似姿になるということだ——、それこそが人間にとって真の敗北となる。

世界の無知・無関心・忘却という暴力のなかで人間性を否定され、世界からノーマンとされてなお、人間であり続けること。人間の側にとどまり続けること。この許しがたい世界をわが身もろとも破壊してそれに終止符を打つのではなく、自らの人間性を決して手放さず、自分たちの手で、非暴力の手段によって、世界を変えていくこと。それは、オリンピックで金メダルをとることよりも、ダイナマイトで自分の肉体を吹き飛ばすことよりも、はるかに困難で、はるかに勇気の要ることだ。《ガザ》に生きるとは、人間がそのような闘いを闘うということだ。

私が生きているあいだに、パレスチナ国家、あるいは、民主的なイスラエル・パレスチナの二民族共生国家の樹立を、きっとこの目で見ることができると信じています。パレスチナが解放されたら、それは、世界じゅうの、抑圧と闘う人々にとって、信じられないような希望の源になると思います。どれほど困難であろうとも一体となって、どれほど困難であろうとも抵抗していこうとする人々の能力を、私は今、学びはじめたばかりです。この土地、この状況は、これからも、このうえなく深く強烈な教えを与えつづけてくれることでしょう。

そんな言葉を遺して、レイチェル・コリーは二〇〇三年三月十六日、亡くなった。ラファの街で、パレスチナ人の住宅を破壊しようとするイスラエル軍のブルドーザーを制止しようとその前に立ちはだかり――ブルドーザーは止まらなかった――、そのまま轢き殺されたのだった。二三歳だった。

6　レイチェルの子どもたち

それから十五年。二〇〇七年に始まったガザの完全封鎖はすでに十年以上に及ぶ。現在、二〇〇万の住民たちが自由な移動を禁じられ、ガザに閉じ込められている。エジプトとの国境地帯に位置するラファの街――レイチェルが亡くなった街――にある出入り口（クロッシング）が、ガザの人々にとって世界に開かれた唯一の扉だ。その扉が開くのは三カ月か四カ月に一度、数日間だけ。そのときガザを出られるのは三〇〇〇人ほどに過ぎない。

二〇一六年の春、封鎖下のガザから五名の学生が、京都の同志社大学の大学院に留学した。ラファのクロッシングが開くのを辛抱強く何カ月も待って、彼らは日本にやって来た。新学期には間に合わなかったが、大学側は彼らの来日を待った。海外に留学することはガザに閉じ込められている若者たちの夢だが、奨学金を得て海外の大学に入学を認められても、ガザを出ることができず、所定の期日までに渡航できないために入学を取り消されてしまう者も多い。

占領下に生まれ占領下で育った、占領しか知らない若者たち。小学生のころは第二次インティファーダで占領軍の日常的攻撃のなかで育った。それから封鎖が始まり、この数年のあいだに三度ものイスラエルによる大規模な軍事攻撃があり、それを生き延びた。十五年前、レイチェルさんがガザで出会った子どもたちが、三度の戦争を生き延びていれば、彼らと同じ年頃だ。レイチェルの子どもたち……。

関西空港から特急列車で京都駅に着いて、ホームに降り立った彼らは、何千人もの旅行者がキャリーバッグを手に西へ東へ行き交っているのを目にして絶句したという。「そうだ京都行こう」と思い立ってすぐ京都に行ける、そんな自由が格別、自由とも意識されることなく、ごく当たり前のこととして享受される世界があることを頭では分かっていても、それを実際に自分たちの目で見て、そのとき初めて彼らは理解する、私たちが生きている世界がいかなるものかを。

この世界それ自体が、ノーマンを不断に産出し続ける巨大な構造的暴力装置だ。その巨大な碾き臼は、地球の自転のように止むことなく回転を続けながら人間を碾き続ける。ガザの留学生たち――レイチェルの子どもたち――は今、寸暇を惜しんで勉学している。学位をとり、自分たちがこの世界で何者かになるということが、この巨大な碾き臼を破壊し、世界最大の監獄に繋がれている同胞たちを解放することにつながると信じて。

註

（1）レイチェル・コリーのメールは以下で読むことができる。Rachel Corry Foundation for Peace and Justice. https://rachelcorriefoundation.org/rachel/emails

（2）Edward Said, *Covering Islam*, Routledge and Keagan Paul, 1981（エドワード・サイード『イスラム報道　増補版』、浅井信雄・岡真理・佐藤成文訳、みすず書房、二〇〇三年）

第五章　ゲルニカ

1　サブラー・シャティーラ

デフォルメされた人間の頭、掌、腕……、そして、椅子、斧、ナイフ、ミサイル、その他不定形の意匠が、黒い背景いっぱいにぶちまけられたように所狭しと描かれている。ロンドン在住のイラク人アーティスト、ディア・アッザーウィー（一九三五―）が、一九八二年から八三年にかけて制作した、パネル四枚を組み合わせた壁画「サブラー・シャティーラ」だ。二〇一二年にロンドンのテート美術館が購入し、常設展示されている。

レバノン内戦下の一九八二年、イスラエルが占領する西ベイルートで、イスラエルと同盟していたレバノンのファランジスト（キリスト教マロン派の右派政党ファランヘ党）民兵が西ベイルート郊外にあるサブラーとシャティーラ両難民キャンプに侵入し、九月十六日から十八日にかけてキャンプ住民二〇〇〇名以上を殺害した。「サブラー・シャティーラの虐殺」である。これに衝撃を受けたアッザーウィーは、ピカソの「ゲルニカ」のイメージを引用しながら、ピカソがゲルニカを無差別爆撃した殺戮者とその同盟者に抱いたのと同じ憤怒をもってこの壁画を描いた。現代のゲルニカである。

2 ベイルート、ベイルート

二〇〇二年、九月のベイルート。

西ベイルートを、市街中心部から海岸まで東西に走るメインストリート、ハムラー通り。そのカフェのテラスで、黒ずくめのムスリム女性の二人連れが、ストローでジュースを飲みながら額をつき合わせて何やら熱く語らっている。傍らでは、ミニスカートのクリスチャンの女性がワインのグラスを傾ける。湾岸や北アフリカのアラブ諸国では国民の圧倒的多数がムスリムで占められているのに対して、七世紀にアラブ・イスラームによって征服される以前、ビザンツ帝国であったマシュリク（東アラブ世界）の地中海沿岸諸国（シリア、レバノン、パレスチナなど）にはキリスト教徒が多い。なかでもレバノンは、ムスリムとクリスチャンの人口が拮抗している。第一次世界大戦後、それまでオスマン帝国領であった歴史的シリア地方を分割して、イギリスとともに植民地支配することとなったフランスが、自らに都合の良いように、カトリックの一宗派であるマロン派キリスト教徒の多い沿岸部をムスリム人口の多いその他のシリア地域から分離してレバノンとしたためだ。

ベイルートのクリスチャン女性は、その出で立ちからすぐにそれと分かる。ヒジャーブ（ムスリム女性のスカーフ）を被っていないのは彼女たちに限ったことではないが（ムスリム女性でもヒジャーブをしていない者は大勢いる）、ごく普通にアルコールをたしなむし、同性でも目のやり場に困るくらい露出度が高いセクシーな装いをしていたりするからだ。タンクトップに膝上までスリットの入ったロングスカート、ハイヒールで街を闊歩する彼女たちに較べたら、日本の一般の女性たちの服装は、ヒジャーブこそ被っていないものの、ムスリム女性と変わらぬ慎ましさだ。

その十年少し前まで、ベイルートはレバノン内戦の戦場だった。街は東西に二分され、中心部の繁華街が、対立する二つの勢力を分ける緩衝地帯、グリーンラインとなり、これを挟んでキリスト教徒の勢力とムスリムの勢力が対峙し、十五年間にわたり互いに互いを殺し合った。この内戦で二五万人が殺されたと推定されている。今もって二万人の行方が知れない。

内戦中、グリーンラインの東側、東ベイルートがキリスト教徒地区、西ベイルートがムスリム地区とされた。だが、内戦前からベイルートの街が、そのような宗派別に棲み分けられていたわけではない。東ベイルートにはムスリムも住んでいたし、逆もまた然りだった。けれども内戦が進み、相互の対立と憎悪が深まるにつれ、信仰を異にする者は住まいから追い立てられてグリーンラインの反対側へ、あるいは内戦を逃れて海外に移ることを余儀なくされた。一〇〇万人がこの内戦で国を離れた。

表面的にはキリスト教徒とムスリムが敵対した内戦だが、宗教戦争ではない。両陣営とも内部で諸勢力が対立し、キリスト教徒側に加勢するムスリム勢力もあれば、その逆もあり、諸勢力間の同盟・敵対関係は目まぐるしく変わった。内戦の根源は、植民地期に遡るレバノンの政治経済構造にあった。フランスがオスマン帝国下のカトリック・マロン派のクリスチャンを保護するという名目でこの地域に進出し、第一次世界大戦後、フランスによる委任統治時代に、レバノン植民地支配のエージェントとなったマロン派キリスト教徒が、独立後もレバノンの政治経済を支配することになった。このような社会構造に対して、貧困層を占めるムスリムが体制変革を求め、これに汎アラブ主義を掲げる社会主義者など非宗教的な勢力や、パレスチナの解放を訴えるPLO（パレスチナ解放機構）など諸勢力が合流してレバノンの革命をめざし体制と対立、内戦となった。さらにシリアやイスラエルなど、特定の勢力を味方につけた周辺国が軍事侵攻しベイルートを占領するなど、十五年にわたる内戦のあいだにも、いくつもの戦争があった。国外に逃れる経済力もなく、内戦下にとどまらざるを得ない者たちは、生活を破壊され、食い扶持を求めて、イデオロギーも宗派も関係なく、少しでも報酬の多い勢力の傭兵となって戦った。昨日、ともに戦った者たちが、今日、互いに銃を向けあうことも珍しくなかった。諸勢力が至る所にそれぞれの検問所を設け、通行する市民を誰何した。

3　眠気と眠りのあいだの狙われた空隙

二〇一二年の六月から十月まで六本木の森美術館で、「アラブ・エクスプレス展」が開催された。東アラブ世界を中心に湾岸地域からエジプトまで、現代アラブ世界のモダンアート作品を集めた日本初の大規模なアラブの現代美術展だった。映像、写真、インスタレーションなどさまざまな作品が展示されたが、そのなかに「アトファール・アハダース」という名のレバノンの三人組のアーティスト・ユニットの作品があった。アラビア語で「アトファール」は「子どもたち」、「アハダース」は「事件」を意味する。直訳すれば「事件の子どもたち」となる。何かしでかしては騒動を起こす悪ガキたち、といった感じだが、「アハダース」は同時に、レバノン内戦を意味する婉曲語法でもある。

その悪ガキ三人組の作品は、日本の観光地によくある、等身大のパネルに描かれたご当地の歴史的有名人の人物像の、顔の部分だけがくり抜かれて、観光客がそこに後ろから自分の顔を嵌め入れて記念撮影する、いわゆる「顔出しパネル」のアラブ・バージョンだった。「私をここに連れて行って、思い出を作りたいから」と題されたその作品は、たとえば白いスカーフを垂らし、白の長胴着を着たいかにも湾岸産油国のアラブ人然とした格好の人物や、黒のスーツをびしっと決めた今ふうの洒落者や、イスラームの導師、キリスト教の聖職者、田舎のお百姓さん、その他いろいろな姿の人物パネルが、顔の部分をくりぬかれて並べられていた。おもしろくはあるけれど、何を意味する作品なのか分からなかった。「芸術」をおちょくった、「悪ガキ」らしいおふざけだとそのときは思った。

だが、レバノン内戦下、ベイルートの検問所で当時、住民たちの身にふりかかっていた出来事を知ると、この作品が、その能天気な見せかけのタイトルとは裏腹に、内戦の暴力と深く結びついたものであることに気づかされる。マロン派クリスチャンが、スンナ派ムスリムが、シーア派ムスリムが、ドルーズ教徒が、レバノン人が、パレスチナ人が、その同盟関係、敵対関係を日々、猫の目のように変えながら対峙し殺し合っていたこの時代、銃を突き付けられ、武装勢力に「お前は何者なのか」と問われることは、その答えの如何が自分の運命を致命的に左右する出来事だった。単に検問を通過できるかどうか、ではない。自分の信仰が、質問者が「敵」と見なす者たちのそれであった場合、拘束されたり、殺されるかもしれなかった。「お前は何者だ」と問うているこの者は何者なのか、クリスチャンなのか、ムスリムなのか（シーア派なのか、スンナ派なのか）、レバノン人なのか、パレスチナ人なのか、シリア人なのか、ここはどこなのか（ファランジストが支配する東ベイルートなのか、ムスリム地区の西ベイルートなのか）、ここをつつがなく通り過ぎるには、自分は何者でなくてはならないのか……？

それを瞬時に判断しなければならない。レバノン生まれのパレスチナ難民二世でクリスチャンのある男性は、内戦中、武装勢力に誰何され、三度、拘留されたことがあるという。あるときはクリスチャンであったために、あるときは身分証明書が見つかってしまいパレスチナ人であることが知られてしまったために、そしてあるときは、身分証明書が見つからず、パレスチナ人であることを証明できなかったために。

レバノン内戦下、人々は「お前は何者か」という致命的な問いを生き延びるために、その時々で、自分が何者であるか、アイデンティティを偽装しなければならなかった。この世界の大方の国々において、自分ではないほかの何者かに変身することは旅先の思い出作りだが、レバノンにおいてのそれは、内戦という悪夢の思い出なのだ(1)。

4 シボレート

レバノン内戦では、パレスチナ人もまた、重要なファクターを構成していた。

一九四八年のナクバ、すなわち、イスラエルの建国にともなうパレスチナ人に対する民族浄化で難民となって国外に逃れた者は七五万人、うち十万人が、パレスチナの北にあるレバノンに逃れた。四半世紀後、彼らは、国際社会の温情で養われる難民たちであることをやめ、自ら銃を手にし、祖国の解放をめざすようになる。一九七〇年、ヨルダン王政によってヨルダンを追われたパレスチナ解放勢力がレバノンに渡り、ベイルートはPLOの拠点となった。パレスチナ人は、パレスチナを解放するために自ら闘う政治的主体となり、難民キャンプは、パレスチナの解放戦士を育む革命の拠点となっていく。そこに、レバノン社会の体制変革を求めるレバノン人が合流し、パレスチナ人は、レバノンにおける植民地主義の残滓である体制の打倒をめざす革命勢力の一部となる。東ベイルートにあったタッル・エル＝ザァタル難民キャンプはその革命拠点だった。同じく植民地主義の残滓であるヨルダン王政が、パレスチナ解放勢力を内戦の末、国内から追放したように、レバノン人ムスリムとともにレバノンの革命を求めるパレスチナ人が、レバノンの体制側、マロン派キリスト教徒右派や、レバノンからPLOの影響力を排除したい者たちの深い憎悪の対象となっていくのは当然の帰結だった。こうして内戦中、パレスチナ難民キャンプは幾度も攻撃に見舞われ、パレスチナ人はパレスチナ人であるがゆえに（そして、パレスチナ人を支援する者もまたそうであるがゆえに）、その敵たちの憎悪の的となり殺されたのだった。

キリスト教徒の右派民兵によってパレスチナ人か否かが誰何され、パレスチナ人はレバノン人から選別され、殺された。だが、パレスチナ人もレバノン人も外見では区別できない。キリスト教徒のヨーロッパ人とユダヤ教徒のヨーロッパ人が区別できないように（肌の色の違いといった外見で区別できるなら、黄色い星の着用をユダヤ人に義務づける必要はなかったはずだ）。あるいは、日本人と朝鮮人が区別できないように。このとき、外見的には区別できないパレスチナ人を選別するために用いられたのが「トマト」だった。お前は何者か、と問う代わりに（「パレスチナ人」だと答えれば殺されることが分かっていて、マロン派の民兵に「パレスチナ人」だと自分から名乗る者はいない）、トマトを見せて「これは何だ」と訊ねるのである。

トマトは、アラブ世界の地域ごとにさまざまな名で呼ばれる。正則アラビア語では「タマーティム」だが、モロッコでは「マティーシャ」、エジプトでは「ウータ（クータ）」、レバノンやパレスチナ地方では「バンドゥーラ」という。その「バンドゥーラ」の発音が、レバノン人とパレスチナ人では微妙に違う。かつてシリア出身のパレスチナ人に、レバノンふうの「バンドゥーラ」とパレスチナ人の「バンドゥーラ」を言い分けて発音してもらったことがある。彼女たちの耳がはっきりと峻別するその違いを、私は何度聞いても、まったく聞き分けることができなかった。私のために何度も「バンドゥーラ」と発音してくれた彼女は、京都の大学で動物考古学を専攻する難民三世のパレスチナ人だった。奈良に通って、古代の動物の骨の発掘をしていた。「現代のことからできるだけ遠いことをしたいから」と言って。博士号をとって彼女はシリアに帰国した。たしか、ヤルムーク難民キャンプの出身だったはずだ。ダマスカス郊外にあるヤルムーク難民キャンプは、ディアスポラ・パレスチナ人の文化の中心だった。だが、うち続く内戦で、政府軍と反政府軍の戦闘の舞台となり、イスラーム国にも占領され、数万の住民が封鎖されたキャンプに閉じ込められ、食糧も底を尽き……。彼女は内戦を生き延びただろうか。いま、どこで、どうしているのだろう。

「バンドゥーラ」とナイーヴに答えて、向こう岸に渡ることができなかった者たち。その問いに孕まれた殺戮者の奸計を看取し、思わず口ごもってしまった者。人間の歴史、なかんずく特定集団に対する虐殺の歴史のなかで幾度も繰り返されてきた「シボレート（Shibolleth）」、敵を炙り出すための指標となることば(2)。かつてこの国でも、それがあったことを私たちは知っている。私／たちの舌に刻印された、私／たちの出自、私／たちの名、私／たちが何者であるかの証……。

5　天の王国

内戦前のベイルートは「中東のパリ」「地中海の真珠」と謳われた。その美しい街を破壊し、人々の生活を破壊し、命を破壊し、人間の尊厳を蹂躙することが内戦下の男たちの日常となるなかで、破壊された街、狂気が支配する街に敢えてとどまり続け、そこで、狂気に与することを拒否しながら、日常を紡ぎ続けながら内戦をサヴァイヴァルすることが女たちの闘いとなっていった。

レバノン内戦に限らず、いかなる戦争においても、真の闘いとはそれなのかもしれない。敵と戦い、敵を殲滅し、軍事的あるいは政治的勝利を収めることではなく、世界を支配する狂気に蝕まれることに抗い、人間の生の破壊に抗して、いかに「生を守る」か。フィジカルな生命《いのち》を守るという意味だけでなく、人間らしい暮らし、人間らしいありようを守るということも含めて。(3) 人間らしい暮らしとは、単に物質的なことだけを意味するのではない。すべてが破壊されたなかで、それでも人間として生きる、ということだ。それを失ったとき私たちは、たとえフィジカルには生きていたとしても、人間としては死んだも同然なのだから。

二〇〇二年九月、内戦が終わって十二年目のベイルート。街角ではカフェで憩う市民の姿があった。まるで、当たり前のことだと言うように、ムスリムとクリスチャンが席を並べていた。(4)

6　スーク・サブラー

ホテルは西ベイルートの目抜き通り、ハムラー通りを北に入って、二本目の路地を曲がった、住宅街の中にあった。内戦中、海外のジャーナリストたちが常宿にしていたホテルだ。ハムラー通りに侵攻した戦車が砲撃しても、奥まった一角にあるため被弾しないというのが、記者たちがこのホテルを定宿にした理由のひとつだ。

私にとってレバノンを訪れるのは、二〇〇二年のこのときが初めてだった。その二〇年ほど前、エジプトに留学していた一九八三年の初夏、一ヵ月かけてトルコ、シリア、ヨルダンと、東地中海の国々を旅したけれど、レバノンには行けなかった。当時のレバノンは内戦のただなかで、その前年の一九八二年六月、イスラエルが侵攻しレバノン全土を空爆（それにより二万人の市民が殺された）、西ベイルートは当時、イスラエルの占領下にあったからだ。

ハムラー通りに出てタクシーを拾い、運転手に「スーク・サブラー《サブラー市場》」と告げる。乗り込んだ車の内装は何もかもボロボロだった。ダッシュボードは壊れ、剝き出しになった配線が絡まり合って垂れ下がっていた。一九七〇年代に製造された日本車だった。日本では絶対にお目にかかれない、走っていること自体が奇跡のような車だ。私が日本人だと知ると、こんなになってもちゃんと走る、日本車は優秀だと運転手に褒められた。今、思えば、あの車も内戦のサヴァイヴァーだ。

一九九〇年の内戦終結から十二年目のベイルートは、地中海に沿って走る海岸通りに外資系のま新しい高級ホテルやレストランが建ち並び、日が暮れると、夕涼みに繰り出した家族連れで、海を見下ろす遊歩道は賑わった。だが、主戦場となっていた街の中心部には依然、被弾して半壊した建物がいくつも、深い傷跡をさらしながら廃墟のまま放置されていた。破壊を免れたハムラー通りの住宅街も、立ち止まって目を凝らすと、道路に面した外壁のそこかしこに銃弾の跡が穿たれていた。その後、何年かして、ベイルートを幾度か訪れる機会があった。再開発は急ピッチで進み、街は訪れるたびにどんどん明るくなっていった。冬には湾岸産油国のアラブ人がスキー観光に訪れていた。冬のレバノン山脈は、数メートルもの積雪で幹線道路が不通になるくらい雪が降るのだ。かつての「中東のパリ」の面影には程遠いが、ベイルートはその西洋的な街並みや文化から「中東のヨーロッパ」として、湾岸地域のアラブ人を惹きつけていた。再開発が進んだ数年後の垢抜けた姿を考えると、二〇〇二年、最初に訪れたときのベイルートは、街も、そこに暮らす人々も、十数年前まで続いた内戦の記憶をいまだ色濃く漂わせていたのだとあらためて感じる。

おんぼろタクシー（あるいは歴戦の戦闘を生き延びた老兵）は、サッカー・スタジアムの前を通り、サブラー通りの入り口に到着した。西ベイルートの郊外にあるサブラー地区のメインストリート、サブラー通りは市場になっている。新鮮な色とりどりの野菜や果物を並べた八百屋や、お菓子屋さん、肉屋や衣料品店、生きた鶏を売る店やチキンの丸焼きを供する食堂が無秩序に軒を並べ、活気に満ちている。ベイルート市街に比べて物価も安いので、市内からわざわざ自家用車で買い物に来る者たちもいる。

国を問わず、たいていの都市で市場《スーク》は「〜の台所」と銘打たれ、ガイドブックで紹介される観光スポットだ。実際、私が持参した日本語の観光ガイドにもベイルート市内にあるスークが紹介されていて足を運んだのだが、アメ横の小さな一角を切り取っただけのような、なぜ、ここがわざわざガイドブックに載っているのか理解に苦しむものだった。そこに較べたら、スーク・サブラーの方がよっぽど活気にあふれ、市場らしくておもしろい。しかし、この市場はガイドブックには載っていない。サブラー通りの東側には、パレスチナ難民キャンプが位置しており、通りを縁取るサブラー市場はキャンプの一部だからだ。一九八二年九月、集団虐殺が起きたサブラー・シャティーラ難民キャンプだ。

7　ゲルニカ

ゲルニカ――。スペイン内戦中の一九三七年四月二六日、フランコ率いる反乱軍と同盟するナチス・ドイツの空軍がスペイン、バスク地方の街、ゲルニカを爆撃、数百名の市民を無差別殺戮した。ピカソがこれを壁画に描いて以来、「ゲルニカ」は無辜の市民／非戦闘員に対する一方的な無差別殺戮と、そのような暴虐に見舞われる人間の苦しみを象徴することば、イメージとなった。

ゲルニカのあとも、この世界では数限りない《ゲルニカ》が生起したし、今なお生起し続けている。たとえば、二〇〇一年以降のアフガニスタンで、あるいは二〇〇三年以降のイラクで――いずれも日本が賛同し、支援のために自衛隊を派遣した攻撃で――、「誤爆」とか「附随的犠牲《コラテラル・ダメージ》」という名によって正当化されるそれを私たちが《ゲルニカ》と呼ぶことも、意識することもなく（冒頭で紹介したイラク人アーティストのアッザーウィーは二〇〇三年のイラク戦争以降における祖国のさまを、「ゲルニカ」をさらに抽象化したイメージで、壁画「包囲下の我が街へのエレジー」に描いている）。

一九八二年のサブラー・シャティーラの虐殺、それは紛れもなく現代のゲルニカだ。しかし同時にそれは、パレスチナ人の唯一のゲルニカというわけではない。

ナクバの悲劇以来、今日までのパレスチナ人のこの七〇年間の歴史が集団虐殺の歴史であったことはすでに書いた。集団虐殺に次ぐ集団虐殺。パレスチナ人という一民族の七〇年の歴史それ自体が、いくつもの《ゲルニカ》の連続なのだ――一九四八年のゲルニカ、一九五六年のゲルニカ、一九七六年の、一九八二年の、二〇〇二年の、二〇〇八年の、二〇一四年のゲルニカ、難民キャンプにおけるゲルニカ、「ユダヤ国家」領内におけるゲルニカ、占領地におけるゲルニカ、正史に刻まれたゲルニカ、記憶されるゲルニカ、記憶されないゲルニカ、経帷子に包まれて地中深く埋められてしまった語られないゲルニカ……。

パレスチナ人の虐殺をゲルニカとして描いたのはアッザーウィーだけではない。二〇一四年夏のガザに対するイスラエルの猛爆を受け、ヴェネズエラのアーティストで風刺漫画家のエネコは、「ゲルニカ」のモチーフを使った作品を複数、発表している。オリジナルの「ゲルニカ」の左端に描かれている、ピエタを髣髴とさせる、子どもを抱く母親の絵の、その子どもにクーフィーエ（パレスチナ人がまとう白黒格子のスカーフ）をまとわせたり、また、ガザの地図のなかに、ピカソの「ゲルニカ」に描かれた馬や人間のモチーフを描くなど、ガザをゲルニカに重ねることで、イスラエルによるガザ攻撃をパレスチナ人に対するゲルニカ、無差別殺戮として表象した（後者の作品では、動物も人間もガザという檻のなかに閉じ込められているように見える。無差別殺戮だけでなく、ガザの封鎖に対する批判も意図されている）。

いくつもの《ゲルニカ》に満ちた歴史を生きるのは、パレスチナ人に限らない。クルド人もそうだ。主権国家をもたない者たち、あるいは、主権国家に暮らしながらも、そこに十全な国民として帰属しない者たち、国民ならざる者たち——。彼らの身に繰り返し虐殺が生起するのは、彼らが国民でないがゆえに人間ならざる者、人権など慮る必要のないノーマンであるからにほかならない。内戦下のシリアでは、政府軍が反体制側支配地域に「樽爆弾」（ドラム缶などの金属製の容器に火薬を詰め、釘などを入れたもの）を投下し、市民を無差別に殺傷している。一九八二年、シリアのハマーの街で反体制派が蜂起した際には、二万人の市民が政府軍に虐殺された。国民が主権をもたない独裁国家においては、国民もまたノーマンなのだ。

8　サンデー・ピクニック

パレスチナ人のゲルニカは、年を経るにつれ、破壊の規模も殺戮の規模も、どんどんスケールアップしていく。最初に起きたときには、人間の想像を絶すると思われたその出来事が、数年後にはそれをはるかに上回る出来事によって凌駕されてしまう。かつてのそれが「のどか」にすら思えてしまうほどに。その間の殺傷兵器の性能の向上ということもあるが、それだけが理由なのではないと思う。そこには、殺戮者たちの計算された意図があるのではないか。殺戮をするたびに、そうやって暴力のパラメーターを少しずつ引き上げることで、非人道的な出来事に対する私たちの人間的感性に耐性を作り、閾値を上げ、感覚を鈍麻させるという意図が。二〇一四年夏、ガザは五一日間にわたり、イスラエル軍によるジェノサイド攻撃とも呼ぶべき凄まじい攻撃に見舞われ、二二〇〇名以上が殺された。このようなとてつもなく破壊的な攻撃が生起することによって、二〇一八年現在、十二年目に入ったガザの完全封鎖や、すでに半世紀を超えた西岸の占領という事態が、大量虐殺に較べれば取るに足らないこととして感受され、さしたる関心を払われなくなってしまうように。

そうでなければ、二〇一四年のあのガザ攻撃のさなか、ジェノサイドのただなかにあったガザの市民社会の代表たちが、無条件停戦案を蹴ったハマースを非難する国際社会に対して、「封鎖解除なき停戦など要らない」と題するアピールを発表することはなかっただろう。私たちのことを本当に思って停戦を訴えるのであれば、即時停戦だけでなく、封鎖の解除と占領の終結も同時に訴えて欲しいと、彼らは国際社会に求めたのだった。開戦前の既成事実、すなわち完全封鎖のもとでの暮らし――「生きながらの死」に等しい状況――に戻るだけの停戦なら、そんなものは要らない、自分たちは爆撃で殺されても闘い続けるほうを選ぶと言って。目を疑うような大量破壊、大量殺戮が今、起きているという事実が、封鎖や占領といった構造的暴力が人間の許容範囲内の事態であるかのように錯視させる効果を生み、それを維持する結果につながってはいまいか。

このようにして、四〇年近く前、一九八〇年代の前半に私がパレスチナ問題に関わり始めた当時、国際社会が許しがたいと考えていたパレスチナの占領やアパルトヘイトが、今では占領地のごく当たり前の現実として、特段、問題にされることもなく常態化してしまった。占領のノーマライゼーションだ。国際社会は、安保理決議に反し、国際法にも反して半世紀以上にわたって継続するイスラエルの占領を批判したり、その終結のために取り組んだりする代わりに、占領の存在を前提に、占領によって生を破壊され続けるパレスチナ人が占領下でも生活を維持できるよう開発援助することで、むしろ占領継続の共犯者となっている。私たちの税金は、占領という構造的暴力や不正をなくすためではなく、実際はむしろ、私たちの願いに反して、その暴力と不正を維持し、恒久化することに使われているのだ。二〇〇六年に始まる日本政府によるヨルダン渓谷における「平和と繁栄の回廊」構想は、占領を批判することなく、占領を前提に、占領の既成事実化に加担する開発援助の一例だ(5)。

二〇一六年五月、イスラエル占領下のヨルダン川西岸地区の都市ラーマッラーの広場に、南アフリカの故マンデラ大統領の像が建立され、マンデラ広場と命名された。マンデラ大統領が「私たちの自由は、パレスチナ人が自由にならない限り完全なものにはならないということを私たちは熟知している」と語っているように、白人国家の人種隔離政策と闘った南アの反アパルトヘイトの活動家たちは、イスラエルにかつての白人国家と同じレイシズムを看取し、イスラエルの占領と闘うパレスチナ人との連帯を表明している（イスラエルのレイシズムをアパルトヘイトと断じ、これを公然と批判するマンデラもデズモンド・ツツ大司教も、シオニストから「反ユダヤ主義者」と誹謗されている）。

イスラエル占領下のパレスチナを訪れた南アフリカのもと活動家たちが異口同音に語るのは、アパルトヘイトの暴力が頂点に達していたときでさえ、パレスチナにおけるイスラエルの占領ほど過酷ではなかったということだ。「日曜日のピクニックのようなものだ」と形容した者もいる。(6) その「日曜日のピクニック」のような南アのアパルトヘイトを止めさせるため、国際社会は長年にわたり南アフリカに経済制裁を科し、国際的にボイコットしてきた。アパルトヘイトを撤廃するまで南アフリカ共和国はオリンピックにもワールドカップにも出場できなかった。しかし、白人政権から弾圧され、迫害された反アパルトヘイトの闘士たちが、かつての南アフリカ以上だと証言するイスラエルのアパルトヘイトに対しては——草の根レベルで国境を越えたＢＤＳ（イスラエルに対するボイコット、投資引き揚げ、経済制裁）の運動が広がる一方で——、国連も国際社会も今、何ら実効性ある措置をとろうともしなければ、表だって批判さえしない。二〇一六年十月、オバマ大統領とケリー国務長官がイスラエルを公然と批判したことがメディアで報じられた。大統領の任期が三カ月を切った「レイム・ダック」でなければイスラエルを批判しえないということだが、その前月にオバマ政権はイスラエルに対し、空軍力強化のために三八〇億ドルという合衆国史上最大額の軍事援助を決定していることも忘れてはならないだろう。日本は二〇一四年、イスラエルのネタニヤフ首相が来日した際、イスラエルと日本の「包括的パートナーシップ構築のための共同宣言」を発表、二〇一五年、武器禁輸三原則を撤廃した政府は現在、イスラエルとの無人機共同開発計画を推進しようとしている。(7)

9 コラテラル・ダメージ

難民に対する排斥があからさまに主張され、殺傷破壊兵器の開発や輸出で大国が莫大な利益を得、「唯一の被爆国」を標榜してきた国が政府主導で軍事的な技術開発を奨励する……。この国のモラルも世界のモラルも、数十年前に比べて明らかに退廃している。人間社会の進化のプロセスは傾いた螺旋状であると言われる。螺旋が傾いていなければ向上する一方だが、傾いているので、長期的には向上・進歩するものの、短期的には過去よりも後退する時期がある。今は、その螺旋のループがどん底に達した時代なのかも知れない。

何十年にもわたり、いかなる犯罪を行なっても責任を問われることもなく処罰されることもない、そのような「無法」国家の存在に、その不正に、この世界が目を瞑り、許容し続ける限り、世界が倫理的に蝕まれていくのは当然のことだ。国際法も人権も意に介さず、中東の「ユダヤ国」を自称するイスラエルのような、あるいはアメリカのグァンタナモ収容所のような「法外な存在」が、パレスチナ人やムスリムに対する法外な暴力を平然と行使して処罰されないこの世界に、中東の「イスラーム国」(IS)を自称して、イスラエルやアメリカと同じように国際法も人権も一顧だにせず、法外な暴力を繰り出す者たちが現れて、何の不思議があるだろう。
イラクで、シリアで、ＩＳという「敵」を殲滅するために空爆が実施されている。「附随的犠牲《コラテラル・ダメージ》」の名のもとに殺される空爆下の市民たち。それもまた、現代のゲルニカではないのか。

註

（1）レバノンの作家、ラシード・アル＝ダイーフが、その悪夢のさまを内戦下の一九八六年、小説『眠気と眠りのあいだの狙われた空隙』で描いている。中東現代文学研究会編『中東現代文学選二〇一二』に山本薫による抄訳と解題が収録されている。

（2）シボレートとは、ある集団の構成員を他と峻別するために、その集団固有の発音などの指標を用いること。旧約聖書士師記の故事に由来する。殺戮を逃れて河を渡ろうとするエフライム人の落人に、ギレアド人は、彼らが発音できない「シ」の音を含む「シボレート」という単語を言わせ、正しく発音できない者をその場で殺害した。

（3）たとえば Jean Said Makdisi, *Beirut Fragments*, Perea Books, 1998 は、その記録である。

（4）十字軍に占領されたエルサレムを舞台に、十字軍と、サラーフッディーン（サラディン）率いるアラブ・イスラーム軍の戦いを描いたリドリー・スコット監督の映画『キングダム・オブ・ヘブン』（アメリカほか、二〇〇五年）のラストシーンでは、戦いに勝利し、ヨーロッパ人が敗走したエルサレムに入ったサラーフッディーンが、教会の床に転がっていた十字架を手に取り、厳かに祭壇に置く。この映画がベイルートで上映されたとき、この場面で、会場は大きな拍手に包まれたと、中東特派員のロバート・フィスクが伝えている。「レバノンで二度と内戦が起こることはないだろう」という祈りを込めた一文で、フィスクの記事は結ばれている。Robert Fisk, 'Why Ridley Scott's story of the Crusades struck such a chord in a Lebanese cinema', *The Independent*, 4 June 2005.

(5) 同構想に対する批判についてはたとえば、役重善洋「「中東民衆革命」と対パレスチナ援助――「平和と繁栄の回廊」構想の挫折と新しい市民連帯」、『PRIME』第三四号、明治学院大学国際平和研究所、二〇一一年十月、三五―四二頁

(6)「アパルトヘイトは、殺人、絞首刑、失踪、逮捕、追放、没収、低学歴、バンツースタンの建設等々によって特徴づけられるが、パレスチナ人の身に起きていることに較べれば、日曜日のピクニックのようなものだ。私は自信をもって断言する、イスラエルはアパルトヘイト国家である」。二〇〇六年三月十一日、ロンドンで開催された労働組合のパレスチナ連帯集会「占領に挑むパレスチナ人労働者たち」における南アフリカ労働組合会議議長のウィリー・マディシャの発言。https://www.stopthewall.org/2006/03/18/trade-unions-call-greater-action-and-effective-boycott-against-apartheid-israel

(7) 詳しくは、武器輸出禁止ネットワーク(NAJAT)https://najat2016.wordpress.com/ 参照のこと。

第六章　蝿の日の記憶

私たちが耐えたものを思い出して何になるというの。引っ張り出して言葉にして何になるというの。〔…〕気も触れていないのに、愛する者の墓を掘り返す者がどこにいるの。

ラドワー・アシュール『タントゥーラの女』より

1　シャティーラ

九月のベイルート。時差のせいで朝六時には勝手に目が覚めてしまう。サマータイムなので実際には五時だ。客室のベランダに出る。夏の地中海の朝。すべてが爽やかで清々しい。

その年、二〇〇二年の九月、私がベイルートを訪れたのには特別な理由があった。一九八二年九月にサブラーとシャティーラ両パレスチナ難民キャンプで起きた集団虐殺から二〇年目という節目の機会に、虐殺の現場となった難民キャンプを訪ね、犠牲者遺族や目撃者の証言を聞くことだ。

一九四八年のナクバでパレスチナを追われてレバノンにやって来た十万の難民たちのために、国連や国際赤十字委員会によってレバノン各地にたくさんの難民キャンプが造営された。タッル・エル＝

ザァタルをはじめ、その後、内戦で破壊されてしまったキャンプもいくつかあるが、現在、レバノンには十二の公式キャンプがあり、四五万人にのぼるレバノンのパレスチナ難民の半数以上が、今なおそれらのキャンプで生活している。シャティーラもそうした公式キャンプのひとつだ。

最初はみなテントだった。しかし、歳月の経過とともにテントはバラックに代わり、やがて煉瓦の「家」になった。キャンプ設立当初、三〇〇〇名だったシャティーラの住民は、五〇年後の二〇〇二年当時、一万数千人に膨れ上がっていた。人口増加にともない、人々は屋上に煉瓦を積み上げて二階、三階、四階と建て増しし（十階を超える建物も珍しくない。とは言え、エレベーターがあるわけではない）、初めて訪れたシャティーラ難民キャンプは、何階建てもの歪な建物がびっしりと、一キロメートル四方に満たない狭い空間を隙間なく埋め尽くしていた。人がすれ違うのがやっとの路地は、建物の二階部分から上がせり出しているので陽も差さず、いつもうす暗くじめじめとぬかるんでいる。頭上には、何十本もの電線が蜘蛛の巣のように絡まり合い垂れ下がっている。送電サービスがないため、住民たちがてんでにどこからか電気を引っ張って来るからだ。子どもたちの遊び場などもちろん、ない。

シャティーラの北には、小さな通りを挟んでサブラー・キャンプが隣接し、二つのキャンプの西の端を縁取るようにメインストリートであるサブラー通りが南北に走っている。その朝、スーク・サブラーの入り口でタクシーを降りると、サブラー通りは泥水でぐちゃぐちゃだった。水道管が破裂したのかと思った。道行く人に訊ねると、雨のせいだという。「雨？　雨が降ったの？」驚いて聞き返した。「未明に少しばかりね」。数時間前、ホテルのベランダから眺めた街は清々しく晴れ渡って、雨の降った痕跡など微塵もなかったのに。だが、サブラー通りは泥の洪水状態だった。泥の海のなかで、ズボンの裾を膝までまくり上げた男性が、足首まで汚泥に浸かりながらスコップで水を掻き出していた。カメラを向けると、男性は低い声でアラビア語で呟いた、その言葉が今も忘れられない――「撮れよ《サウウィリ》、撮れよ《サウウィリ》、これがシャティーラだ……」

難民キャンプはいっさいの行政サービスから排除されている。キャンプの外なら当然の、行政によるゴミの回収も、路上の清掃もない。舗装されていない通りには、雨水のための排水設備など施されてはいない。ベイルート市内なら、朝の太陽に照らされてすぐに跡形もなく乾いてしまう程度の降雨でも、キャンプでは毎度、この状態になる。地中海式気候のレバノンでは、夏は晴天が続くけれど、冬は雨期だ。毎日のように雨がそぼ降る（そのため、地中海世界のアラブ諸国では、「冬」を意味する単語の「シターー」が同時に「雨」の意味でも使われる）。冬ともなれば、通りに面した建物の半地下部分は、雨が降るたびに膝下まで浸水するという。

私は学生の頃に読んだ、ガッサーン・カナファーニーの短篇小説を思い出した。カナファーニーの作品集『ハイファに戻って／太陽の男たち』に、一九五〇年代初頭の難民キャンプを舞台にした作品があった。「盗まれたシャツ」と題するその物語に、雨が降るなか、必死でテントから泥水を掻き出す難民の父親の姿が描かれていた。五〇年後、かつてのテント暮らしはコンクリートブロックを積み上げた何階建てかの建物に変わったけれど、雨が降れば泥水を掻き出す暮らしは半世紀たっても同じだった。それが、ノーマン、国民ならざる者の生だった。京都の宇治市にある在日朝鮮人の集住地域ウトロに暮らす一世のハルモニらの家も、戦後六〇年がたっても、大雨が降るたびに床上浸水して、畳をあげなければならなかったことを思い出す。

2　われわれのものではない世界

難民の子どもたちの支援活動をしている地元のＮＧＯ「ソムードの子どもたちの家」（以下「ソムードの家」）のシャティーラ・センターは、サブラー通りの中ほどの細い路地を入ったところにあった。「ソムード」とはアラビア語で、そこに踏みとどまって闘う、不退転の決意を意味する。一九七六年に起きたタッル・エル＝ザァタルの虐殺で親をなくした孤児たちをケアする施設として発足した「ソムードの家」は、その活動をレバノン全土に広げ、各地のキャンプを拠点に、経済的に困窮している難民の子どもたちをさまざまな形で支援している。

センター一階の会議室で、小学生くらいの子どもたちが輪になってパレスチナの民族舞踊、ダブケの練習をしていた。「今日は特別です。いつもは屋上にある広いホールで練習するのですが、今夜、そこで証言集会を開催するため、その準備で今は使えないので、狭いけれどここで練習しています」。シャティーラ・センター長のジャミーラ・シェハーデさんが教えてくれた。

難民の子どもたちの教育に関しては、国連パレスチナ難民救済事業機関（ＵＮＲＷＡ）が学校を運営し、初等教育を無償で提供している。だが、教室も教師も慢性的に不足しており、学校は二部制、教えるのは基本教科だけに限られる。音楽や図画工作、体育といった子どもの情操や心身の健康を育む教育はおこなわれない。だから「ソムードの家」では、経済支援だけでなく、子どもたちがダンスや図画工作、音楽といった活動にいそしむ機会も提供している。日本の中学校や高校で美術を教える先生方が、夏休みにキャンプを訪れ、子どもたちのために絵画指導のワークショップをおこなうといった交流もある。

狭い会議室で元気にダブケを踊る子どもたちはみな、はじけるような笑顔で屈託がなかった。小学一年生くらいの男の子に年齢を聞いて驚いた。十歳だという。九歳くらいかと思った女の子は十二歳だった。子どもたちはなべて、年齢に比しておそろしく小柄だった。栄養不良からくる発育不全であることは明らかだった。

高い失業率、貧困、劣悪な住環境、日光不足、慢性的な湿気……。キャンプの住民たちは子どもも大人も病気がちだ。学生の頃、「ソムードの家」の子どもを経済的にサポートしている日本の支援者の方から、「レバノンの子どもから手紙が来たのだけれど、きょうだいがリューマチを患っていると書いてあった。子どもなのにどうしてリューマチになるの?」と訊ねられたことがある。あのとき答えられなかったその問いに、キャンプを実際に訪ね、その環境をこの目で見た今なら答えることができる。貧しいがゆえの栄養不足が根本にあるが、そもそも赤ん坊が母親の胎内にいるときから母親自身が十分な栄養を摂取できていないのだ。そのため総じて、先天的に免疫力が弱いのだと思う。

そう言えば、ベイルートの別のキャンプで出会った少年も、十三歳というにはあまりにも小柄だった。私が日本人だと知るとその少年は目を輝かせ、コーゾー・オカモトを知ってる? コーゾーがヘリから落下傘でイスラエルの空港に降り立って、たった一人でイスラエルの部隊をみんな、やっつけてしまったんだよね、と熱く語り、「ね、そうでしょ?」と私に同意を求めた。少年にとってコーゾーは007のようなヒーローだった。少年には父親がいなかった。学業をドロップアウトした少年は、「ソムードの家」が提供する理容師の職業訓練に通っていた。

一九四八年、ナクバでパレスチナの故郷の村や街を追われた七五万ものパレスチナ人は、ヨルダン川西岸地区やガザ地区など占領を免れたパレスチナや、ヨルダンやシリア、レバノンなど周辺アラブ諸国に難民となって離散し、うち十万人がレバノンにやって来た。現在、レバノンのパレスチナ難民の数は約四五万人、レバノンの総人口の一割を占める。そして、その半数以上の五三パーセントの難民たちが、前述のように、劣悪な住環境のキャンプで暮らしている。この数字は、周辺アラブ諸国のなかでもっとも高い。ヨルダンでは、国連に難民登録をしているパレスチナ難民は二〇〇万人にのぼるが、キャンプに暮らす難民は三七万、十八パーセントだ。レバノンにおけるキャンプに暮らす難民の比率の高さは、同国でパレスチナ人が置かれている境遇の過酷さを表している(1)。

パレスチナ人の社会的身分は、受入国によって大きく異なっている。ヨルダンの場合、難民も含めてパレスチナ人にはヨルダン国籍が与えられ、ヨルダン国民として選挙権も被選挙権もある。国籍があろうと選挙権があろうと、何十年たっても難民キャンプに住まわざるを得ない貧しい難民たちがいる一方で、首相や閣僚になったパレスチナ人もいることはすでに述べた。ヨルダンにおいて「難民」とは、貧しく、生きるための支援を必要とし、国連に難民登録している者たちのことだ。しかし、レバノンでは、そうした国連に登録された難民だけでなく、国連その他の国際機関の支援を必要とせず、自活しているパレスチナ人も含めて、パレスチナ人であるかぎりみな「難民」とされ、市民権がない。レバノンのパレスチナ人は一切の市民的権利から排除されているのだ。

参政権などもちろんないし、それどころか、法的、社会的、制度的にパレスチナ人はことごとく差別されている。たとえばレバノンのパレスチナ人は、私が訪れる前年、法律改訂により、不動産を所有することができなくなった。所有する不動産があっても、子どもに相続させることができない。また、レバノンにおけるパレスチナ人の差別を端的に表す事例としてよく挙げられるのが、七〇以上の職種に関してパレスチナ人の就労が法的に禁じられていることだ。何年か前にその数が二〇に減ったものの内実は変わらない。それまで禁じられていたのが許可制になっただけで、申請しても就労許可は下りないからだ。パレスチナ人が就労を禁じられているのは、医師、弁護士、会計士、建築家など、いわゆる専門職やホワイトカラーの仕事だ。苦労して大学を出て専門的技術や資格を得ても、レバノンにいるかぎり、こうした職に正規の身分で就業することはできない。パレスチナ人に許されているのは、農場などの季節労働をはじめとする肉体労働だ。

コーゾー・オカモトをヒーローと崇めるあの少年のように、構造的貧困のなかで、学業をドロップアウトする子どもたちも多い。せっかく大学に入っても、経済的困難から学業を続けられず、退学を余儀なくされる者もいる。そして、苦労して卒業しても、専門職に就くことは法的に禁じられており、それでも、そうした職で働こうとすれば、非正規の身分で搾取され続けるしかない。「ソムードの家」の事務所で経理を担当していたパレスチナ人の青年は、以前、レバノンの企業で会計士として勤めていたが、書類上は門番だったという。給料も門番と同額だ。

幼い頃から難民として差別され、家族や同胞の苦しみを目にしながら育ち、この世界の不条理、不正義を身をもって知る子どもたちは、世界を自分たちの手で変えたい、傷ついた同胞のために役立ちたいと、ジャーナリストや医師を志す者も多い。レバノン南部、イスラエルとの国境近くに位置するラシーディーエ・キャンプに暮らす二〇歳になる難民三世のホダーは、国立大学の一年生だ。幼い頃に父親をなくし、母親が看護師をしながら、女手一つで六人の子どもたちを育てていた。ホダーは働く母の代わりに家事を担い、兄や弟の世話をしながら勉学に励み、がんばって大学に合格した。ほんとうはジャーナリズムを専攻し、ジャーナリストになりたかったが、前述のとおりレバノンではパレスチナ人が正規にジャーナリストの職に就くことはできない。母親に反対され、ジャナーリストは諦め、文学部に入り、アラビア語・アラブ文学を専攻していた。それならば卒業して、国連の学校で教師となって、同胞の子どもたちを教えることができるかもしれないからだ。けれども学費が続かず、結局、退学に追い込まれてしまった。同じラシーディーエ・キャンプで「ソムードの家」のソーシャルワーカーをしているイブディサームさんも、大学で政治学を専攻していたが、やはり経済的に続かず、卒業できなかったという。なぜ、政治学を？ と訊ねると、彼女は、「私たちパレスチナ人ばかりがなぜ、こんなにも不条理な目に遭わねばならないのか、その理由を知りたかったから」と答えた。

レバノン中部に位置する都市、サイダの近郊にあるアイネルヘルウェ難民キャンプは、レバノン最大規模のキャンプだ。二〇〇一年当時は五万人が生活しているという話だった（二〇一八年現在では、シリア内戦によるシリア人難民の流入により十二万人に膨れ上がっている）。そのアイネルヘルウェを舞台に、難民三世の若者の姿を描いた『我々のものではない世界』というドキュメンタリーがある（マハディ・フレフェル監督、二〇一二年）。仕事もなく、未来に何の希望もない生活。飼い殺しのような人生。主人公は、意を決してヨーロッパへ密航を企てる。だが、ギリシャで不法入国の廉で捕まり、レバノンに強制送還される。ヨーロッパで「難民」にすらなれない主人公。映画のタイトルは、カナファーニーの短篇集のタイトルからとられている。

二〇〇九年に再びシャティーラを訪れたとき、訪問したあるお宅で、若い奥さんが写真を見せながら、家族のことを語ってくれた。妹は結婚してアラブ首長国連邦にいる。兄二人はキャンプで床屋をしていたが、弟とともに今は三人ともデンマークにいるという。長兄と次兄は密航で渡った。次兄の最初の密航は失敗だった。だが、諦めず、兄とともに再度、挑戦し成功、そしてキャンプにいる弟を定住先のデンマークに呼び寄せた。

「夫はすごく幸運だったの」と彼女は言い、UNRWAの学校の通学バスの運転手をしているという夫の写真を見せてくれた。ハンサムで優しそうな青年だった。難民でなければ、レバノンでなければ、高等教育を受け、さまざまな人生の可能性があっただろう。だが、ここはレバノンで彼はパレスチナ人、難民だった。UNRWAに職を得て、定収入が得られることは、キャンプ住まいのパレスチナ人にとっては類まれな僥倖だった。そのような幸運に恵まれない若者たちは、キャンプで飼い殺しのような人生を送るか、それが嫌ならば、命の危険を冒して密航するしかない。彼女の兄たちのように。映画『我々のものではない世界』のラストは、「成功するまで密航に挑戦する」という主人公のことばで終わる。

二〇〇九年、七年ぶりに訪れたシャティーラは荒んでいた。昼間から通りでドラッグを吸っている若者たち。「ソムード」のセンターを訪ねると、階段の壁一面に、図画の時間に子どもたちが作成したポスターがたくさん貼ってあった。ひとつは「歯を大切にしよう」、そしてもうひとつは「ドラッグに手を出すな」がテーマの啓発ポスターだった。ドラッグがそれくらい若者たちのあいだに広がっているということだ。だが、ドラッグに走る若者たちの気持ちも分かるような気がする。未来に希望がないのだから。努力しても報われないのだから。そして、レバノンにいるかぎり、パレスチナ人というだけでレバノン人に「難民」と蔑まれるのだから。キャンプでは、身体的な病だけではない、心を病んでいる者たちも大勢いる。それも、人間であってみれば当然のことのように思われた。

3　タウティーン

レバノンのパレスチナ人は、なぜ、このように差別されるのか。それは、端的に言って、パレスチナ人を国民としてレバノンに定住《タウティーン》させないためである。

レバノンでは、フランス植民地時代の一九三二年におこなわれた人口調査に基づき、大統領はマロン派キリスト教徒、首相はスンナ派ムスリム、国会議長はシーア派ムスリムと宗派ごとに主要ポストが定められ、国会議員もそれぞれの宗派の人口に比例して議席が配分されている。レバノンのパレスチナ人は、総人口の一割を占める。その大半がスンナ派ムスリムだ。彼らがレバノンの国民となり参政権を得れば、既存の宗派体制の力学が大きく変わってしまう。パレスチナ難民のなかでも、キリスト教徒は国籍を与えられ、レバノン国民に編入される一方で、ムスリムのパレスチナ難民は市民権から排除され、定住困難な環境がつくられている。

同じ社会に暮らす隣人を法的、社会的に差別し、自分たちと平等な人間とは見なさないこと。これは、イスラエル国家とそこに暮らす多くのユダヤ系市民が、自国内のパレスチナ系市民、そして占領地のパレスチナ人に対してとっている態度と同じものだ。ヨーロッパにおけるユダヤ人に対する絶滅政策も、まず、ユダヤ系の人々に対する市民権の剝奪から始まったことが想起される。社会全体が、他者を自分たちと対等な存在と見なさず、蔑み、差別的な仕打ちをすることに法がお墨付きを与えるとき、他者に対する非人間化はすでに始まっている。行き着く先は、ジェノサイドだ。

4　ムハンマド

「ソムードの家」シャティーラ・センターの一室で、ひとりの青年から話を聞く。ムハンマドさん、二五歳。二〇年前、五歳のとき、父親を含む男性親族十数名を目の前で殺された。

一九七五年に始まるレバノン内戦下の一九八二年六月、イスラエルがレバノンに侵攻する。当時、ベイルートはPLO（パレスチナ解放機構）の拠点が置かれ、パレスチナ解放闘争の中枢だった。ベイルートを占領したイスラエル軍はPLO本部を猛爆する。八月下旬、停戦協定が結ばれ、パレスチナ人戦闘員のベイルートからの撤退と、あとに残される難民たちの安全を国連の多国籍軍が保障することが取り決められた。八月三〇日、PLOの戦士たちはベイルートを撤退する。難民キャンプに家族を残して。しかし、九月十一日、彼らの安全を保障するはずの多国籍軍が突然、ベイルートを去る。十四日、イスラエルと同盟関係にあったレバノンのキリスト教右派のファランヘ党党首で、八月におこなわれた選挙で次期大統領になることが決まっていたバシール・ジュマイエルが何者かに暗殺される。これを受け翌十五日、イスラエル軍は停戦協定を破り西ベイルートに侵攻、サブラー・シャティーラ両難民キャンプを包囲、封鎖する。そして、十六日（木曜）、ファランジスト（ファランヘ党の民兵たち）が「テロリスト討伐」を掲げキャンプに侵入、足かけ三日間、四〇数時間にわたり、キャンプ内で無差別殺戮をおこなう。イスラエル軍は夜になると照明弾を打ちあげて虐殺を幇助した。

ムハンマドさんは家族と一緒に家のなかに隠れていた。家族と言っても、日本のような核家族ではない。子だくさんの上、難民キャンプでは三世代が同居している。祖父母、両親、兄弟姉妹だけでなく、おじさんたちの家族、その子どもたち（いとこたち）とも同じ家で一緒に暮らしていたりする。十人、二〇人、時には三〇人以上という大家族だ。そこへレバノン兵がやって来て、男性は外に出ろと命じた。外に出た男性たち――父親、おじさんたち、そして年長の従兄たち――は壁の前に並ばされ、そして、その場で殺された。

このような集団虐殺が、二〇年前、キャンプのいたるところで起きたのだった。男たちの遺体が狭い路地の壁の下に折り重なって倒れている写真が数多く残されている。

ムハンマドさんの親族で犠牲になったのは男性たちだけではない。当時、すでに嫁いでいた姉は、妊娠中のお腹を切り裂かれ、胎児もろとも殺されたという。

インタビューのあいだずっと、ムハンマドさんは私たちと目を合わそうとはしなかった。受け答えも最小限だった。何かが自分のなかに侵入してくるのを、全身で拒絶しているように感じられた。ムハンマドさんが部屋を出ていくと、父親を亡くした彼を幼い頃から世話してきたセンター長のジャミーラさんが言った。「ムハンマドはほんとうは頭のいい子なのだけれど、何に対しても興味が持てなくて、努力が続かないのです。コンピュータの勉強をしていましたが、それもやめてしまいました」

だが、それも当然ではないだろうか。私たちがこの世で何事かに興味をもって努力をするには、その前提としてまず、この世界がかくのごとくある、という事実を受け入れなければならない。野球をするなら野球のルールを受け入れるように、世界とはそのようなものだ、ということを認めなければならない。しかし、ムハンマドさんにとって彼が生きるこの世界とは、五歳の少年の目の前で、父親やおじたち、従兄たち、そして妊娠中の姉や、まだ生まれてもいない赤ん坊がパレスチナ人というだけで虐殺される、そのような不条理な暴力に満ちた世界なのだ。どうしたら世界とはこのようなものだと、そんな世界を受け入れることができるだろう。

5 ガザ病院

センターをあとにし、「ソムードの家」のソーシャルワーカーのひとり、ズフール・アッカーウィーさんに案内されて、サブラー通りに面した建物を訪ねる。かつて「ガザ病院」であった建物だ。一九八〇年代半ば、キャンプはシリアに支援されたレバノンのシーア派の軍事組織に包囲・封鎖され、砲撃に見舞われ(キャンプ戦争)、ガザ病院も瓦礫の山となった。それを住民たちが建て直し、今は住居となっている。ズフールさんのあとについて、狭い階段を上っていく。途中、階段脇の床に座って、野菜を刻む女性の姿があった。その奥に流しが見えた。炊事場やトイレは共同のようだった。

その部屋が何階にあったのか、今はもう思い出せない。六階か七階か、かなり上の方であったことはたしかだ。八畳ほどのひと部屋がウンム・サーブリーンさんの住まいだった。そこに二〇歳になる娘さんと二人で暮らしていた。扉はなく、入り口に吊るされたカーテンが廊下と部屋を仕切っていた。小さな部屋は整然と片づけられていた。と言っても、家具と呼べるのは、ソファと食器棚と冷蔵庫、そしてガスコンロくらいしかなかったけれど。このソファが、夜は母と娘のベッドになるのだろう。壁には、すでに結婚した双子の娘のひとり、ダリーンさんの華やかなウェディングドレス姿の写真と、亡くなった夫の肖像写真がそれぞれ額に入れられ飾られていた。ソファに腰かけると、ウンム・サーブリーンさんは傍らの冷蔵庫から冷えた水を取り出し、粉末を溶いてオレンジジュースを作ると私たちに出してくれた。その四ヵ月前に訪れた占領下のパレスチナで、訪ねる先々で、グラスになみなみと注がれたレモンジュースやオレンジジュースをふるまわれたことを思い出した。

ウンム・サーブリーンとは「サブリーンの母」の意味だ。パレスチナでは、長男の名をとって女性なら「ウンム誰某（誰某の母）」、男性なら「アブー誰某（誰某の父）」と呼ぶのが、既婚者に対する敬称になっている。息子がいない場合は長女の名が使われる。

難民二世のウンム・サーブリーンさんは若くして結婚し、シャティーラ・キャンプにやって来た。男の子が欲しかったのに、生まれてきたのは女の子で、しかも一度に二人もだなんて、とがっかりして夫に言うと、女の子だって大切な、神さまからの授かりものだよ、といさめられたそうだ。とても優しい夫だったという。

夫とのなれ初めなど当たり障りのない質問をして、なかなか出来事の核心に踏み込めないでいた私に、業を煮やしたズフールさんが叫んだ、「訊きなさい！　あなたたちはそれを訊くためにわざわざ日本から来たのでしょう？　私たちは、その質問に答える義務があるのよ！　遠慮せずに訊きなさい！」

ズフールさんに無理やり背中を押されて、私は訊ねざるを得なかった——二〇年前、何が起きたのですか？　それまでの和やかな空気が一変した。ウンム・サーブリーンは低い声で語り始めた。

その木曜日、ファランジストの民兵がキャンプに侵入し、あちこちで殺戮が始まっていた（木曜日とは九月十六日のことだ。証言者はみな、日付ではなく曜日で出来事を記憶していた）。生後一歳になる娘、ダリーンを連れて外出していた夫は、まだ戻ってこない。夫の身を案じながら、もう一人の娘とともにシェルターに避難していると、赤ん坊を抱えた女性がやって来て彼女に告げた、夫が首を斬られ殺されたと。そして、父親の返り血を浴びて血まみれになったダリーンを彼女に渡したのだった（サブラー・シャティーラの虐殺では、斧や鉈など刃物が多用された）。

虐殺が終息してからも、住民たちは恐怖でしばらく外に出ることができなかった。帰ってこない家族を探すためにようやく人々が外に出たのは、数日後のことだった。九月の炎天下に放置された遺体は、身元が特定できないほど腐敗が進んでいた。ウンム・サーブリーンさんの夫も、着ていたシャツからかろうじて夫と分かったという。

一連の出来事を淡々と語っていたウンム・サーブリーンさんが突然、声を荒らげた。「こんなことを話して何になるの？　このあいだもフランスの記者がやって来て、同じことを話した。何度、同じ話を繰り返せばいいの。いったいそれで、何が変わるというの。何十年たっても、私たちはパレスチナに帰れやしないじゃないの……」

6　ミッシング

ズフールさんに連れられて、サブラー通りを南へと進む。二〇年前の九月、この通りは、無惨に殺された者たちの遺体がそこここに転がっていた。遺体が放つ腐臭と蠅の群れ。何羽もの鳥が亡骸をついばんでいたという。その光景を幼い妹に見せまいと、ズフールさんは妹の目を手で覆い隠しながら、この通りを歩いたのだと教えてくれた。

シャティーラ・キャンプの南端に隣接するビィル・ハサン地区に暮らすウンム・ムハンマドさんのお家を訪ねる。ウンム・ムハンマドさんも難民二世だ。戦士だった夫は五人の息子を遺して、七〇年代に南部レバノンで戦死した。二間の家に、二〇代の未婚の末息子と二人で暮らしている。客間で二〇年前のお話をうかがう。

土曜日の朝、レバノン兵が家にやって来て、住民登録をするから身分証を持って家族全員、スタジアムに集まれと命じた。命令されるまま、ウンム・ムハンマドさんが長男のムハンマドら五人の息子たちを連れてスタジアムに行くと、住民たちは、男たちの列と女こどもの列に選別され、当時一八歳のムハンマドさんと十四歳だった次男のアハメドさんは、男たちの列に入れられた。そしてトラックに載せられ、そのままどこかへ連れ去られたのだった。その行方は二〇年後の今も杳として知れない。生きているのか亡くなったのか、亡くなったのなら、いつどこで亡くなったのか。何も分からない。そのような行方不明者は数百名にのぼる。

客間には小さな額に入った若い男性の写真が二つ置かれていた。長男と次男の写真だと思ったが、訊けば、いずれも長男のムハンマドさんのものだという。まだ中学生だったアハメドさんは遺影として飾る写真すら残っていなかったのだ。カメラ機能付きの携帯電話が普及する何十年も前のことだ。あの当時、キャンプに暮らす難民たちにとって写真とは、結婚式など一族の晴れの日を記録するための特別なもので、スナップ写真など存在しなかった。

辞去する間際、念のために、連れ去られた当時の息子さんたち二人の名前と年齢を確認したときのことだった。それまで穏やかに話をしていたウンム・ムハンマドさんは、「長男ムハンマド十八歳、次男アハメド……」と口にしたとたん、突然、声を震わせ、嗚咽し始めた。

7　タントゥーラの女

瘡蓋の下の傷はまだ癒えていない。癒えていないどころか、傷はそれがつけられたときと変わらない激しい痛みを湛え、ほんの少し引っ掻くだけで鮮血が噴き出てくる。だが、それでも生きなければならないから――遺された子どもたちのためにも――、傷に触れぬよう瘡蓋で覆っているだけだ。

エジプト人女性作家、ラドワー・アシュールの作品に、パレスチナ難民の女性を主人公にした『タントゥーラの女』(2)（二〇一〇年）という長篇小説がある。主人公はパレスチナのタントゥーラ村出身の女性ルカイヤ。ナクバのとき集団虐殺があった、あのタントゥーラだ。その虐殺で父と二人の兄を殺され、住民たちとともに村を追放されたルカイヤは十三歳で難民となり、レバノンへ渡る。結婚し、二人の息子たちにも恵まれたルカイヤだが、一九八二年、シャティーラで虐殺が起こり、医師であった夫は行方不明となる。

後年、息子から、人生の来し方を思い出して書き遺すように言われたルカイヤは、記憶を辿りながら、ノートに綴り始める。平和なタントゥーラの村の想い出、そこへどのようにイスラエル軍が侵攻し、村を追放され、難民となったか、そして難民としてどのように生きてきたか。記憶が一九八二年九月の出来事に及んだとき――

どうやって私はそれを耐えたのだろう。どうやって私たちは耐えて、生き続けたのだろう。どうやって私たちが呑み込んだ水は、喉に詰まることも私たちを窒息させることもなく、喉を流れ落ちていったのだろう。私たちが耐えたものを思い出して何になるというの。引っ張り出して言葉にして何になるというの。愛する者が亡くなったら、経帷子でやさしく包んで、地中深くに埋葬する。そして泣く。彼を埋葬しなければならない、私たちが生き続けるために、と分かっているから。気も触れていないのに、愛する者の墓を掘り返す者がどこにいるの。[…] それが逃げるにまかせよう、行ってしまうにまかせよう。どうか二度と戻って来ませんように。シーツを広げて覆ってしまいなさい、人々が遺体にそうしたように、何年にもわたって自分が目にしてきたもの、そしてあの臭いと蝿にまみれた日のことを。ページは白いままにしておくのよ、ルカイヤ。

そのあとには、何も印刷されていない空白の頁が一頁、続く。

証言を求めるとは、そして証言をするとは、地中深く埋められたはずの棺を掘り起こし、彼、彼女たちを「あの臭いと蝿にまみれた日」に無理やり連れ戻すことだ。ためらう私に対して発せられたズフールさんの「訊きなさい！」「私たちには答える義務があるのよ！」という言葉、それは、私だけでなく、この痛みを強いられる同胞に向けて、そしてまた、同胞にその痛みを強いる自分自身に対しても向けられていたのか。正気を保ってこれからも生き続けるために、ルカイヤが白紙のまま残したそのページに、それでもなお、綴るべき言葉を発すること──痛みに耐えながら──、それは、彼女たちパレスチナ人の義務なのだと。この機会に自分たちがそれを語らなければ、世界はどうやって、パレスチナ人の身に起きた出来事を、その暴力を知るのだと……。

訊きなさい！　だが、彼女たちは幾度、同じことを語らねばならないのか。
訊きなさい！　だが、私たちは幾度、犠牲者を鞭打たねばならないのか。

註

（1）　BADIL, 'The Survey of Palestinian Refugees and Internally Displaced Persons 2013-2015'. Vol. VIII., Table 2-2, p.74. http://www.badil.org/en/publication/survey-of-refugees.html

（2）　Radwa Ashur, *al-Tanturiyya*, Dar al-Shuruq, 2010, p. 199.

第七章　闇の奥

1　蝮の子

《ゲルニカ》とは無差別殺戮の謂いだ。ゲルニカ爆撃の衝撃はそこにあった。空爆は老人も女も子どもも、人間も動物も、生き物もモノも区別しない。ピカソの「ゲルニカ」では、赤ん坊を抱える女や、圧倒的な存在感で描きこまれた身悶える牛馬の姿に、その無差別の暴力が表現されている。

二〇〇二年、出来事から二〇年目の九月にベイルートで、虐殺犠牲者遺族のお話を直接うかがって分かったのは、パレスチナ人の一九八二年のゲルニカ、すなわちサブラーとシャティーラ難民キャンプに侵入したレバノンのキリスト教徒右派のファランジストによる虐殺には、二つの特徴があったことだ。ひとつは、斧や鉈などの刃物が多用されたこと。ディア・アッザーウィーの「サブラー・シャティーラの虐殺」にナイフが描きこまれていたのはそのためだ。第六章で紹介したウンム・サーブリーンさんの夫は首を斬られて、また、ムハンマドさんの姉は、妊娠中のお腹を切り裂かれて殺された。

もうひとつは、老人も女性も子どもも容赦なく殺されたことだ。スタジアムに連行された女性たちは、レイプされた挙句に殺害された。

女性や子どもが容赦されなかったということは、言い換えれば、男性だけではなく、女性や子どももまた、積極的に殺戮の標的にされた、ということでもある。虐殺に巻き込まれて、結果的に無差別殺戮になってしまったのではない。女や子どもが意図的に狙われ、殺されたということだ。

二〇一四年夏、イスラエル占領下のパレスチナのガザ地区は五一日間にわたり、イスラエルによる凄まじいジェノサイド攻撃に見舞われて、二〇〇〇名以上の命が奪われた。死者のうち五〇〇人以上が子どもだった。女性も三〇〇名近く殺された。この攻撃に先立って、イスラエルの女性国会議員アイェレト・シャケド（一九七六―、二〇一五年より法務大臣）が自身のフェイスブックに、パレスチナ人の女性も殲滅の対象である、なぜなら彼女たちはその胎内で蝮の子（すなわちテロリスト）を育てるからだ、という文章を掲載して世界的な非難を浴びた。一九八二年九月、ベイルートの難民キャンプに侵入し、住民を虐殺したファランヘ党の民兵たちが抱いていたのも、シャケドと同じ、「パレスチナ人という存在」そのものに対する憎悪だった。

女も子どもも情けは無用である、なぜなら彼らは、パレスチナ人という「蝮」を再生産するから。だから殲滅しなければならない――。サブラー・シャティーラの虐殺、それは、ジェノサイドだった（国連は「ジェノサイド的行為 a genocidal act」と表現した）。スタジアムに連行された女たちは殺される前にレイプされた。それは、男たちが欲望を満たすためというよりは、一九九〇年代半ば、ユーゴスラヴィア連邦解体の過程で生じた内戦で、昨日までユーゴを祖国としていた民族同士が殺し合い、自国領土から敵を一掃しようと、セルビアの、クロアチアの、ボスニアの女たちが子を孕むまで監禁された、あの民族浄化の一環としてのレイプと同様の、パレスチナ人を産み出す子宮に対して加えられた攻撃、象徴的な民族浄化のようにも思える。

2　リスポンシビリティ——応答責任

夕刻、シャティーラ・キャンプを訪ねた。その夜、「ソムードの家」のホールで、虐殺犠牲者遺族による証言集会が開かれることになっていた。

朝方、泥水の洪水状態だったサブラー通りは、日暮れになってもまだ、ぬかるんでいた。そのぬかるみを避けるように路肩を一列になって、「ソムードの家」を目指して歩いていく数十人のヨーロッパ人男女の姿があった。虐殺二〇周年の一連の記念行事に参加するためベイルートを訪れた、イタリアとスペインの派遣団の人々だった。研究者やジャーナリスト、議員もいるが、大半は一般の市民たちだ。みな驚くほどラフな格好をしている。女性たちはサンダル履きで、まるで近所のカフェにでも行くかのような出で立ちだった。たしかに、イタリアやスペインにとってレバノンは、地中海を挟んだお向かいさんだ。アジア大陸を東の端から西の端まで、飛行機を乗り継いで行かなければならない日本とは比較にならないくらい、彼らにとってレバノンはご近所と言える。

イタリアの派遣団とはホテルが一緒だった。ある晩、ホテルのバーに行くと、派遣団のメンバーがいた。磊落な年輩の男性と中年の女性だった。同席させてもらい、話を聞いた。なぜ、派遣団に参加したのか訊ねると、女性が答えた。

「国連の駐留部隊にはイタリア軍もいたのです」

一九八二年六月のイスラエルによるレバノン侵攻は、ベイルートに拠点を置くPLO（パレスチナ解放機構）を駆逐することが目的だった。ベイルートは空爆され、PLO本部はイスラエルの猛攻にさらされた。PLOのベイルート撤退、それが停戦の条件だった。国連は、ベイルートに国連部隊を駐留させ、キャンプに残される非戦闘員の難民たちの安全を守ると約束した。八月末、戦士たちはその約束を信じて、キャンプに家族を残し、ベイルート港から船に乗り、街を去ったのだった。停戦後、難民たちは、攻撃で破壊されたキャンプで、ブロックを一つ一つ拾い集め、積み重ね、キャンプの再建を始めた。だが、半月後、ベイルートに駐留していた国連軍が突然、すべて撤退する。次いでファランヘ党党首、次期大統領のバシール・ジュマイエルが何者かに暗殺され、イスラエル軍の攻撃が再開、そして虐殺が起こる――。女性が言った。

「難民たちの安全を守ると約束していたのに、国連部隊はベイルートから撤退してしまいました。だから、虐殺が起こったのです。国連軍が残ってさえいれば……。私たちイタリア人は、この虐殺に責任があるのです」

3　テスティモニー――証言

その晩、「ソムードの家」の屋上ホールには演壇が設えられ、プラスチック製の椅子がところ狭しと並べられていた。ムハンマド青年の姿もあった。若い西洋人の女性ジャーナリストの隣に座り、得意の英語を活かして通訳をしていた。虐殺についてインタビューしたときの、世界のすべてを拒絶するような無表情とは打って変わって、年頃の異性を前にした二五歳の青年らしいはにかみを浮かべていた。

証言集会では、三人の住民が順番に演壇に立った。最初に登壇した男性は手に一枚の書類を握りしめ、壇上にあがるやその紙を高く掲げて聴衆に示すと、堰を切ったように語り出した。これはオスマン帝国時代に発行された、自分の土地の権利書である。この権利書が証明するように、パレスチナに残してきた土地はたしかに自分のものであり、一九四八年、イスラエル建国により、自分はそれを不当に奪われ、不当に追放され、難民となったのだと……。

二〇年前の虐殺の証言集会だから、みな、それについて証言するのだとばかり思いこんでいた私は、男性が虐殺には触れずに、五〇年前に奪われたパレスチナの土地に対する権利を延々と訴えたことに意表を衝かれた。だが、考えてみれば、そうでしかありえないのだ。

二〇年前、ここで殺された者たちは何者であったのか。男性が語ったことは彼だけの話ではない。ここサブラーとシャティーラに暮らす難民たち、いや、レバノンに暮らすパレスチナ人すべてがそうなのだ。ナクバ——一九四八年のパレスチナの民族浄化。それこそが、七〇年後の今日までパレスチナ人が経験するあらゆる悲劇の起源なのだ。集団虐殺という暴力の根源には、ナクバという起源の暴力、いまだ正されぬ歴史的不正がある。だから、一九八二年の虐殺について証言するなら、ナクバの記憶から話し起こされなければならないのだ。

次に登壇した女性の証言の細部についてはもう記憶にない。ただ、最初の男性とは対照的に、抑揚のない低い声で、まるでテープレコーダーが機械的に再生されるように、二〇年前の九月、彼女の家族に起きたことを淡々と語っていたことだけは覚えている。昼間、お話をうかがったウンム・サーブリーンさんも、ウンム・ムハンマドさんもそうだった。あの日の記憶を語るとき、出来事と自分を繋ぐ感情のスイッチが切れるように、暗記した文章を唱えるような口調になった。

二〇〇二年のあの頃、弁護士をはじめパレスチナ人の有志たちが、ベルギーの法廷で、虐殺事件当時イスラエルの国防相であったアリエル・シャロンをはじめとするイスラエルとレバノンの責任者を人道に対する罪で訴追するための準備をしていた。なぜ、ベルギーなのか。ベルギーには一九九三年に制定された「国際人道法違反処罰法」という法律があった。ジェノサイドや拷問、戦争犯罪など国際人道法上の重罪を、それが起きた国や当事者の国籍の如何を問わず、ベルギーの国内法廷で裁けるという画期的な法律だ。サブラー・シャティーラの虐殺の実行犯は、イスラエルと同盟していたレバノンのファランジストたちだが、ベイルートを占領していたイスラエルには国際法上、占領下の住民の安全を保障する義務がある。にもかかわらずイスラエル軍は、封鎖・包囲した難民キャンプにファランジストが侵入することを許可し、のみならず、日没後は照明弾を打ちあげるなどして集団殺戮を支援したのだった。事件直後、シャロンは責任を問われて国防大臣を罷免されはしたが、二〇〇一年の総選挙で勝利し、首相となっていた。

レバノンから帰国後、ベルギーの法廷でシャロンを訴追する件について調べていて、私がお話をうかがったウンム・サーブリーンさんやウンム・ムハンマドさん、そして、この晩、登壇した二人の女性たちも、訴追のための証拠資料に証言が採用されていたことを知った。いや、そのような人たちだからこそ、ズフールさんは私を彼女たちのもとへ連れて行ったのだろう。さらに虐殺から二〇年ということで、この機会に、海外からジャーナリストやさまざまな訪問者もやって来る。その一連の過程で彼女たちはおそらく幾度も、同じ話を繰り返し語ることを余儀なくされていたのだと、いま、あらためて思う。感情を遮断したような語りは、そうでもしなければ、情動の激流に押し流されてしまうからだろう。最後に登壇したウンム・ゼイナブさんのように。

ウンム・ゼイナブさんは、両手に一枚ずつ、黒い額に入った大きな肖像写真を持って壇上にあがった。二枚の写真を聴衆によく見えるように演壇の両脇に置き、黒髪の少女の写真を指さしながら「娘のゼイナブです。十六歳でした……」、そう口にするなり演壇に突っ伏して嗚咽し始めた。

帰国後、訴追のための資料に収録されていたウンム・ゼイナブさんの証言を読んだ。娘のゼイナブさんは発見されたとき、首を斬り落とされていたという。ゼイナブさんの同い年の従兄であり夫（ウンム・ゼイナブさんが手にしていたもう一枚の写真は彼のものだった）は胴体を真っ二つに切り裂かれていた。二〇年という歳月がたっても、娘と甥を見舞った惨い出来事を言葉にして語ることなど母親には到底できなかった。

ウンム・ゼイナブさんの嗚咽はいつまでも止まなかった。司会者が、何か一言を、と発言を促すと、ウンム・ゼイナブさんは絞り出すような声で言った、「娘が殺されたのと同じやり方でシャロンを殺して欲しい」と。

4 アンティゴネー

集団墓地は、サブラー通りを南に下ったキャンプの端にあった。ビゥル・ハサン地区にウンム・ムハンマドさんを訪ねる途中、ズフールさんが案内してくれた。

虐殺犠牲者の遺体は、キャンプ外れの空き地に集められ、そこに埋葬され、それが集団墓地になったのだった。「シャティーラ、虐殺、一九八二」のキーワードで画像検索すると、地べたに横たえられた夥しい数の遺体と、鼻を押さえながらそれらを取り囲む人々の姿を記録した写真が出てくる。ラドワー・アシュールの小説『タントゥーラの女』の主人公、ルカイヤの言う、「あの臭いと蠅の日」の光景だ。

数日後、ここで、二〇周年の記念式典が執り行われる。その式典用に造られたのか、墓地の入り口には「シオニズムの侵略による虐殺犠牲者のための集団墓地」とアラビア語で大きく書かれた真新しいゲートがあった。それをくぐって中に入った私は言葉を失った。そこには何もなかった――墓碑も、慰霊碑も、花々も。死者を悼んだり冥福を祈る徴となるものは何もなかった。ただ整地されただけの、殺風景な空間が広がっているだけだった。

「これでも整備されて、ずいぶんと墓地らしくなったのですよ」。驚いて絶句している私の気持ちを読み取ってか、ズフールさんが言った。「今年は花壇だってできましたし……」。見れば片隅に小さな花壇があった。バラが数本、寂しげに風に揺れていた。

肉親の死、愛する者の死を悼み、その冥福を祈る。それは人間にとって根源的な感情であると同時に、きわめて政治的な営みでもある――ソフォクレスが戯曲『アンティゴネー』で描いたように。誰の死を悼むのか、あるいは悼んではならないのか、どのように悼むのか……。

サブラー・シャティーラの虐殺犠牲者の遺族たちは、内戦中はもちろん、内戦が終結したのちも長いあいだ、肉親の死を公に悼むことができなかった。虐殺を実行したファランジストの幹部は依然、国会に議席をもち、閣僚として政権内部にいた。虐殺は、ファランジストたちにとっては、パレスチナ人が難民の分際で身の程を弁えず、あろうことか武装して軍隊までもち、レバノンの革命、体制転覆を目指したことに対する報復であり、お前たちが図に乗ればまたこうなるという見せしめでもあった。パレスチナ人が虐殺犠牲者を公に追悼したり記念したりすること、すなわち、肉親がファランジストに殺されたのだと公に語ることは、彼らの犯罪を告発することであり、体制に再び反旗を翻し、虐殺者を挑発することに等しかった。

そのため遺族たちは長いこと、肉親が埋葬されているそこにお墓参りに行くこともできなければ、追悼の記念碑を建てるなどもちろんのこと、そこが愛する者たちが眠る墓地であると公言することもできなかった。そこは、ただ空き地のまま、以前はキャンプの子どもたちが恰好の遊び場にして、無邪気にサッカーに興じていたという。

その数日前、西ベイルートにある高級ホテルの一室で、イタリアとスペインの派遣団を招いて、女性政治学者バヤーン・アル＝フート氏によるサブラー・シャティーラの虐殺に関する講演会が開催された。バヤーン氏は虐殺事件の直後から遺族の聞き取りを始め、その成果は二〇〇四年、五〇〇頁に及ぶ大著『サブラー・シャティーラ、一九八二年九月』として上梓されることになる。(1) バヤーン氏が講演で開口一番、語ったのは、このようなホテルで海外の代表団を前に、サブラーとシャティーラの虐殺事件について公言できる日が来ようとは夢にも思わなかった、という感慨だった。聞き取りを始めた当初、虐殺について話を聞こうにも、遺族たち——虐殺のサヴァイヴァーでもある——はファランジストの報復を恐れて、なかなか口を開こうとはしなかったのだという。

内戦が終わり、さらに十年以上の月日がたち、ようやく、墓地を墓地と呼び、犠牲者について公的に語ることができるようになった（とはいえ彼らは、「シオニズムの侵略の犠牲者」ではあっても、いまだ、ファランジストの犠牲者であると公的に名指すことはできないでいたが）。私の目には死者を悼む徴を欠いた、集団墓地らしからぬ殺風景な場所と映った何もないその空間。しかし、死者が眠る上を、それと知らずに走り回る子どもたちの姿も歓声も、転がるボールも今はない。きれいに平らに均された地面とその空間の静謐は、シャティーラの人々が死者の尊厳のために二〇年目にしてようやく獲得した「墓地らしさ」だった。

5　シャティーラの四時間

フランスの作家、ジャン・ジュネは、虐殺直後のシャティーラに入り、遺体がそこかしこに転がるキャンプを数時間、彷徨し、やがてその体験をルポルタージュ『シャティーラの四時間[2]』にまとめた。ジュネはそこで、痛ましく横たわる死者たち——遺体ではない——の、たとえば少女の見開いた瞳や穿いていたスカートの模様について、恋人の姿を描写するように、あるいは大切な陶器を手にとるように、愛を込めて、その固有性を繊細な筆致で描写しながら、一人ひとりの死者たちと親密な、無言の対話を交わすのだ。

ネットにアップされている、犠牲者を記録したスナップ写真の多くは、ただ即物的な死体の集積写真でしかなく、人間性を否定され殺されたこれらの者たちは死後においても、そうした表象によって、さらにその尊厳を傷つけられている。出来事の暴力性を告発するためであれ、虐殺の惨たらしさを表象することは、気をつけなければ、死者の尊厳を踏みにじることにつながる。だから、あの臭いと蠅の日を、ジュネはまるで恋人に接吻するかのような眼差しで見つめ、そうすることで、死者たちに、奪われた個としての尊厳、人間としての尊厳を取り戻そうとしていたのだと言える。

二〇一七年三月、マドリードを訪れ、ピカソの「ゲルニカ」を観た。爆撃下を逃げまどい、無差別に殺される男、女、子ども、牛、馬……。死んだ子どもを胸にかき抱いた女の慟哭が、身をよじる馬の嘶きが、ゲルニカの村全体があげる叫びが聞こえるようだ。ディア・アッザーウィーの「サブラー・シャティーラの虐殺」とあらためて比べてみる。「ゲルニカ」の人物モチーフは、全身が描かれているわけではなくても全身性が感じられ、描かれている人数もはっきりと数えられる。牛や馬も同様である。余白も多い。それに対し、アッザーウィーのゲルニカでは、余白はほとんどなく、画面全体が人間の躰の部位の断片と「瓦礫」とか「ゴミ」としか言いようのない破壊された物体で埋め尽くされている。「ゲルニカ」からは、人間や動物たちの阿鼻叫喚が聞こえてくるが、アッザーウィーの作品からは、そうした叫びは聞こえてこない。叫びが反響するには空間が、つまり一定の余白が必要なのだ。画面いっぱいに隙間なく描かれた、デフォルメされたヒトとモノのイメージ。そこに、ヒトとモノに区別はない。ヒトもまた、ゴミの山に打ち棄てられたガラクタのようだ。だが、それ以前に、アッザーウィーの作品に描かれたヒトの目はいずれも黒く塗りつぶされており、死者だということ。その顔から感じるのは叫びではなく、断末魔の、言葉にならない呻きだ。キャンプの狭い路地に追い詰められ、声すらあげられぬまま、世界の果てでこと切れていった者たちの……。

ピカソの「ゲルニカ」は、ゲルニカの村で生を営んできた人々や家畜たちを、人間と動物の別なく等しく襲った暴力を描いたものだ。その人物像はどれほどデフォルメされていようと、私たちと同じ人間を描いたものであり、人間の苦悶を表現するためのデフォルマシオンだ。だが、アッザーウィーの作品におけるデフォルメされたヒト型の形象は、それがモノと区別のない存在であることを表している。『シャティーラの四時間』において、ジュネが遺体を、親密な対話を交わす「死者」として描くことで、否定された彼らの人間としての尊厳を取り戻そうとしたのとは逆に、アッザーウィーは「一九八二年のゲルニカ」において、パレスチナ難民がモノと等価な存在に貶められ殺された現実を描いたのだと言えよう。

6 不当な要求 Unreasonable Demand

シャティーラ・キャンプの外れにある集団墓地では、あれから毎年、遺族や内外の関係者が参列して虐殺犠牲者の追悼式典が催されている。かつて墓地を墓地と公言できなかったこと、虐殺について公に語ることができなかったことを考えれば大きな変化だ。けれども、虐殺の責任者はいまだ誰も裁かれてはいない。

虐殺から二〇年目のシャティーラを私が訪れた翌二〇〇三年の二月、ベルギー最高裁は、パレスチナ人有志によるシャロン首相訴追に関しベルギーの司法管轄権を認め、シャロンが首相を退任し免責特権を失えば、訴追もありうるという画期的な裁定を下した。しかし、イスラエルとアメリカが猛反発し、ベルギーに外交圧力をかけ、国際人道法違反処罰法は同年、廃止に追い込まれた。そして、サブラーとシャティーラの虐殺の責任者、シャロンは二〇〇六年、首相在任中に脳内出血で倒れ、以降、昏睡状態となり、二〇一四年、裁かれることなく世を去った。

ガザに本部を置くパレスチナ人権センターの設立代表、ラジ・スラーニ弁護士が強調するように、イスラエルの犯した戦争犯罪がこれまでひとたびも正しく裁かれてこなかったという、国際社会におけるこのイスラエル不処罰の「伝統」が、パレスチナ人に対してイスラエルが繰り返し戦争犯罪を行使することを可能にしている。サブラー・シャティーラ、ジェニーン、ガザ、繰り返される虐殺……、パレスチナ人がどのような戦争犯罪、不正を被ろうと、国際社会は寛大にも、つねにその犯罪を看過し、責任者を処罰しないことで、世界に向けてメタメッセージを発してきたのだと言える、パレスチナ人などとるに足らない存在であると。彼らは我々と等価な存在ではない、ノーマンであると。ラジ・スラーニは言う、私たちは人間として尊厳をもって生きる機会が欲しい、これは不当な要求だろうか、と。(3)

一九四八年のナクバからすでに七〇年もの歳月が過ぎた。この七〇年に及ぶパレスチナ人の闘いは、生き延びるための闘い、武装解放闘争、政治外交による闘い、ラジ・スラーニが闘う国際法による闘い、アートによる闘いなどさまざまな形態をとってきたが、それを一言で表すならば、ノーマン／人間ならざるものとされた者たちが人間となるための闘い、対等な人間としてこの世界にその存在が書き込まれるための闘いであると言えるだろう。

7　パリンプセスト

レバノン内戦が勃発した翌一九七六年、東ベイルートに位置するパレスチナ難民キャンプ、タッル・エル＝ザァタルは、レバノンの右派民兵による半年間にわたる攻囲の末、千数百名のパレスチナ人が虐殺された。キャンプは破壊され、虐殺を生き延びた者たちは、レバノンの他のキャンプへ四散していった。その六年後、今度はサブラーとシャティーラで凄惨な虐殺が繰り返された。虐殺の傷が癒える間もなく、その三年後の一九八五年、シリア軍がベイルートを占領、サブラー・シャティーラ、そして同じくベイルートにあるブルジルバラージネ難民キャンプは、シリア軍に支援されたシーア派組織アマルによって封鎖・包囲される。住民たちは数年間にわたりキャンプに閉じ込められ、アマルの砲撃にさらされる。キャンプ戦争（一九八五―一九八八）である。

サブラー・シャティーラの死者たちは二〇年という歳月を経てようやく、毎年、追悼されるようになったけれど、では、サブラー・シャティーラの虐殺と同じようにパレスチナ人の歴史に深く刻まれたタッル・エル＝ザァタルの虐殺、キャンプ戦争、それらの死者たちは、いつ、どこで、どのように追悼されているのか、慰霊されているのだろうか。

さらに言えば、パレスチナ人の歴史に深く刻印された出来事であるサブラー・シャティーラの虐殺が、パレスチナ人全体によってつねに記念され、追悼されているわけでもない。二〇一四年、サブラー・シャティーラの虐殺から三二年目の九月、シャティーラでは例年どおり追悼式が営まれたが、その夏、封鎖されたガザ地区は五一日間にわたりイスラエルの猛爆にさらされ、二千数百名のパレスチナ人が殺された。三二年前、封鎖されたキャンプを襲ったジェノサイド、あるいはキャンプ戦争の悪夢が、占領下の同胞の身に繰り返されていた。占領下のパレスチナ人、イスラエルのパレスチナ人、ディアスポラのパレスチナ人の関心はひとえに、今、殺戮されているガザの同胞たちに向けられていた。今、ガザで新たに二二〇〇名の男たち、女たち、子どもたちの命が奪われ、生き残った何十万もの人間たちが、瓦礫の中で、痛み、苦しみに耐え、封鎖を耐えているそのときに、過去の記憶を掘り起こして、過去の出来事について語ること、過去の死者たちに専一的に寄り添うことは難しい。パレスチナ人にとって追悼が困難なのは、単にそれが政治的に禁じられているからだけではない。サブラー・シャティーラのなかにタッル・エル＝ザァタルが織りこまれ、サブラー・シャティーラの上にキャンプ戦争が上書きされているように、過去は純粋に過去ではなく、過去の中に現在が胚胎され、現在の中に過去が反復されているからだ。その一部だけを独立した出来事であるかのように切り取って語ること、追悼することはできない。箇条書きにされた年表の記述の奥には、複雑なタペストリーが織られているのだ。

今、この文章を書いていて思うのは、二〇〇二年の九月、生き続けるために地中深く埋葬した「あの臭いと蝿の日」の記憶を掘り起こし、幾度となくそれを語る苦痛を強いられた幾人もの女性たちがいたということだ。犯罪者を告発するために。自分たちの身に起きた不正義を世界に知らしめるために。不正を正すために。それで世界の何かが変わったのだろうか。彼女たちはどのような思いで、その責務を引き受け、その痛みに耐えたのだろうか。苦痛を堪えて証言をした彼女たちの努力は、報われたのだろうか。彼女たちが痛みに満ちた証言を差し向けた、その宛先である私は、彼女たちの思いに報いただろうか。

それでも、私たちは証言しなければならないのです、とズフールさんなら言うだろう。これは、私たちが人間としてこの世界に存在するための闘いなのですから、と。

註

（1）Bayan al-Hout, *Sabra Shatila:September 1982*, Pluto Press.
（2）ジャン・ジュネ『シャティーラの四時間』、鵜飼哲・梅木達郎訳、インスクリプト、二〇一〇年
（3）Raji Sourani, Why a Gaza Ceasefire isn't Enough, *The Electronic Intifada*, 3 August 2014.

第八章　パレスチナ人であるということ

1　リリーフ——安堵

二〇〇二年の九月、初めてレバノンを訪れ、一九八二年の虐殺事件から二〇年目を迎えたベイルートのサブラーとシャティーラ両難民キャンプで犠牲者遺族の証言を聞くとともに、中部にあるレバノン最大の難民キャンプ、アイネルヘルウェや、イスラエル国境にほど近い、南部のラシーディーエ・キャンプなどを訪問した。帰国後、ある大学で、パレスチナ問題に関心をもつ学生たちがその報告会を企画してくれた。

今にも崩れ落ちそうな歪な建物が、互いを支え合うように隙間なく建ち並んだシャティーラ難民キャンプ。人がすれ違うのがやっとの細い路地。陽が差さず、いつもじめじめとぬかるんだ地面（日照不足によるクル病も多い）。頭上で蜘蛛の巣のように絡まり合い垂れ下がる無数の電線。そこに暮らす、いっさいの市民的権利から排除された人々。彼らに投げつけられる「いやなら出て行け」ということば。そして、彼、彼女らの身に繰り返し生起する破壊と殺戮（サブラー・シャティーラの虐殺の六年前の一九七六年八月には、東ベイルートのタッル・エル＝ザァタル難民キャンプで数千人が殺害された）……。二〇年がたっても、その名を口にしようとすれば嗚咽しか出てこない、殺された娘、行方知れずの息子の記憶を胸中深く抱えて生きる母たち……。九月のレバノンで聞き、触れ、目にしたことごとを、私はスライド写真を見せながら学生たちに語った。

終了後、参加した学生たちが提出してくれた感想文のなかに、「キャンプの難民がアパート暮らしをしており、部屋にはガスコンロもあると知ってホッとした」という趣旨のものがあった。心根の優しい学生なのだろう。救いのない話を聞いていたたまれなくなり、なにか救いを必要としたのだと思う。キャンプに暮らす難民たちが、テントで雨露をしのぎ、炊き出しの列に並んだり、小枝を燃やして煮炊きするのではなく、アパートに住み、市場で買い物をし、ガスコンロで調理をする、大学に進学する者たちもいる……、日本の私たちとさほど変わらない暮らしぶりに安堵したのだ。

2 ヒッティーン

二〇〇四年八月、私はヨルダンのヒッティーン難民キャンプにいた。

パレスチナ難民と言えば、一九四八年のナクバで故郷を追われて難民となった者たちのことがまっさきに想起されるが、一九六七年六月、第三次中東戦争でイスラエルが東エルサレムをふくむヨルダン川西岸地区とガザ地区を占領したことで、新たな難民が生まれた。これらの地域に暮らしていた住民たちのうち約三〇万が難民となってヨルダン川の東岸に渡ったのだった。その中には、ナクバで難民となり西岸やガザにやって来て、再び難民となった者たちもいる。一九四八年の悲劇は「ナクバ（大いなる破局）」という言葉で記憶されているが、一九六七年の悲劇（これにより歴史的パレスチナの全土がイスラエルに占領された）は「ナクサ（大いなる挫折）」と呼ばれる。首都アンマンの北十キロのところに位置するヒッティーン難民キャンプは、一九六八年、このナクサで難民となった者たちを収容するために設立された緊急キャンプのひとつだ。マルカ地区にあることから正式名称はマルカ難民キャンプだが、地元ではヒッティーンの名で呼ばれる。パレスチナ北部、ガリラヤ地方の地名だ。一一八七年、サラーフッディーン（サラディン）が十字軍からパレスチナを奪還した「ヒッティーンの戦い」で知られる。

同キャンプ自治会の女性部のセンターを訪ねる。ヨルダン川の向こう岸、占領下のパレスチナでは依然、第二次インティファーダ――イスラエルの占領に対する占領下住民による一斉蜂起と、それに対するイスラエル占領軍による過酷な弾圧――が続いていた。センターの入り口を入るとすぐ右手の壁に、白地に黒の格子模様のクーフィーエ（パレスチナの伝統スカーフ）を鉢巻のように額に凛々しく巻いた若い女性の顔写真のポスターが貼ってあった。女性部のディレクターでセンター長のアスマハーンさんが目を輝かせながら言った、「誰だか知ってる？ 私たちの英雄よ、すばらしい女性……」。それはワファー・イドリースの写真だった。二〇〇二年一月、西岸出身の二八歳になるこの女性弁護士は、エルサレムの市街地でダイナマイトで自爆した。パレスチナ人女性最初の自爆者だった（ワファー・イドリースの自爆は、最初の女性自爆者ということで世界的な注目を集めたが、ワファーはそれまでの自爆者とは異なり、ダイナマイト・ベルトをからだに巻きつけるのではなく、リュックに入れて背負っており、彼女に自爆の意図はなく、ダイナマイトを設置しに行って誤爆したのではないかという説もある。いずれにせよ、ワファーの死が引き金となり、その後、女性の自爆者が続いた）。

アンマン市街の官公庁や企業のオフィスで働くパレスチナ人のキャリア女性たちが、西洋女性と変わらぬスーツ姿なのに対し、その日、センターにいた女性たちはみな――センターのスタッフも、センター主催の講座に参加する年輩の女性たちも若い娘たちも――ヒジャーブでしっかり頭を覆い、長胴着という出で立ちだった。キャンプのパレスチナ人共同体が、キャンプの外で暮らしヨルダン社会に同化してヨルダン人として暮らすパレスチナ人たちよりも概して保守的で、また政治的であるためであり、同時に、経済的にもはるかに貧しいためだ。難民となって何十年がたっても、劣悪な住環境のキャンプに彼らが依然として暮らさざるをえないのは、端的に言って彼らが貧しいからにほかならない。服装に関しては、ヨルダンのパレスチナ難民の女性事業部でばりばり活躍するアスマハーンさん――往年のエジプトの歌姫の名だ――も例外ではない。サーモンピンクのヒジャーブで髪を隠し白の長胴着に身を包んだ彼女は、禁欲的な装いゆえにかえってその美貌が際立ち、ギリシア彫刻のようだった。

アスマハーンさんは難民二世だ。事務所でトルココーヒーを飲みながらお喋りしていたとき、「貴女はこのキャンプで生まれたの？」、そう何気なく訊ねた私は、すかさず答えた彼女のその答えにたじろがずにはおれなかった。「そうよ、私はここで生まれて、そしてここで死ぬのよ」

3　ミフターフ――鍵

鍵。アラビア語で「ミフターフ」という。二〇一二年五月、ベルリンの街路に巨大なミフターフが横たえられた。長さ九メートル、重さは一トン近い。鋼鉄製の、おそらくは世界でいちばん大きな鍵。

この巨大な鍵の彫刻は、ベツレヘム――イエス生誕で有名なこの街は一九六七年以来、イスラエルの軍事占領下に置かれているヨルダン川西岸地区にある――の近郊に位置するアーイダ難民キャンプの住民たちが二〇〇八年に制作し、キャンプ入り口のゲートの上部に設置したものだ。「帰還の鍵」と名づけられたそれは、二〇一二年、ベルリン・ビエンナーレで展示するために貸し出され、はるばるベツレヘムから地中海を渡り、いくつもの国境を越え、数千キロを旅してベルリンの街路に飾られたのだった。

鍵はパレスチナ難民にとって大切な形象である。それは「帰還」の象徴、パレスチナ人の故郷帰還の権利、帰還の意志、帰還の希望の象徴だ。シオニズムによる民族浄化で七〇万人以上のパレスチナ人が難民――最初の難民――となった一九四八年、国連はその年の十二月に世界人権宣言を発表した。その第十三条第二項には、「すべて人は、自国その他いずれの国をも立ち去り、及び自国に帰る権利を有する」と謳われている。すなわち、人が故郷（自国）に帰ること、それは人間の基本的な権利だということだ。その翌日、国連総会は、イスラエル建国により難民となったパレスチナ人について、「故郷にもどり、隣人と平和のうちに暮らすことを希望する難民たちは実行可能なもっとも早い段階で認められなければならない」と、パレスチナ難民の即時帰還の権利を確認してもいる（国連総会決議一九四号）。

世界人権宣言、そして国連総会決議から七〇年になる。七〇年——生まれた赤ん坊が成人し結婚し、子どもが生まれ、その子どもも結婚して子をなし、その子が成人する——それだけの歳月がたってなお、パレスチナ人は依然として故郷に帰ることができないでいる。イスラエルが彼らの帰還を認めないためだ。二〇一八年の現在、国連に難民登録している難民（ナクバで難民となった者たちとその子孫）だけでも五〇〇万、一九六七年難民やその他の難民も加えれば、その数は七五〇万に達する（パレスチナの人権NGO、アダーラの統計による）。その何分の一かでも難民たちがパレスチナに帰還したら、イスラエルは「ユダヤ国家」におけるユダヤ人人口の圧倒的優位を維持できなくなるからだ。

七〇年前、住民たちが根こそぎにされ、追い払われたパレスチナの家々は、イスラエル建国後、空爆され、あるいはダイナマイトで破壊され、その後、植林されて国立公園になったり、キブツ（ユダヤ人の集団農場）やユダヤ人の街が建設されたり、あるいは将来、イスラエルに「帰還する」海外のユダヤ人移民のために「軍用地」の名目で保全されている。だが、家を追われ、故郷を追われ、異邦に暮らす難民たちは、故郷に残してきた自分たちの家の鍵を肌身離さず、後生大事に守り続けた。家がなくなってしまった今もなお、ずっと。ラドワー・アシュールの小説『タントゥーラの女』の主人公ルカイヤの母も、故郷タントゥーラの村の家の鍵をペンダントにして生涯、身につけていた。母が亡くなったあとは娘のルカイヤが、母の形見としてそれを大切にした。

ミフタープ、それは、私たちにはパレスチナに帰る権利がある、パレスチナ難民の帰還権、それは世界人権宣言にも謳われ、国際社会も承認している正当な権利である、たとえ一〇〇年たとうと、二〇〇年たとうと、孫、曾孫、その子ども、孫の世代になっても、私たちはパレスチナを忘れない、パレスチナに帰るのだ、パレスチナを忘れない限り、私たちはいつの日か、必ずや帰ることができるのだという、難民たちのそうした思いのすべてを形象化したものだ。

4　フィラスティーン

二〇〇九年七月のベイルート。

二〇〇二年の九月に初めてレバノンを訪れて以来、幾度目かの訪問だった。NGO「ソムードの子どもたちの家」（以下「ソムードの家」）のシャティーラ・センターを訪ねる。七年前の訪問で顔なじみになったセンター長のジャミーラさんやソーシャルワーカーのズフールさん、清掃係として働くウンム・ムハンマドさんが笑顔で迎えてくれた。

センターの部屋のひとつで、子どもたちが作った図画工作の作品展を開催していた。テーブルの一角には、オリーブの枝でこしらえた鍵のペンダントが並ぶ。パレスチナ人にとってはオリーブもまた、故郷パレスチナの大地と生活を象徴するものだ。鍵には幼いアラビア文字で「フィラスティーン（パレスチナ）」と書かれている。

難民の子どもたちは、国連パレスチナ難民救済事業機関（UNRWA）が運営する学校で、高校まで無償で教育を受けられる。無償とは言え、みながみな通えるわけではない。家計を助けるために幼くして働かなければならない子どもたちもいる。貧困のなか、勉強についていけず、学業からドロップアウトする者もいる。苦労して大学を出たところで、レバノンにいるかぎり彼らは「難民」であり、そして、そうであるかぎり正規に就ける仕事は肉体労働か非専門職だけだ。貧困のなかで社会的な成功とは無縁、難民として蔑まれるだけの人生。そんな未来しかないとなれば、真面目に努力しようという意欲を失う若者がいても不思議ではない。大麻だろうか、昼間からキャンプの通りでドラッグを吸っている若者もいる……。

「ソムードの家」をはじめとする民間のNGOが、難民の子どもたちのためにパレスチナの伝統舞踊ダブケや、ウードをはじめとする伝統楽器などによる音楽のサークル活動、図画工作・美術などの活動を提供していることはすでに述べた。UNRWAの慢性的な予算不足のせいで、学校は教室も教員も圧倒的に不足しており、教えるのはアラビア語、算数／数学、英語といった主要教科のみで、体育や、音楽・美術のような情操教育はないからだ(1)。子どもたちは、一九四八年のナクバでパレスチナを追われ、難民となってレバノンにやって来た者たちの孫あるいは曾孫たち、難民の三世、四世だ。パレスチナで生まれ育ち、故郷の暮らしがどんなであったかを直接、記憶し、語ってくれた曾祖母や曾祖父の多くは、すでにこの世にはない。難民としてキャンプに生まれ、レバノン社会で、難民であるがゆえに差別され蔑まれる子どもたちに、パレスチナの舞踊や音楽、図画工作を通して、自らの存在のルーツにあるもの、パレスチナの歴史や文化、故郷の記憶を教え、パレスチナ人としての誇りとアイデンティティを涵養するのもセンターの大切な活動だ。

テーブルの別の一角には、エルサレムにある黄金のドームを象った紙の工作が展示されていた。中央にあしらわれた紙の扉を開けると、やはり子どもたちの手で、「私たちのエルサレム」としたためられていた。壁には、画用紙にクレヨンで描いた絵が何枚も飾られている。イスラエルの戦闘機からパレスチナ人の頭上に雨のように降り注ぐミサイル。イスラエルの戦車、砲弾で破壊される家、血を流して殺されるパレスチナ人……。前年暮れから翌月にかけて二二日間にわたって続いたイスラエルによるガザ攻撃をテーマにした絵だった。展示された作品をひとつひとつ眺めているとジャミーラさんが、子どもたちの誰かがオリーブの枝で作った鍵のペンダントのひとつを私にプレゼントしてくれた。

このときいっしょにセンターを訪ねた日本人のなかには、子どもたちに政治的なメッセージを刷りこむように見える教育活動に抵抗感を示す者もいた。こうした政治性を帯びた絵画や工作が幼い子どもたちの心にナショナリズムや反イスラエル感情を植えつけて、パレスチナをめぐる争いの永続化に加担しているように映ったのだろう。

5 ブルジルバラージネ

その翌日、ベイルートにある別のキャンプ、ブルジルバラージネを訪ねた。ブルジルバラージネ・キャンプを訪れるのは初めてだった。英国人の女性医師ボランティア、ポーリン・カッティングの『パレスチナ難民の生と死――ある女医の医療日誌』(2) の舞台となったキャンプだ。

サブラー・シャティーラの虐殺から三年もたたぬ一九八五年、ベイルートの難民キャンプをさらなる悲劇が襲う。レバノンからPLOの影響力を排除したいシリアに支援されたシーア派の民兵組織アマルによるキャンプ攻囲が始まったのだ。キャンプ戦争である。レバノンのパレスチナ難民を医療支援する英国のNGOから派遣されたカッティング医師は、このときブルジルバラージネ難民キャンプで活動していた。キャンプはアマルに封鎖・攻囲され、食糧を求めて外に出ようとする者はスナイパーの恰好の標的となった。攻囲の期間中、子どもたちのために井戸に水を汲みに行こうとした母親たちが何人もスナイパーに撃ち殺された。

封鎖は何カ月も続き、ついには食糧も底を尽き、キャンプから小動物の姿も消えるにいたって、住民たちが発したメッセージは世界に衝撃を与えた。生きながらえるためにはもはや、亡くなった愛する者たちの遺体の肉を食すしかない。イスラームの権威ある法学者に宛てたそのメッセージは、このような状況に置かれたならば、そうしたとしても神の教えには反しないとして赦してほしいという請願だった。

あの頃、私は大学院生で、レバノンのパレスチナ難民の子どもたちから日本の支援者に届くアラビア語の手紙をボランティアで日本語に翻訳していた。あるとき手にした手紙のなかに、食べ物がなくなって犬や猫まで食べた者たちもいたこと、さらには人肉を食す許可まで求めざるをえなかったというくだりを見つけ、自分の目がにわかには信じられず、何度も読み返したのを覚えている。八〇年代なかば、インターネットなどまだ存在しなかったあの時代、内戦下のレバノンで、パレスチナ難民キャンプがどのような事態に見舞われているのかなど、新聞やテレビが報道しなければ、知りようはなかった。のちにカッティングの本を読み、あのとき、封鎖されたキャンプのなかでいったい何が起きていたのかを、私は初めて詳しく知ることになった。

そのなかでももっとも印象に残っている逸話がある。砲撃を受けて重傷を負った青年二人が同時にカッティング医師のもとに運び込まれた。どちらも、ただちに手術しなければ助からない。だが、医師は彼女ひとりだ。二人を同時に手術することはできない。顔なじみの青年たちだった。冗談を言って笑いあったのはほんの数日前のことだ。その二人のうちどちらか一人を選ばなければならない、今すぐに――。「彼を手術室へ」、医師のその言葉を聞いた名指されなかったもう一人の青年が呟いた、「そうか、死ぬのはぼくか……」。手術室に運ばれた青年は助かり、名を呼ばれなかった青年は亡くなった。

建物が隙間なくひしめきあうキャンプを見てもそれとは分からないが、カッティング医師の著書や、あるいは一九八二年九月の虐殺のとき、シャティーラ・キャンプで医療活動をおこなっていた英国の整形外科医、アン・スウィー・チャイ医師の著書『ベイルートからエルサレムへ』[3]（チャイ医師は帰国後、英国でNGO「パレスチナ医療支援（MAP）」を立ち上げ、このMAPからブルジルバラージネに派遣されたのがカッティング医師だった）などを読んで、シャティーラにしてもブルジルバラージネにしても、十六年にわたるレバノン内戦のあいだ、繰り返し攻撃され破壊され、幾度となく瓦礫と化し、そのたびに住民たちがひとつ、またひとつとブロックを積み上げてキャンプを再建したのだということを私は初めて知った。

その日、ブルジルバラージネ難民キャンプで、私は「ソムードの家」のセンター長に連れられて、迷路のような細い路地を縫うように進んで、一軒の小さな家に案内された。玄関を入るとそこはすぐリビングルームで、狭い部屋の大半を一台のベッドが占領していた。痩せ衰えた女性が荒い息をしながら臥せっていた。四〇代半ばの難民二世の女性だった。彼女は末期の癌だった。

キャンプにはUNRWAの診療所がある。難民たちはそこで無料で診療してもらえるが、高齢者と、治療費が嵩む心臓病や腎臓病、癌の患者は対象外だ。二〇〇二年に初めてレバノンを訪れたとき、UNRWAのベイルート事務所のわきをタクシーで通りかかると、数名の難民たちが事務所前の路上にテントを張って座り込みをしていた。傍らに掲げられたプラカードにはアラビア語で、「高齢者、心臓病、腎臓病、癌の患者はなぜ、治療が受けられないのか」「われわれに死ねというのか」と書かれていた。UNRWAに対する抗議のハンガーストライキだった。重病患者が生きながらえるためには、家族、親族があらゆる手立てを通じて、高額な治療費を掻き集めなければならない。

二〇〇二年の九月にレバノン南部のラシーディーエ難民キャンプを訪れた際に会った難民三世の、二〇歳になるホダーは、レバノン大学の一年生だった。彼女にも心臓を患う幼い弟がいる。母を援けて、一人娘のホダーは小学生の頃から家事をこなし、兄たちや歳の離れた幼い弟の世話をしてきた。そのせいもあって、中学で一年、高校でも一年、留年したが、それでも学業を諦めず、がんばって国立のレバノン大学に合格した。だが、翌年度の学費の目途が立っていなかった。翌月から始まる新学期までに納入しないと除籍になってしまうのだとホダーは言った（パレスチナ難民の学生には、「国民」であるレバノン人学生よりも高額な授業料が課せられていた）。同時に、弟の治療費も工面しなければならない。目の前にいる外国人に向かって、「そのための金銭的援助をしてもらえないか」という言葉が彼女の喉元まで出かかっているのを感じた。だが、ホダーはその言葉を飲み込むと、笑顔を作って言った、「でも、だいじょうぶ、心配しないで。なんとかするから」。帰国後ほどなくして、ホダーから手紙が来た。大学は退学したと書かれていた。代わりに、キャンプでNGOが運営する経営学のコースに通っているという。どんなことがあっても勉強だけは絶対にあきらめないという言葉でその手紙は結ばれていた。弟のことは書かれていなかったが、彼女が自分の学業よりも弟の治療費を優先したことは想像に難くない。

ブルジルバラージネ・キャンプの彼女も、治療や入院はおろか、鎮痛薬による緩和医療すら受けることができず、自宅の寝台に横たわり、末期癌の耐えがたい痛みに苛まれながら、神の慈悲が彼女の魂を肉体から解放してくれる時をひたすら待ち続けていたのだと、いま、あらためて気づかされる。荒い息を漏らして横たわる彼女に、いったいどんな言葉をかけたらいいのか分からぬまま、寝台の傍らで、私はただ、痩せ衰えた彼女の冷たい手を握ることしかできなかった。彼女が亡くなったという報せを受け取ったのは、レバノンから帰国して間もなくのことだった。

あの日、辞去する際、彼女の十八歳になる娘と言葉を交わした。秋からレバノン大学に入学が決まっているという。デザインを勉強したいとも言っていた（デザイナーもレバノンでは、パレスチナ人が正規には就労できない専門職だ）。あれから八年。彼女はつつがなく卒業できただろうか。そして、いま、どうしているだろうか。

6 セス

SF作家、星野之宣の作品に「セス・アイボリーの21日」という短篇がある（『スターダストメモリーズ』所収）。宇宙船の爆発事故で、とある惑星に独り不時着したセス・アイボリー。不時着前に救難信号を送ったので、救援機は二一日後には到着するはずだ。それ以前に、どこかで信号をキャッチした宇宙船が救援に来てくれる可能性もある。だが、三日後、セスは自分が急速に老いていることに気づく。その惑星では生体の成長が異様に速くなるのだ。このままでは救援機が来る前に自分は老衰で死んでしまう。セスは自分のクローンをつくる。自分のこと、両親のこと、故郷の記憶を娘に語りきかせ、十二日目、セスは亡くなる。十五日目までに救援機が来なかったら、自分のクローンを培養するように娘に言い遺して。幼い娘は母の遺言どおり自分のクローンをつくるが、やがて成長した娘はそれが意味することを理解し、愕然とする。二一日目に救援機が来て、自分の娘――クローン――は地球に還るだろう、だが、私は？　お母さん、あなたは何のために私をつくったの、何のために私は生きているの？　還ることができないなら、なぜ、私に故郷の記憶を教えたの――。やがて娘は、獣に襲われそうになった幼い我が子を身を挺して守り、谷底に落ちてゆく。セスが惑星に不時着して二一日後、救援機が到着し、セス・アイボリー――オリジナル・セスと瓜二つに成長した彼女の「孫」、あるいはクローンのクローン――を救出して物語は終わる。

名作の誉れ高い作品だが、これを読んだとき、ああ、これはパレスチナ難民の物語――とりわけ難民二世の――だと思った。難民としてキャンプで生まれ、両親から語り聞かされた故郷への帰還をひたすら待ちわびながら――そこに還れば、私たちは「難民」ではなくなる、尊厳ある人間として生きられる――、しかし、難民としてキャンプで死んでいく二世たち……。貧困のなかで暮らし、「難民」として蔑まれ、差別され、繰り返し家を破壊され、繰り返し集団虐殺に見舞われて虫けらのように殺されるノーマンたち……。いったい何のための人生？

セス・アイボリーは娘に故郷の記憶を教えながら苦悩する、必要最小限しか教えないほうがこの子のためではないか、故郷のことなど何一つ知らずに、帰還の希望など、はなから持たないほうが、娘の苦しみが少ないのではないかと。パレスチナ人もまた、そうではないか。イスラエル軍が兵のジャーゴンで「芝刈り」と呼ぶ、伸びてきた芝を定期的に刈りとるように数年ごとにガザに対して仕掛ける大規模軍事攻撃も、ガザのパレスチナ人（その七割がナクバで難民となった者たちとその子孫だ）が、彼らの正当な権利である故郷帰還の夢も、同様に正当な権利である「主権をもったパレスチナ国家の独立」の夢も決して手放そうとしないからだ。二七年間、獄に繫がれたマンデラが、南アフリカ解放の夢も、そのための武装闘争の権利も手放さなかったように。パレスチナ人がパレスチナ人であるがゆえに差別され、迫害され、殺戮の対象となるのなら、そんな夢など忘れ去り、七〇年前、自分たちを襲った歴史的不正も忘れ去り、故郷パレスチナのことも忘れ去り、いっそパレスチナ人であることもやめてしまえば、彼らの生ははるかにつつがないものになるはずだ。

それは、シオニズムがナクバ以来この七〇年間、イラン・パペが「漸進的ジェノサイド」と呼ぶ暴力によって、パレスチナ人に対して発し続けているメッセージにほかならない。

7 ノーマンの闘い

「ソムードの家」のシャティーラ・センター長のジャミーラさんは、二〇〇二年の春、日本のNGOの招きで、キャンプの子どもたちを連れて来日していた。その年の九月にシャティーラのセンターでお会いした際、日本はどうでしたかと、来日の印象を訊ねると、ジャミーラさんが開口いちばん口にしたのは、「ショックでした」ということばだった。何がショックだったのか。「日本に、私たちが今なおテントで暮らしていると思っている人たちがいたことです。私たちは半世紀以上も闘い続けているのに、私たちの真実がいまだに理解されていないのだと思い、とてもショックを受けました……」

「難民」や「難民キャンプ」ということばから、日本社会に生きる者たちの多くがまず連想するのは、戦争や迫害、旱魃による飢餓や自然災害で、故郷を離れることを余儀なくされた難民たちが、国連や国際支援団体の援助を受けて、キャンプでテント暮らしをしている姿なのだろう（冒頭紹介した、私の帰国報告を聞いた学生もそうだ）。一九八〇年代には、アフリカの飢餓難民の姿がさかんに報道されて、世界規模で大々的な救済キャンペーンが打たれたものだ。二〇一〇年代の今であれば、ライフジャケットを身につけて、ゴムボートにすし詰めになって地中海を渡る中東難民の姿かもしれない。いずれであれ、死の淵に瀕し、「今」を生き延びるために、国際社会の人道支援を必要としている者たちだ。

パレスチナ難民もまた、七〇年前はそうだった。ある日、突然、故郷を追われ、彼らは難民になってしまった。「パレスチナ難民」で画像検索してみれば、無数のテントが立ち並ぶ初期のキャンプの写真を観ることができる。とりわけ一九四八年から四九年にかけての冬、パレスチナとその周辺地域は歴史的な大寒波に見舞われた。七月の炎天下に故郷を身一つで追放された難民たちに冬支度などなかったはずだ。寒さとひもじさで命を落とす乳幼児もいただろう。記録的寒波に見舞われたキャンプで、難民たちは寒さに震えながら、配給の列に並んでいたにちがいない。それはたしかに、人道危機だった。

彼らが難民となったのは、故郷にとどまっていれば殺されるからだ。デイル・ヤーシーンのように、ダワーイメのように、タントゥーラのように。だから、シオニストの軍隊が自分たちの村に迫っていると知り、彼らは着の身着のまま逃げたのだった、自宅の鍵を握りしめて。だが、それはあくまでも一時的な避難であり、誰もが、状況が落ち着いたら村に戻るつもりだった。実際、畑が心配で、夜の闇に紛れて国境を越え、畑のようすを見に村に帰っていた者もいる。難民暮らしのなかで、金目のものはすべて売り払い、売れるものはもう種籾しかないとなったとき、「でも、母さん、これを売ってしまったら、来年の種蒔きはどうするんだ！」と言って、種籾だけは頑なに売るのを拒んだ家族もいた。[4]早晩、故郷に帰る、それは彼らにとって「夢」ではなく、自明なことだった。テントは、その仮初めの暮らしの象徴だった。

だが、一年たっても二年たっても故郷には帰れず、一方、家族の数だけは増えていく。十年もテント暮らしはできない。当局がテントをバラックに変えようとしたとき、難民たちは当初、抵抗したという。仮設の象徴であるテントがバラックに置き換わるということは、自分たちをパレスチナに帰還させず、この地に定住させるための施策ではないか、と考えて。当局の意図は分からないが、結果的には難民たちが案じたとおりになってしまった。やがてバラックはブロックの家に代わり、ブロックの家は人口が増えるにつれ、キャンプの敷地を隙間なく埋め尽くし、その土地もなくなると、こんどは二階、三階、四階……と、上へ上へと建て増しされていった。

難民たちがテントではなく、子どもが積み木を重ねたようにブロックを積み上げただけの、エレベーターもない高層のアパートに暮らしているのは、七〇年という歳月がたってなお——国連決議にもかかわらず、世界人権宣言にもかかわらず——故郷に帰ることができないでいる、その結果なのだ。パレスチナの大地に根差して、その大地に汗しながら、谷合いの畑でオリーブを育て、オレンジを育て、アーモンドを育て、自ら育てた小麦でパンを焼き、生活を紡いでいた彼、彼女らが、今は、そうした一切を剝奪された上、離散を強いられ、市民権もなく、難民として差別され、迫害され、愛する者たちを幾度も殺され、家を破壊され、キャンプを破壊されながら、難民としてキャンプで生き、死んでいく。いつかパレスチナへ、祖国へ帰還できると信じて。パレスチナ人であることを決して手放そうとせず。そんな彼女たちが、キャンプで今なお暮らし、心臓に病を抱えながら毎日、何十段もの階段を上り下りし、ブロックで仕切られた小さな部屋のガスコンロで、国連が配給する油や小麦粉でパンを焼くからと言って、そこに、「ああ、よかった、彼らも悪いことばかりではないのだ、私たちと同じようにアパート暮らしをしているのだ」などと安堵しうるなにものも存在しない。

「国民」として国家に書き込まれることと人間であることが同義であるこの世界で、人権という国民の特権を自明なものとして享受している者たち——国民——に見えないのは、この世界でノーマンとされた者たちが人間の尊厳を求めて、いかなる生を生きているのか、いかなる闘いを闘っているかだ。

8 パレスチナ人であること

「私はここ（キャンプ）で生まれ、ここで死ぬのよ」——ヒッティーン難民キャンプのアスマハーンさんのことばは、パレスチナ難民に生まれついたことに対する絶望でもなければ諦念でもない。自嘲でも呪詛でもない。それは、パレスチナ人であることを引き受けた者の覚悟のことばだ。二〇〇九年のあの夏、ブルジルバラージネ難民キャンプの自宅で、末期癌の苦しみの末に、四〇数年の短い人生を閉じた難民二世の彼女もまたそうだったにちがいない。

娘を大学にやるお金を自分の入院費や緩和ケアに使うこともできたはずだ。だが、彼女はそうしなかった。卒業まで学費を支払えるかどうか分からない大学に娘を進学させ、卒業できたとしてもレバノンにいるかぎり正規の職には就けないデザイナーの夢を娘が追い求めることを彼女は選んだ。末期癌の耐えがたい苦痛をその身に引き受けることを代償に。一息、一息、呼吸するごとに、彼女は闘っていた、自らが選びとった運命と。

あの日、「ソムード」のセンター長はなぜ、私を彼女のもとに連れて行ったのか。パレスチナ難民がいかなる辛酸を舐めているか、難民であることの悲惨や悲哀を、外国人の目にもっとも気の毒に映じる者のありさまを見せることで伝えて、人道支援の必要性を訴えるためなどではない。ジャミーラさんが「私たちは何十年も闘っているのに」と言うその「闘い」、パレスチナ人がパレスチナ人であることを引き受けるということが人間にとっていかなる闘いであるのか、そのことを、それを果敢に闘っている者の姿を通して教えようとしたのだと思う。

註

（1）二〇一八年八月、アメリカのトランプ大統領はＵＮＲＷＡに対する資金拠出の停止を発表した。難民の子どもたちのための学校運営の継続も危ぶまれている。

（2）ポーリン・カッティング『パレスチナ難民の生と死』、広河隆一訳、岩波同時代ライブラリー、一九九一年（Pauline Cutting, "Children of the Siege", Pan Books, 1988）

（3）アン・スウィー・チャイ『ベイルートからエルサレムへ』、荒井雅子・岡真理・法貴潤子訳、インパクト出版会、

二〇一八年

（4）　矢野可奈子「テータたちの語るパレスチナのハストリーズ――剝奪・排除・表象に対する挑戦として」京都大学大学院人間・環境学研究科二〇〇七年一月提出修士論文。矢野は二〇〇五年秋から翌〇六年夏まで十一カ月、ヨルダン川西岸地区のビルゼイト大学に留学し、ナクバ以前のパレスチナを記憶する難民一世の女性たち三人のライフストーリーの聞き取りをおこない、それを修士論文にまとめた。

第九章　ヘルウ・フィラスティーン？

1　ラシーディーエ

二〇〇二年九月、レバノン南部にあるラシーディーエ難民キャンプ。

背後にはすぐ海が迫る。夏の地中海の穏やかな波が浜辺に打ち寄せる音が聞こえる。マッチ箱のような平屋の家が並ぶ。道幅も広く、何より空が広い。歪に積み上げられた建物が互いを支え合うように隙間なく密集し、路地に陽の光さえ差さないベイルートのシャティーラ・キャンプとは対照的だ。カフェでは子どもたちがテーブル・サッカーに興じている。都市のスラムと化したシャティーラと違い、ラシーディーエはのどかな開放感にあふれていた。

女子大生のホダーの家に招かれ、看護師をしているホダーのお母さんの美味しい手料理をご馳走になる。ローカルNGO「ソムードの家」のラシーディーエ・センター長のマリヤムさんと、ソーシャルワーカーとして働くイブティサームさんもいっしょだった。

家はきれいに整えられ、明るい居間のテーブルの上の陶器の花瓶には、花の代わりに何本かの孔雀の羽根が飾られていた。居間と寝室の二間の家だった。そこに、看護師をしている母親と未婚の兄、そして幼い弟の四人で暮らしている。寝室にはダブルサイズのベッドがひとつ。ホダーと母親がここで寝て、居間のソファが夜は兄と弟のベッド代わりになるのだろう。すでに家を出た三人の兄たちがまだ家にいたときは、この二間でいったいどのように暮らしていたのだろうか。

「お母さんの自慢のハーブ園を見てあげて」。笑いながらホダーが言う。屋上に通じる階段の何段か、端に一段ずつ、国連の配給品なのだろう、大きな食用油の空き缶を植木鉢代わりにして、セージやミントなどのハーブが植えられて行儀よく並んでいた。パレスチナの故郷の家には、ハーブの生い茂る庭があったにちがいない。難民生活になっても、そうやって、パレスチナの記憶を生きてきたのだと思った。

昼食を終えホダーの家を辞したあとのことだが、マリヤムさんといっしょにキャンプの路地を歩いていると、マリヤムさんがある家の前で立ち止まり、玄関の扉をそっと開くと私を手招きし、中のようすを見せてくれた。壁紙や天井が剝がれ落ちた廃屋のようなうす暗い部屋、その土間の床で、ボロをまとった父親と子どもたちが寝ていた。「ホダーの家庭はあれでもキャンプでは恵まれている方なの。母親が看護師で収入もあるし。でも、そうでない家庭もあることをあなたに知っておいて欲しくて」、マリヤムさんが耳もとで囁いた。

その日、ホダーの家で食後のお茶――セージの葉で香りづけするのがパレスチナ流だ――をいただいているときのこと。ホダーとイブティサームさんと三人でアラビア語で歓談していると、ふとホダーが訊ねた、「パレスチナに行ったこと、ある？」
「ええ、何度か……」
その答えを聞くや、ホダーとイブティサームさんが間髪入れずに、口を揃えて訊ねたのだ、身を乗り出して、目を輝かせながら――「ヘルウ・フィラスティーン（パレスチナは美しかった）？」

2　夢と恐怖のはざまで

レバノンの南部国境地帯を二二年にわたり占領していたイスラエルが撤退したのは、その二年前のことだった。

レバノン内戦下の一九七八年、イスラエルは南部レバノンを占領した。一九九〇年に内戦が終結しても、南部レバノンの占領は続いていた。だが、レバノンのイスラーム主義勢力、ヒズボッラーの執拗な抵抗により、二〇〇〇年五月、イスラエル軍は占領地から撤退し、南部レバノンは二二年ぶりに解放されたのだった。これによって人々は、今まで訪れることのできなかった国境地帯を訪ねることができるようになった。

レバノン各地の難民キャンプに散在するパレスチナ人たちは、バスを連ねてレバノン・イスラエルの国境地帯を訪れた。そして彼らの国境訪問に合わせて、パレスチナ側――イスラエル領内、そして占領下の西岸――のパレスチナ人もまた国境に駆けつけた。西岸とイスラエルのあいだにイスラエルが人種隔離壁《アパルトヘイト・ウォール》の建設を開始するのは二〇〇二年のことだ。「壁」がまだ存在しなかったあの頃、占領地のパレスチナ人も比較的容易にイスラエル領内を訪ねることができた。離散の民の再会、それは、二〇〇〇年九月の第二次インティファーダ勃発によって再び国境地帯が閉鎖されるまでの、ほんの数カ月間の出来事だった。

国境地帯での、分断と離散を強いられた同胞たちの数十年ぶりの再会がどのようなものであったか、私たちはその一端を、レバノン在住のパレスチナ人女性監督、メイ・マスリのドキュメンタリー映画『夢と恐怖のはざまで』（二〇〇一年。第十回地球環境映像祭最優秀賞受賞）で観ることができる。レバノンのシャティーラ・キャンプに暮らすモナと、イスラエル占領下のヨルダン川西岸地区、ディヘイシヤ難民キャンプに暮らすマナールという、十四歳になる二人のパレスチナ難民三世の少女を主人公に、ナクバから五〇年がたってなお、パレスチナ人がパレスチナ人であるがゆえに生きることを余儀なくされている、難民的生と占領下の生という二つの苦難の生の現在を描いた秀作だ。作品のクライマックスのひとつが、レバノンで難民として生きるパレスチナ人とイスラエル占領下で生きるパレスチナ人が国境地帯で出会い、鉄条網越しに交流する場面だ。

その日、パレスチナが解放されたかのような歓喜が国境地帯にあふれる。抑えがたい歓び。太鼓の拍子に合わせて祝いのステップを踏む若者たち。子どもたちは鉄条網の彼方に、祖父から、祖母から、両親から、繰り返し語り聞かされてきた祖国《ワタン》、パレスチナを生まれて初めて目にして――私たちのワタンは、たしかにそこに実在するのだ――、瞳を輝かせる。数十年ぶりに親族と再会を果たす者たち。皺の刻まれた顔に針が食い込むのも厭わずに、鉄条網越しに固く抱きしめあう難民一世。生き別れになった親族の名を叫び続ける者。小さなからだを鉄条網のあいだに滑り込ませて、精いっぱい伸ばした手で少しでも向こうにある土を――少しでも故郷に近い土を、パレスチナの土を――掬おうとする少年……。

二〇〇二年九月のレバノンで私は、パレスチナ人に会うたびに、二〇〇〇年のこの国境地帯への訪問について訊ねた。国境地帯を訪ねたか、パレスチナを目にしてどう感じたか。訪れなかった者はいなかった。感想を訊ねると、十代、二〇代の若者たちは、パレスチナを、自分たちのワタンを、その目で直接、見ることができた歓びを素直に口にし、年長者たちが鉄条網越しに再会を果たして抱き合いながら涙している姿に感動したと屈託なく語った。だが、年長者は違った。パレスチナを目にしていかがでしたか、という私の問いかけに、難民二世の女性たちは――「ソムードの家」のシャティーラ・センター長のジャミーラさんもソーシャルワーカーのズフールさんも、ラシーディーエ・センター長のマリヤムさんもアイネルヘルウェ・センター長のバハーさんも――、一瞬、言葉を詰まらせ、やがて彼女たちが目に涙をためながら口にしたのは「悲しみ」という言葉だった。

レバノンのパレスチナ難民は、パレスチナ北部の出身者が多い。国境地帯に行けば、自分の生まれた村、両親の生まれた村が見える者たちもいる。故郷の村が、私たちのワタンがすぐそこに、目の前にあるというのに、そこに還ることができない。鉄条網のこちら側で、「難民」として生きなければならない。差別され、蔑まれ、繰り返し生起する虐殺に愛する者を失いながら……。鉄条網の向こうに現前する祖国をその目で確認することは、帰るに帰れない故郷を、祖国から引き剝がされてノーマンとして生きなければいけない自分たちの境遇を、そしてパレスチナ人であることの不条理をあらためて確認することにほかならなかった。

難民たちの国境地帯訪問は、ただ歓喜に満たされた出来事であったのではない。むしろ、それは歓喜である以上に、自分たちが難民であるという事実を、そして人間が難民であることの意味をあらためて突きつける、悲しみと痛みの出来事だった。

メイ・マスリさんの映画は難民たちのこの輻輳する思いを巧みに表現している。『夢と恐怖のはざまで』において国境訪問は二度、描かれる。最初は、モナをはじめとするシャティーラ・キャンプの子どもたちとマナールら西岸のディヘイシャ・キャンプの子どもたちの邂逅と交流を中心に、歓喜に満ちた民族再会の体験として。しかし後半、第二次インティファーダが勃発し、国境地帯が閉ざされて、国境越しの再会も叶わなくなったとき、同じ国境訪問の場面がイメージショットとして挿入されるのだが、そこでは、数十年ぶりに故郷を眼前にして、深く皺の刻まれた顔に峻厳な表情を浮かべる無言の難民一世らの顔がクローズアップされることで、彼、彼女らの言葉にしえない——言葉にするとしたらただ「悲しい」としか言いようのない——悲痛な思いが描かれているのだ。

「あの映画のなかで、国境で、鉄条網の下に潜り込んで、土を掬い取っていた少年がいたでしょう、覚えてる?」

ホダーの家を辞したあと、「ソムードの家」のラシーディーエ・センターで、センター長のマリヤムさんのお話をうかがっていたとき、彼女が訊ねた。

「あれは、ホダーの弟よ」

鉄条網のあいだから身を乗り出して、パレスチナに帰ることができないならば、せめてパレスチナの土だけでもと——それは、鉄条網のこちら側と何ら変わらぬ土であるのに——、一センチでも遠くの、一センチでも故郷に近いところの土を持ち帰ろうと、必死に腕を伸ばしていた少年、心臓に病を抱えたホダーの弟。パレスチナ人であるがゆえに、帰りたくても帰ることができない故郷。そこに帰りさえすれば、レバノンで難民として生きるこのもろもろの苦難から解放されて、人間らしく生きることができる、人間になることができる、しかし、パレスチナ人であるかぎり、帰ることはおろか、そこを訪れることすら叶わないのだ。

3　二つの世界

パレスチナを訪れたのは、ほんの四ヵ月前、二〇〇二年四月末のことだった。二年ぶりのパレスチナだった。その二年前の二〇〇〇年六月にも、地元の人権団体が開催した、占領下のパレスチナ人の人権を考える国際会議に参加するためエルサレムを訪れていた。その前、パレスチナに来たのは十年以上も昔、まだ大学院生だった一九八〇年代の半ばのことだった。

一九八六年の二月、テレビ番組のカイロ取材にアラビア語通訳として同行した私は、取材が終わり、帰国するテレビ・クルーを見送ったあと、独りカイロに残った。そして三月初め、カイロからバスで陸路、パレスチナへ向かい、一週間ほどエルサレムに滞在したのだった。パレスチナはその三年前、エジプト留学中に訪れたことがあった。そのときは、アラブ人地区である東エルサレムの、旧市街にほど近い宿に滞在したので、今回はユダヤ人地区の西エルサレムに暮らすユダヤ人夫婦の家にホームステイすることにした。六〇代だろうか、カハーナおばさんは、息子たちが独立したあとの空いた寝室を外国人観光客に提供して、生計の足しにしていた。「英会話の勉強にもなるしね」と、五〇の手習いで英語の勉強を始めたというカハーナおばさんは言った。夫婦の会話はイディシュ語で、息子たちとの会話はヘブライ語だという。

私にあてがわれたのは、ベランダ部分を薄いアルミ製の板で囲った、たたみ二畳分もない、部屋というより納戸のような空間だった。スチール製の簡易ベッドと小さな木の机が「部屋」の大部分を占領していたが、学生の貧乏旅行にはありがたかった。

冷蔵庫の一段とキッチンを自由に使ってよいのだが、西エルサレムは物価が高くて、スーパーで買った即席スープとポーション・チーズが私の食事の定番だった。カハーナおばさんが同情して、真っ赤なパプリカのスライスをくれた。今でこそ日本のスーパーでもごくふつうに売っているパプリカだが、私はこのとき生まれて初めてパプリカを知った。塩をふったパプリカは甘くて美味しくて、それからはいつもパプリカが私の食事のメイン・ディッシュになった。

夕食後は、キッチンのテーブルでお茶を飲みながら、カハーナおばさんとお喋りをした。カハーナおばさんは好奇心旺盛だった。「日本人に会ったら、ずっと昔から聞きたいと思っていたことがあるの。ゲイシャ・ガールというのはプロスティチュートなの？」

スーパーの近くにシュタインという名の小さな本屋があった。店の主人、シュタインさんは柔和な老人だった。ヘブライ語作家として初のノーベル文学賞を受賞したシュムエル・アグノンの全集を見つけて、買おうか買うまいか悩んでいると、シュタインさんは「もう少し、ヘブライ語ができるようになってからでも遅くはないんじゃないかな」と優しく言った。

「あなたはドイツから来たんでしょ？」と聞くと、一瞬、シュタインさんのからだに緊張が走ったように見えた。「どうして私がドイツから来たと思うのかい?」シュタインさんは探るように訊ねた。「だって、シュタインて、ドイツ語で「石」という意味でしょ?」と言うと、老人はどこか安堵したように、「シュタインは、まあ、日本にはいないかもしれないけれど、ヨーロッパではドイツだけじゃなくいろんな国にいるんだよ」と、先ほどと同じ穏やかさで言った。あのとき、私の何気ない一言に彼はたしかに動揺していた。それがなぜなのか、今でもずっとそのことが小さな謎として私の記憶の片隅にある。「ヘブライ語の勉強、がんばるんだよ、応援しているよ」、そう言ってシュタインさんは私を見送ってくれた。

もう通りの名前も忘れてしまったけれど、西エルサレムのその界隈の家々はどれもみな、似たような造りだった。石造りの二階建てで、どの家の屋根にもソーラーパネルがついていた。ポーランドから移住して、夫と二人、一個一個、石を積み上げて造った家だと、キッチンのテーブルでいっしょにお茶を飲みながら、カハーナおばさんは言った。でも、アラブ人に襲撃されて幾度となく破壊され、そのたびにまた、夫と一から石を積みなおしたのよ……。

いったいそれがいつの時代の出来事で、家を破壊したアラブ人というのは、いったいどのようなアラブ人のことなのか、今なら絶対に訊き募るに違いないそれらの疑問を、しかし、当時の私はいささかも不思議に思わずに聞き流していた。東エルサレムのアラブ人地区に日参する私にカハーナおばさんは何も言わなかったが、ただ、独り言のようにこう呟いたのは覚えている、「私たちはあそこへは行かない」。

西エルサレムのカハーナおばさんの家と東エルサレムのあいだを、私は毎日のように徒歩で往復した。三、四〇分はかかったと思う。あの頃、西エルサレムと東エルサレムは画然と分かれていた。西エルサレムの住宅街が終わると、何もない谷合いの道が続き、やがて、その向こうに旧市街の壁が見えてくる、そんな感じだった。春先のエルサレムはまだ肌寒く、旧市街のスークでクーフィーエ（白黒格子の大判のスカーフ）を買い求め、マフラー代わりにした。クーフィーエをまとったアラビア語のできる若い日本人の娘はどこでも歓迎された。旧市街の土産物屋に入ればお茶をふるまわれ、アラビア語であれこれおしゃべりをした（あるとき近くで銃声がして、あわてる私にパレスチナ人の店主は顔色一つ変えずに「アーディィ（ふつうのことさ）、心配ないよ」と言って会話を続けた）。

夕闇の迫る頃、旧市街の壁の外に出ると、ダマスカス門前の広場の屋台でサンドイッチを売っていた。夕食にちょっと奮発して、と羊の脳みそのマリネのサンドイッチを注文した。「あいよ」と返事して、サンドイッチを作ろうとした屋台の親父さんはふとその手を止めると、私を頭の上からジーンズの足の先まで見下ろして心配そうに訊ねた。「脳みそのマリネはしかじかの金額なのだが、本当にそれでかまわないかい？　ファラーフェル（パレスチナ名物のひよこ豆のコロッケ）のほうがいいんじゃないかい？」と。脳みそのマリネはたしか日本円にして五〇〇円くらいであったと思う。払えない額ではなかったが、見知らぬ旅行者の懐具合を気遣ってくれたおじさんの好意がありがたくて、「じゃあ、やっぱりファラーフェルのサンドイッチを……」と言うと、おじさんは、そうだろう、そうだろう、というような面持ちでファラーフェルのサンドイッチを作ってくれた。

パレスチナ人の優しさに浸り、ファラーフェルのサンドイッチをもって、クーフィーエとともにアラブの雰囲気をなおも身にまとわせながら帰途についた私は、いつしかソーラーパネルを載せた石造りの家が建ちならぶ西エルサレムの住宅街を歩いているのに気づいた瞬間、自分が恐ろしく場違いな存在であるように思われて、慌てて首からクーフィーエを解くとリュックにしまった。日の暮れた住宅街に人通りはなく、外国人観光客のクーフィーエを見咎める誰かがいたわけでもない。だが、喧騒に満ちた人間味あふれるアラブの街とは対照的な、夕闇の中に静まり返る、整然と建ち並んだヨーロッパ的な街並みに、アラブ的なものに対する拒絶を感ぜずにはおれなかった。あの数キロの道のりの谷合いのどこかに、二つの世界を分かつ目に見えぬ境界があるかのようだった。カハーナおばさんの呟き、私たちはあそこへは行かない……。あの頃、西と東のエルサレムはまったく別の世界だった。

4　プロミス

二〇〇〇年六月、十四年ぶりに訪れたエルサレムは大きく変貌していた。

一九九三年のオスロ合意によって、PLO（パレスチナ解放機構）とイスラエルが相互承認し、「土地と和平の交換」、すなわち一九六七年にイスラエルが占領したヨルダン川西岸地区とガザ地区をパレスチナに返還し、そこにパレスチナ国家を創ることに合意、西岸とガザではパレスチナ自治政府による自治が始まり、イスラエル軍は占領下の諸都市から漸次撤退するなど、世に言う「和平プロセス」が進行中だった。世界は和平を歓迎し、エルサレムや、自治政府の置かれた西岸のラーマッラーには投資が集中、新しいホテルやお洒落なレストラン、ブティックなどが次々に建設され、街は明るくきらびやかになっていた。

日曜日、旧市街を訪れると、ムスリム地区のスークは西エルサレムから買い物に訪れた大勢のユダヤ人家族でごった返していた。問題は解決した、これからは隣人だと言わんばかりに、アラブ人の店で絨毯やら何やら、ユダヤ人市民が買い物を楽しんでいた。店を去る際には「シュクラン〔ありがとう〕」と片言のアラビア語で礼まで口にしながら。十四年前には、ありえなかった光景だ。

だが、それ以上に驚いたのは、アラブ人地区であった東エルサレムの目抜き通り、サラーフッディーン通りの入り口にイスラエルの裁判所ができ、イスラエル国旗が翻っていたこと、そして、ヘブライ文字が印刷されたイスラエル製の商品が氾濫していたことだ。十四年前、東エルサレムでイスラエル国旗やヘブライ文字を目にすることはなかった。ダマスカス門周辺にたむろする銃をもったイスラエル兵士たちの姿に象徴されるように、東エルサレムはたしかに占領下の街ではあったが、しかし、紛れもないアラブの街、パレスチナの街として存在していた。だが、和平プロセス七年目、二〇〇〇年のエルサレムは、かつて二つの世界を画然と隔てていた境界が消え去り、「イスラエル」が東エルサレムを浸食していた。イスラエル製品が幅を利かせ、東エルサレムのそこここに虫食いのようにイスラエルの入植地があり、イスラエル国旗が翻っていた。西エルサレムに面する旧市街ヤーファ門のすぐ下を走る大通りに並ぶ街灯の上からは、地面にとどくほどのいとも巨大なイスラエル国旗が勝ち誇ったようにいくつも吊り下げられていた。六月のエルサレム、白い雲が浮かぶ真っ青に晴れ渡った空に、白地に青の六芒星をあしらったイスラエル国旗はおそろしくマッチしていたけれど、その美しさとは裏腹に、私は、国旗というものが体現している傲岸さと下品さに吐き気を催すような嫌悪感を覚えずにはいられなかった。

その数年後、エルサレムに暮らすユダヤ人の双子の兄弟と、占領下のベツレヘム近郊のディヘイシャ難民キャンプのパレスチナ人の子どもたちの交流を描いた、B・Z・ゴールドバーグ監督のドキュメンタリー映画『プロミス』(二〇〇一年)を観て、あのとき旧市街のすぐ傍らの通りを何十メートルにもわたって縁取っていた巨大なイスラエル国旗が、エルサレムの統一記念日を祝うためのものであったことを知った。

一九四八年の第一次中東戦争で、イスラエルはエルサレムの西半分しか占領することができなかった。聖地のある旧市街を含む東エルサレムは、ヨルダン川西岸地区とともにヨルダンに併合され、エルサレムは東西に分断された。その十九年後、一九六七年の第三次中東戦争で、イスラエルは東エルサレムおよびヨルダン川西岸地区、そしてガザ地区(さらにはエジプトのシナイ半島とシリアのゴラン高原)を軍事占領し、これによってイギリスの委任統治領であった歴史的パレスチナの全土がイスラエルの占領下におかれることになった。国連安全保障理事会はイスラエルに対し、ただちにグリーンライン(一九四九年の停戦ライン)まで撤退することを命じる決議を採択するが(国連安保理決議二四二号)、東エルサレム、西岸、ガザの占領は五〇年後の今日まで継続している。一九八〇年、イスラエルは東エルサレムを併合、東西エルサレムの統一と恒久首都化宣言をおこなう。占領の継続自体が安保理決議違反であり、それを併合し首都化することは、違法の上に違法を重ねる行為にほかならない。アメリカを除き各国大使館が依然、テルアビブに置かれているのはそのためだ。合衆国議会は一九九五年、民主党クリントン政権時代に、エルサレムをイスラエルの恒久不可分な首都と宣言、一九九九年までに大使館をテルアビブからエルサレムに移転することを定めた「エルサレム大使館法」を制定、歴代大統領はその履行を見合わせてきたが、二〇一七年、アメリカのトランプ大統領は大使館のエルサレム移転を発表、二〇一八年五月十四日、エルサレムで移転式典がおこなわれた。

エルサレム統一記念日、すなわち一九六七年六月の、第三次中東戦争における東エルサレムの占領を祝うこの日、ユダヤ系市民が国旗を振り回しながら、旧市街のなかを歌い、踊りながら練り歩く。そのようすが映画『プロミス』のなかに描かれている。歓喜に酔い痴れながら、パレスチナ人の歴史的な生活圏である旧市街の路地を傍若無人に行進していくユダヤ人の一団。その姿をアップで捉えていたカメラが徐々に後ろに引いていくと、スクリーン右手に、彼らを無言で凝視するパレスチナ人の老女の姿が現れ、やがてカメラはその顔をアップで映し出す。皺の刻まれた顔、固く結ばれた口、その厳しい眼差しと沈黙が、彼女の、そしてその地に暮らすパレスチナ人の万感の思いと、何よりも、他者の痛みを顧みない者たち――他者なき者たち――の醜悪さを雄弁に物語っていた。

5　タルザータル

二〇〇〇年六月に十四年ぶりにパレスチナを訪れた私には、人権会議に参加することに加えてもうひとつ、目的があった。長篇小説『鏡の目』(1)の作者、ラーマッラー在住の女性作家、リヤーナ・バドルさんにお会いすることだった。

エルサレム出身のリヤーナさんは一九六七年の第三次中東戦争で難民となった。戦争が勃発し、十代半ばだったリヤーナさんは家族とともにヨルダン川を渡って東岸に避難した。ほんの数日のつもりだったという。週末に親戚の家を訪ねるように、持参したのはわずかな着替えだけだった。だが、やがて橋が爆破され、エルサレムにも西岸にも戻れなくなった。三年後、「黒い九月」、すなわちヨルダン王政とPLOのあいだの内戦でヨルダンを追われレバノンへ。ベイルートで大学を卒業後、ジャーナリストとなるが、一九八二年のイスラエルによるレバノン侵攻でベイルートも追われ、以後、ダマスカス、チュニジア、アンマンと各地を転々として、一九九四年、前年のオスロ合意によって四半世紀ぶりにパレスチナに「帰還」したのだった。今は自治政府のあるラーマッラーに暮らしている。「帰還」に留保をつけざるを得ないのは、パレスチナに戻って来たとは言え、彼女の故郷はエルサレムであって、ラーマッラーではないからだ。

「私がこうしてエルサレムに来られるのは」、投宿先のエルサレムのホテルまで車で私を迎えに来てくれたリヤーナさんは、ラーマッラーに向かって車を走らせながら言った、「夫が自治政府の関係者だから。私自身にはエルサレムに住む権利も、エルサレムに自由に来る権利もないのです」

リヤーナさんの代表作、『鏡の目』(一九九一年)は、パレスチナ難民の娘、アーイシャを主人公に、一九七六年、レバノン内戦下の東ベイルートにあるタッル・エル=ザァタル(タルザータル)パレスチナ難民キャンプの半年以上にわたる攻囲との闘いと、その闘いの結末たる集団虐殺を描いたものだ。この虐殺事件によって、アラビア語で「タイムの茂れる丘」を意味する「タッル・エル=ザァタル」の名はパレスチナ人の集合的記憶に深く刻みこまれることになる。NGO「ソムードの子どもたちの家」が、この虐殺で親を失った子どもたちの孤児院として始まったのは先述したとおりだ。

レバノン内戦において、レバノンのパレスチナ難民たちもまた、主要なアクターであったことはすでに述べた。パレスチナの解放を目指すパレスチナ人の革命勢力に、フランスによるレバノン植民地支配の遺構として独立後も継続するキリスト教徒による政治経済支配の体制変革を求めるレバノンのムスリム貧困層が合流し、東ベイルートにあるタッル・エル＝ザァタル難民キャンプは、革命の一大拠点となっていた。一九七五年にレバノン内戦が勃発すると、キャンプは体制側のキリスト教徒右派民兵諸組織によって包囲され、砲撃に見舞われる。攻囲は半年に及び、医薬品も底を尽き、キャンプの住民たちはついに降伏を余儀なくされる。降伏した住民たちがキャンプから出てきた八月十二日、キャンプ出口で待ち構えていた民兵らによって虐殺は起きた。千数百名から二〇〇〇名もの住民が殺害されたのだった。小説は、生き残ったアーイシャが、キャンプの住民たちとともにトラックの荷台に詰め込まれ、ベイルートのほかのキャンプへと移送される場面で終わるが、その六年後の一九八二年、今度は、西ベイルートのサブラーとシャティーラ両難民キャンプで、同じ悲劇が繰り返されることになる——。

リヤーナさんはタッル・エル＝ザァタルの虐殺のサヴァイヴァーたちの証言を集め、自らもエグザイルを生きながら、十五年の歳月をかけ、半年に及ぶ攻囲のもと、封鎖されたキャンプのなかで住民たちがいかなる闘いを、そしていかなる生を紡いでいたのかをアラビア語の長篇小説に再構築したのだった。

アーイシャの物語は終わっていない。タッル・エル＝ザァタルで一九七六年、半年にわたる攻囲と八月の虐殺を生き延びたアーイシャは、シャティーラで一九八二年の九月を生き延びることができたのか、彼女はそこで何を目撃したのか、そして数年間にわたるキャンプ戦争を、ブルジルバラージネの攻囲を、果たして生き延びることができたのか。アーイシャのその後を私は知りたかった。

車がラーマッラーのとある広場に差しかかったとき、リヤーナさんが言った——このあいだの断食月に、この広場をひとりの女性が通りかかったの。断食月明けのお祝いに、息子にプレゼントするためにナイキのスポーツシューズを買った帰りだった。すると、あの向かいの入植地から入植者が銃で女性を撃って……。即死だった……。

リヤーナさんが指さす方向に目をやると、小高い丘の上にイスラエルの入植地があった。ラーマッラーはエリアA、完全自治区だ。自治政府の置かれた完全自治区のラーマッラーでさえ、パレスチナ人の土地が掘り崩され、入植地が次々と建設され、銃で武装した入植者によってパレスチナ人の命が奪われていた。

オスロ合意以降、占領地における イスラエルの入植地の数は加速度的に増加し、一九九三年から第二次インティファーダが始まる二〇〇〇年までのわずか七年で、入植地はそれ以前に——一九六七年の占領開始から一九九三年までの二六年間に——建設された数の一・五倍に達していた。これが、世界が言祝いだ「和平プロセス」なるものの実態だった。瀟洒なレストランやブティックなどきらびやかな表層の陰で、パレスチナ人の土地はかつてないほどのスピードで簒奪され、イスラエルの巨大入植地が次々と建設されていた。そして、入植地とイスラエルの主要都市を、また入植地同士を結ぶ入植者専用の高速道路の建設によって、パレスチナ人の土地はバラバラに寸断されていた。「自治区」なるものが大嘘であるように、「和平プロセス」も大嘘だった。占領下のパレスチナ人にとって和平プロセスの七年間とは、すくいとった砂が指の間から絶え間なくこぼれ落ちるように、日々、独立の夢が遠のいていく絶望のプロセスにほかならなかった。

文化省の芸術部門の責任者を務めるリヤーナさんに案内されて、自治政府の文化省を訪問した。文化省は、リヤーナさんの自宅からほど近いラーマッラーの高台にある近代的な高層のビルだった。リヤーナさんのオフィスでお茶を淹れていただき、文化省のプロジェクトとして、パレスチナ各地の伝統刺繍や子どもたちの絵画を収集していること、リヤーナさんが監督して、パレスチナ人女性詩人ファドワー・トゥカーンのドキュメンタリー映画を制作したことなどをうかがっていたとき、ふと窓辺に行ったリヤーナさんが、「マリ、ちょっとここに来て」と私を呼んだ。行ってみると、リヤーナさんが窓の向かいの丘陵を指さして言った、「これがパレスチナの現実よ」。見ると、イスラエルのブルドーザーが巨大なショベルで丘を抉りとっていた。パレスチナ人の農家が手塩にかけて育てたオリーブの樹々を根こそぎにしながら。完全自治区で、自治政府関連のビルの真正面で、パレスチナ人の土地が、今、まさに強奪されているところだった。

『鏡の目』の続きを書かないのですか、という私の質問にリヤーナさんは言った。

「タッル・エル＝ザァタルの悲劇を書いた者として、私にはアーイシャのその後について書く責任があると思っています。でも、ここにいると、目の前で現在進行形で起きている占領の暴力があまりにも重たくて、過去の出来事に向き合うことができないのです」

第二次インティファーダが勃発するのは、その四カ月後のことである。

6　アクサー・インティファーダ

二〇〇〇年九月末、シャロン・リクード党党首（当時）によるアル＝ハラム・アル＝シャリーフ（エルサレム旧市街にあるイスラームの聖域。アル＝アクサー・モスクと岩のドームがある。ユダヤ教では「神殿の丘」と呼ばれる）の強硬訪問を引き金に、占領下のパレスチナ民衆の絶望が一挙に爆発する。第二次インティファーダ（あるいはアクサー・インティファーダ）の勃発だ。オスロ合意以後、漸次撤退していたイスラエル軍が占領地に再侵攻し、西岸、ガザではイスラエル軍の攻撃により、毎日、パレスチナ人が殺されて、その数はひと月もたたぬうちに一〇〇名を超えた。

あれから十七年もの歳月がたつ。その間、ガザでは二〇〇八年暮れから二〇一四年夏までのわずか五年半のあいだに三度の戦争があった。最初の戦争では三週間で一四〇〇名以上が亡くなり、二度目の戦争では八日間で一四〇人、そして三年前の戦争では五一日間でゆうに二二〇〇名以上のパレスチナ人が亡くなった。繰り返されるたびに桁違いにスケールアップしてゆく殺戮と破壊。それにともない、私たちの感覚までもいつの間にか鈍麻して、「一カ月足らずで一〇〇名を超える死者」と聞いても、のどかにすら感じてしまう自分がいる。だが、あの当時は、毎日、ガザで、あるいは西岸のどこかで誰かが殺されて、毎朝、パソコンのメール受信フォルダを開くたびに、占領下の西岸から、ガザから、占領軍の攻撃にさらされている人々の悲鳴が聞こえてくるかのようだった。

インティファーダ勃発から間もない二〇〇〇年九月の末、ガザの交差点で、父親と買い物帰りの十歳になるムハンマド・ドゥッラ少年が銃撃戦に巻き込まれ、息子を助けようとする父親の懇願空しく、ムハンマド少年はイスラエル兵の銃撃によって父親の腕の中で射殺された。その衝撃的な映像が世界中を駆けめぐり、イスラエルは世界的な非難を浴びた。だが、当初は占領下の殺戮を伝えていたマスメディアも、それがいつしかこの地の日常と化してしまうとさしたる関心を払わなくなり、やがてパレスチナは報道されなくなった。そして、インティファーダの勃発から一年近くが過ぎた二〇〇一年九月十一日、アメリカで同時多発テロ事件が起きる。

「世界は我々の側につくのか、テロリストの側につくのか」、アメリカのブッシュ大統領が世界に迫ると、国内にチェチェン、ウイグルなど分離独立を目指すイスラーム系の民族を抱えるロシアや中国、そして日本も、アメリカの掲げる「対テロ戦争」に賛同、そして十月八日、アル＝カーイダの首領、ウサーマ・ビン＝ラーディンを国内に匿うターリバーン政権下のアフガニスタンに対する空爆が始まった。それは、イスラエルがこれまで国際社会に批判されながらパレスチナに対しておこなっていた過剰報復の論理をグローバルスケールに拡大して実践したものだった。それが今や「対テロ戦争」として国際社会のお墨付きを得たことで、イスラエルによるパレスチナ侵攻は一気にエスカレートしてゆく。パレスチナ側の抵抗も熾烈を極め、さまざまな武装勢力が競い合うように西岸からイスラエル領内に侵入し、市街地でイスラエル市民を巻き込んで自爆攻撃や自殺攻撃を繰り広げることになる。

かくして二〇〇一年の秋以降、アメリカの「対テロ戦争」を追い風に、イスラエルは西岸、ガザへの侵攻を激化させ、翌二〇〇二年の三月、四月、イスラエルの攻撃もパレスチナ人の抵抗も頂点に達していた。主要都市には何週間にも及ぶ外出禁止令が敷かれ、ベツレヘムではイスラエル軍が攻囲する聖誕教会に、パレスチナ人戦闘員三九名が、彼らと連帯する司祭や市民ら二〇〇名とともに立て籠もり、また、武装抵抗の拠点であった西岸北部のジェニーン難民キャンプは、イスラエル軍が侵攻、戦闘員の若者たちとのあいだで戦闘となった。

「行かなければ……」。あのとき、どうしてそう思ったのか分からない。しかし、説明のつかない衝動に突き動かされて、四月末、ゴールデンウィークで大学が休みに入るや、私はパレスチナへ向かった。

7　ベツレヘム

二〇〇二年四月末、私はイスラエル再占領下のヨルダン川西岸地区にいた。

前回、パレスチナを訪れたのは二〇〇〇年の六月、つい一昨年のことだ。だが、パレスチナは激変していた。二年前、週末には西エルサレムからユダヤ系市民が大挙して押し寄せて賑わっていたエルサレム旧市街の市場は、今、すべて店を閉じ、いつもは世界中からやって来た巡礼客でひしめくヴィア・ドロローサ（嘆きの道。イエスが十字架を背負って歩いたとされる道）にも人影はない。二年前のあの賑わいが嘘のように、季節外れのそぼ降る雨もあいまって旧市街は寒々としていた。

翌日、ベツレヘムを訪ねる。ベツレヘムの街には、重度の外出禁止令が敷かれていた。外出禁止はすでに何週間にも及び、人々は自らの家で囚人と化していた。外出禁止令下のベツレヘムでは、動くもの、外にいるものは猫でも撃たれたという。花に水を遣るためにバルコニーに出て射殺された者もいる。街の入り口手前でタクシーを降ろされ（パレスチナ人の運転手は、外出禁止令下の街に入れば即射殺されるからだ）、徒歩で街中にあるスターホテルを目指す。その朝、街を案内してくれるパレスチナ人の青年たちとそこで落ち合うことになっていた。通りには人っ子一人、猫一匹いない。物音もしない。空気すらそよとも動かない。四月の穏やかに晴れ渡った朝とは不釣り合いな、そこだけ時間が止まってしまったような、あるいは、世界が死に絶えてしまったあとのような不気味さ。だが、周囲の建物の屋上のどこかに、密かに銃を構え、照準器を通して私たちを視認している狙撃手がいるのだ。「外国人は撃たれない」と言われていたが、気持ちの良いものではない。

待ち合わせ場所のスターホテルもイスラエル軍が占拠していた。ロビーのソファに腰かけて、案内役のアウニーとムハンマドとしばしアラビア語で談笑する。ロビーの奥では、兵役に就いている若者たちだろう、カーキ色の軍服に身を包んだ若いイスラエル兵の一団がたむろしている。アウニーは何がそんなに楽しいのかと呆れるくらい、とにかくやたらジョークを連発してはムハンマドと二人で笑い転げている。それは、彼らにできる精いっぱいの抵抗であったのかもしれない。このような状況下でさえ自分たちは、人生を楽しむことができるのだと、言い換えれば、いかなる暴力をもってしても、自分たちから生を享受する力を奪い去ることはできないのだと、同世代のイスラエル兵たちに二人は伝えようとしていたのではないか。

アウニーもムハンマドも、外出禁止令下のベツレヘムを取材に来る海外のジャーナリストらを案内するボランティアをしていた。いざホテルを出発となったとき、起ちあがった二人は持参した防弾チョッキに身を包んだ。「きみたちは顔を見れば、外国人だと分かるからいいけど、ぼくらはこれがないと撃ち殺されちゃうからね」、ムハンマドが説明する。防弾チョッキの背中には、太い黄色のビニールテープが「TV」という文字の形に貼られていた。海外メディア全般の取材クルーの一員であることをイスラエルのスナイパーに伝えるメッセージだ。海外のジャーナリストを案内することで、青年たちは束の間の外出が可能となり、街を歩き、外の空気を吸うことができる。他の者たちには許されない特権だ。同時に、そうでなければ自宅に閉じ込められているしかないところ、外国人記者がイスラエル軍侵攻下で蹂躙されるパレスチナ人の人権状況をパレスチナの外の世界に伝えるという仕事を援け（実際、彼らのサポートなくして取材は不可能だ）、再占領という暴力に、パレスチナ人として主体的に関わることができるし、同胞のために自らを役立てることができる。青年たちにとっては幾重にも重要な任務でもあった——たとえ命の危険を冒すものだとしても。

ホテルのロビーで歓談していたときのことだ。私のアラビア語に耳ざとくモロッコ・アクセントを聞きとったアウニーが、「マグレブにいたことがあるの?」と訊ねた。以前、三年ほど住んでいたことがあると答えると、「モロッコか、いいなぁ、さぞかし美しいところなんだろうね」と言う。アウニーのそのことばを耳にするや反射的に、「フィラスティーン・アフラー（パレスチナのほうが美しいよ）」という言葉が口をついて出た。それは、「シュクラン（ありがとう）」と言われれば「アフワン（どういたしまして）」と応えるように、ああ言われればこう応えるというアラビア語の会話における定型句のようなもので、アラブ人との長年のやりとりのなかで自然に身についてしまった脊髄反射的応答だった。そのときだった。それまでにこやかに冗談に興じていたアウニーがにわかに気色ばんで、低い声で言ったのだ、「ヘルウ・フィラスティーン? パレスチナが美しいだって? こんな、日々、暴力と流血にまみれた土地の、どこが美しいっていうんだ?」

私は言葉を失った。

「このあいだも取材中、友人がイスラエル兵に射殺された。その遺体の傍らで、ぼくはカメラを回せばいいのか、泣き叫べばいいのか分からなかったよ」。アウニーは続けた。「ここには抑圧と暴力しかない。ぼくたちは自由を求めて闘っている。平和を求めて闘っている。だけど、ぼくたちはこの占領のもとで生まれ育って、暴力しか知らないんだ。きみは日本から来たんだろ、日本は平和なんだろ、きみたちは自由なんだろ。じゃあ、教えてくれないか、自由とはどういうものか、平和とはどういうものか」

私に何と答えることができただろう。

8 ジェニーン、ジェニーン

その翌日、朝早くエルサレムを発った私たちは、清々しく広がる四月の青空の下をセルヴィス（都市間を走る長距離タクシー）で西岸北部の街、ジェニーンを目指した。イスラエル軍がジェニーン難民キャンプから撤退したのは、そのほんの数日前のことだった。途中、いくつもイスラエル軍の検問所があり、その都度、パスポートの提示を求められた。検問にあたっているのは、兵役についている十八、九の若者たちだ。時に片言の英語もおぼつかない者もいる。兵士の一人がパスポートをチェックしているあいだ、もう一人が窓の向こうからM16の銃口を私たちに向けて身構えている。

ジェニーンの街の外れに着いたのは九時ごろだった。空は気持ちよく晴れ渡っている。タクシーを降り、難民キャンプを目指して歩く。道の両脇一面に畑が広がる。一軒の家の前で遊んでいたよちよち歩きの幼い男の子に名前を訊ねる。「サイフッディーン（信仰の剣）」、傍らにいた若い父親が答える。

難民キャンプに入って最初に目に飛び込んできたのは、ある店の軒先に貼られた幼い少女の亡骸のポスターだった。イスラエルのミサイルに殺された少女の写真の傍らに「シオニストの犯罪」とアラビア語で印刷されていた。

パレスチナ救急医療協会（PMRS）の事務所を訪ねると、赤い新月と十字が組み合わさったPM

RSのロゴマークのついたゼッケンを身に着けた二人の青年に出会った。PMRSのボランティアとしてキャンプで救助活動にあたっているジェニーンの街の青年だった。キャンプを取材したいと告げると、「分かった、ぼくたちに任せてくれ」と案内を買って出てくれた。

その二人、サーミーとアハメドに案内されて、三、四階建ての灰色の建物がひしめくキャンプの狭い路地を中心部へと向かう。進むほどに、建ち並ぶ家々は侵攻の傷痕を深めていく。すれ違いざまにひとりの男性が、「あそこを見ろ」と言って上のほうを指さす。見上げると二階のバルコニー部分に、自転車のようなものが展示するように置かれていた。「虐殺の証拠だ」と男性が言った。目を凝らしてよく見ると、ぺしゃんこになっていたために自転車のように見えたそれは車椅子だった。脳性麻痺の息子がまだ屋内にいるのだと、青年の両親は迫りくるイスラエル軍のブルドーザーに訴えたが、ブルドーザーは情け容赦なく車椅子の息子もろとも家を瓦礫にしたのだという。

半壊の家々が全壊の建物に代わり、そして突然、視界が開ける。それまで灰色だった世界に四月の陽光が眩しく降り注ぎ、青空が広がる。キャンプ中央部、三階建て、四階建ての住居が隙間なく建ち並んでいたはずのそこは、ブルドーザーによって徹底的に破壊され、二〇〇メートル四方にわたって瓦礫の山、いや、土砂の海と化していた。ブルドーザーの操縦士は、連中にサッカー場を造ってやったのさ、と嘯いた。家族とともに、日々、営々と積み重ねてきた暮らし、人生のすべてが、瓦礫の堆積と化していた。天災か、人為的な破壊かの違いはあるけれど、そこで起きたのは、二〇一一年三月十一日、東日本大震災で巨大津波の被災者の人々が見舞われたのと同じ出来事だ。土砂の中からマットレスや家財道具を掘り返して、運んでいる人々がいる。

十五年がたった今も鮮明に思い出すのは、土砂の海の上に広がる四月の青い空だ。その、あまりの場違いさのゆえに。地上でこんな破壊が、こんな暴力が生起しているのに、なぜ、空はこんなにも晴れ渡り、こんなにも美しいのか。それは、出来事の不条理そのものの象徴のように思われた。

少し高台になっている土砂の海のほとりで、日除け代わりに張った毛布の下に三人の男性が虚空を見つめて無言で座っていた。ビラール・ダマジュさんとその弟たちだった。「ここに私たちの三階建ての家があったんだよ」、ビラールさんが前方を指さして言った。何もないその空間を見下ろすと、土砂の海の底に金属製のおたまが一つ、転がっているのが見えた。

ビラールさんによれば、キャンプに侵攻したイスラエル軍は化学兵器も使ったという。ビラールさん自身が呼吸困難に陥り、痙攣して昏倒した。また、自爆攻撃を警戒するイスラエル兵は、キャンプの男性たちにダイナマイト・ベルトを腹に巻いていないか確かめるために、上着をまくりあげるよう命じるが、腰痛用のコルセットをしていた男性が、それをダイナマイト・ベルトと誤解され、その場で射殺されたとも語った。聾者の男性が、イスラエル兵の「止まれ」という声が聞こえずに歩き続けて、射殺されたというケースもある。

七〇歳になるビラールさんのお父さんは、かつてハイファで仕事をしていたが、二〇歳の頃、ナクバで故郷を追われ、無一文の難民となって西岸にやって来た。そして、半世紀を経て、今また、彼はすべてを奪われてしまった。

ビラールさんの三階建ての家……。故郷を追われ、難民となってジェニーンに流れついた若者が、結婚し、キャンプに家を建て、子をなし、やがて長男が結婚すれば屋上に長男夫婦の部屋を建て増し、次男が結婚すれば同様に三階部分を建て増して、孫たちも生まれ……。難民二世としてキャンプで生を受けたビラールさんも自分が生まれ育ったその家で、結婚し、所帯をもち、家具をひとつ、またひとつと買い揃えていただろう、夫婦の寝台、リビングのソファ、ダイニングテーブル、カップボード……。そこには半世紀にわたる家族の歴史や思い出が刻まれると同時に、未来の夢もまた育まれていたはずだ。家とは、ただ雨露しのぐだけの箱ではない。とりわけ祖国を奪われ、故郷をもたない難民たちにとっては。難民キャンプとそこにある家こそ、彼らのホームだった。そのホームがいま、キャンプもろとも土砂の海となってしまった。

ビラールさんと話をしていると、彼の末の弟がやって来た。みなの小腹を満たすためだろう、小さなビスケットの包みを手にしている。予想外の客人がいるのに気づいた彼は、一瞬の躊躇もなく持っていたビスケットを私たちに勧めた。私たちは固辞した。受け取れるはずがない。だが、同胞であるサーミーとアハメドの固辞は聞き入れられたものの、異国から来た客人たちの遠慮は聞き入れられず、私たちはありがたくビスケットを一枚ずつ頂戴することになった。「お茶も出せず申し訳ない」、ビラールさんが言う。

別れ際、ビラールさんが言った、私はもう何も怖くない。失うものなど、もはや何もないのだから、と。そして最後にこうつけ加えた、こんな状況ではなく、あなたたちに出会いたかった、と。

9　それでも人生は続く

土砂の海のほとり、半壊になった家々のあいだを歩いていると突然、石鹸の香りが鼻孔を刺激した。

角を曲がると、洗ったばかりの洗濯物が軒先に所狭しと干してあった。昼餉の準備をしているのだろう、どこからか美味しそうな匂いも漂ってくる。家を破壊されようと、家族を殺されようと、男たちが瓦礫の傍らで茫然自失しているときにも女たちは、いま、生きている子どもたちのために、家族のために、食事をつくり洗濯をしていた。何があろうと、"The life is going on" それでも人生は続いていくのだから……。それでも続いていくその生は、例外状況のなかで《日常》を生きる女たちによって支えられていた。ずっとそうだったにちがいない、ナクバからずっと。

キャンプの外れに、簡易テントが何列にもわたって並んでいた。イスラエル軍の撤退後ただちに、国連が搬入したものだった。家を破壊された人々がここで生活していた。そのときだった。「アッラーホ・アクバル（神は偉大なり）！　アッラーホ・アクバル！」と叫ぶ少年たちの野太い声がした。振り返ると、十二、三歳の少年たち六、七人が、イスラエル軍が打ち捨てていった担架だろうか、そこに仲間の一人を載せ、肩に担いで、大声で神の名を唱えながら行進している。「葬式ごっこ」だ。少年たちは突然、担いでいた担架を地面に乱暴に叩き落として、痛がる担架の上の友人の姿を見て大笑いしている。その笑い声は暴力的で、殺伐としていた。

子どもたちはこの間、死の直接的な恐怖にさらされていた。目の前で人が殺されるのを目撃した者もいるだろう。そして誰もが、白布や旗にくるまれて担架に載せられた亡骸が、男たちに担がれて「アッラーホ・アクバル」の掛け声とともに墓地へ運ばれてゆくのを幾度となく目にしたに違いない。少年たちの「葬式ごっこ」はその光景の再現だった。「死」を軽んじ、「死」を弄ぶ。そうすることで、死に対する恐怖を否定するのだ。滲み出る暴力性は、少年たちの抑圧された恐怖の大きさを物語っている。

そんな殺伐とした少年たちの傷を垣間見たこともあり、サーミーたちに案内されて訪れた国連パレスチナ難民救済事業機関（UNRWA）が運営する学校の校庭で、小学生の子らが屈託なくサッカーに興じているのを目にしたときは、ほっとした。校庭の隅で子どもたちのサッカーを眺めていると、一人の男の子がファラーフェルのサンドイッチを買ってきて、私たちに一枚ずつくれた。サーミーが小銭をやって、私たちのために買いに行かせたのだ。

ちょうどこの日、イスラエル軍の侵攻で閉鎖されていた学校が再開した。水色の制服に身を包んだ幼い少女たちが級友との再会を喜び合いながら、賑やかに登校していた。サーミーに気づいた少女たちが歓声をあげ、彼に手を振る。「人気者ね」と言うと、「ぼくは子どもたちのアイドルだからね」と言う。聞けば、数日前、ジェニーンの街の青年団の仲間とともに学校を訪れたのだそうだ。

「今、この子たちに必要なのは何よりも「笑い」だと思ってね。子どもたちのために芝居をやったんだよ」。

「どんなお芝居？」

「たとえばドナルドダックとか」、そう言ってサーミーは「グワッグワッグワッ」とアヒルの鳴きまねをしてみせた。

三時近くになり、そろそろエルサレムへ戻らねばならない時刻だった。ところがアハメドが「君たちはまだお昼も食べていないじゃないか。昼ご飯も食べずに帰すわけにはいかないよ」と言う。ここでもまた、異国の客人たちの遠慮は聞き入れられず、私たちはアハメドの家に呼ばれ、彼のお母さんや妹といっしょにお昼ご飯をいただくことになった。急に押しかけた三人の外国人を、お母さんも妹も温かく歓迎してくれて、ほんとうは自分たち家族のために準備したお昼ご飯であろうに、私たちにふるまってくれて、帰り際には手土産まで持たせ、セルヴィス乗り場まで見送ってくれた。

その日の夕方、西エルサレムにあるイスラエルの首相官邸前の交差点で、イスラエルの侵攻に反対する市民による抗議デモがあり、私も参加した。傍らに立っていた長身の青年に話しかけると、スペイン人だという。青年はスペインの人形劇団の一員で、イスラエルで開催中の人形劇フェスティバルに参加するためにやって来たのだが、現地に来て、占領下で進行中の事態を知り、これはのんきに人形劇などやっている場合ではないと、一人、劇団を抜けてエルサレムに来たのだった。

この地のあちら側——占領下——では、幼い子どもがミサイルで殺され、脳性麻痺の息子が瓦礫の中に生き埋めにされ、何百もの家族が家を破壊され、半世紀をかけて築いてきた人生の一切合切が土砂と鉄筋のごみの山にされている。その同じ土地のこちら側では、あたかもそんな現実など存在しないかのように、あるいは存在したとしても自分たちには微塵も関係ないかのように、世界の人形劇フェスティバルが開催されている。たしかに、人形劇などやっている場合ではない。でも、と私は思う——サーミーのことばを思い出して——、こんな時だからこそ、ジェニーン難民キャンプのあの子たちは、世界の誰よりも今、自分たちのために人形劇をしてくれる人を必要としているのではないか、と。

10　グリーン・バード

ジェニーン訪問の翌日、自治政府の置かれているラーマッラーにリヤーナ・バドルさんを訪ねた。市街地を占領していたイスラエル軍は数日前に撤退していたが、大統領府《モカータア》は依然、イスラエル軍に攻囲され、アラファト大統領の監禁は続いていた。リヤーナさんが勤める文化省のビルはイスラエル軍に占拠され、大統領府をはじめ自治政府関連の建物が集まる地区に通じる道はすべてバリケードで封鎖されていた。封鎖に使われたのは、邸宅の庭を飾っていた樹齢何百年という立派な杉の木や、路上に駐車してあった自動車だった。戦車やブルドーザーで押し潰された自動車が何台も積み上げられて、あちこちに道路封鎖用の壁を築いていた。イスラエル軍撤退後の街には、無残に切り倒された何十本もの歴史ある杉の木や、破壊された何百台もの自動車の残骸が残され、傍若無人に走った戦車の爪痕が通りに刻まれていた。

二年ぶりにお会いするリヤーナさんは映像作家となっていた。「人はつねに小説家でいられるとは限りません。ジャーナリストにならざるを得ないこともあるのです」、そう言いながらリヤーナさんは、自身が監督した映画のヴィデオを私にくれた。イスラエル侵攻下の子どもたちの姿を描いた『グリーン・バード』というドキュメンタリーだった。外出禁止令が敷かれた街で、子どもたちが家の窓から凧を揚げるシーンと並んで、ある幼い少女のことばが深く記憶に残っている。侵攻したイスラエル占領軍のなかに女性兵士の姿を見つけた少女は驚いて母親に訊くのだ、「イスラエルに赤ちゃんはいないの？」と。

帰国後ほどなくして、リヤーナさんから短い電子メールが届いた。メールは挨拶のことばもなくいきなり、「文化省のビルを占拠していたイスラエル軍が撤退し、今日、私たちはオフィスに行きました」、という一文で始まっていた。あとに続いていたのは、オフィスの変わり果てたありさまだった――「どこもかしこも糞尿まみれです」。

リヤーナさんがあまりの衝撃ゆえに、それ以上、ことばにすることができなかった文化省の惨状については、イスラエルの「ハアレツ」紙の記者、アミラ・ハスが詳細に報告している。コンピュータは叩き壊され、壁には絵の具が塗りたくられ、ダビデの星がいたる所に落書きされ、そして、撤退する前にイスラエルの兵士らはオフィスのありとあらゆる所に――クローゼットやキャビネットの引き出しのなかにいたるまで――糞尿をまき散らしていったのだった。ハスはその記事を怒りに満ちた、次のような文章で結んでいる。「パレスチナ文化省はいま、その建物を、そっくりそのまま残そうかと考えている。記念物として(2)」

パレスチナの伝統文化を保存するために、各地から集められた伝統刺繡のコレクションはどうなってしまったのだろう。子どもたちの絵は……。想像することさえ辛かった。

11　ヘルウ・フィラスティーン?

レバノンを訪れたのは、それから四カ月半後のことだった。

九月の昼下がり、地中海の波が浜にのどかに打ち寄せる音が聞こえるラシーディーエ難民キャンプ。セージの香るお茶を飲みながら、パレスチナに行ったことがある、と語った私に、ホダーとイブティサームさんが目を輝かせながら「ヘルウ・フィラスティーン?」と訊ねたとき――難民である彼女たちにとって「フィラスティーン」とは一九四八年に占領された地域を意味するのだとしても――、まっさきに脳裏に浮かんだのは、四月のジェニーンの土砂の海と化したキャンプの光景、糞尿にまみれた文化省、そして何にも増して、外出禁止令下のベツレヘム、スターホテルのロビーでアウニーが私に向って放ったあの一言だった。あのとき、アウニーの問いかけに返すべき言葉がなかったように、ここでもまた私は、ホダーとイブティサームさんの問いかけに絶句せざるをえなかった。

ヘルウ・フィラスティーン？　あれから十五年以上の歳月がたった今もなお、アウニーのその言葉は鋭い刃となって私の心に突き刺さったままだ。

ヘルウ・フィラスティーン？　同時に、ホダーとイブティサームさんが口を揃えてそう訊ねたときの、ふたりのあの輝いた顔も忘れることができないでいる。

註

（1）　Liyāna Badr, *'Ain al-Mir'a*, dār sharqiyyāt, 1991.

（2）　アミラ・ハス『パレスチナから報告します　占領地の住民となって』くぼたのぞみ訳、筑摩書房、二〇〇五年、二一九頁

第十章　パレスチナ人を生きる

人間とはその一人ひとりが、ひとつの大義である。
——ガッサーン・カナファーニー

1　生まれついてか、選びとってか

ガッサーン・カナファーニーが一九七〇年に上梓した、小説『ハイファに戻って』（完成した作品としては、これが彼の遺作となった）は、主人公の口を借りて明示的に発せられる、人間にとって「祖国とは何か」という問いと並んでもう一つ、作品のプロットから浮かび上がる問いがある。人が「パレスチナ人であるとはどういうことか」という問いだ。

人がこの世界で何者であるかは、決して自明なことではない。パレスチナ人の親から生まれればパレスチナ人なのか。そうではない、と物語は言う。自分が何者であるかは「生まれ」、つまり血縁関係によって定められるのではなく、人間一個一個が、彼あるいは彼女自身の固有の生を通して自ら選びとるものだと。一九六〇年代後半から八〇年代にかけて、パレスチナをその目で見たことも訪れたこともない難民二世の若者たちが、解放戦士《フェダーイーン》として「祖国」の解放を求める闘いに続々と参与したのは、彼らがパレスチナ人に生まれたからだけではない。その難民的生の経験を通して、彼らは人生のいずれかの時点で、自身の生をパレスチナ人として生きることを自らの意志で選びとったのだ。それはパレスチナ人に生まれた者だけに限らない。それ以外の者たちもまた、あの時代、その生の政治的実践において、「パレスチナ人」であろうとした。

エドワード・サイードはエッセイ「生まれついてか、選びとってか」（一九九九年）において、この自ら選びとったアイデンティティについて以下のように論じている。

自ら選びとったアイデンティティとは、パレスチナ人であるということに政治的に関わっていくことである。すなわち、単に独自の国家を建設することだけでなく、不正に終止符を打ち、パレスチナ人を、現代史のなかに位置づけうるような、新たな非宗教的アイデンティティへと解放するという、より意義深い理念（cause）に積極的に関わることである。(1)（強調引用者）

私がパレスチナ問題に出会ったのは、パレスチナ問題がまさにそのようなものとしてあった時代だった。「パレスチナ問題」とは、「パレスチナ人であること」を自らの意志で選びとった者たちが体現しようとしていた「パレスチナ問題」とは、狭隘なナショナリズムを超えた、普遍的かつ全的な人間解放のための政治的実践だったことをよく覚えている。だからこそそれは、パレスチナのみの運動にとどまらず、同じエッセイでサイードが続けて書くように、七〇年代、八〇年代を通して、南アフリカをはじめ世界各地で展開されていた、抑圧からの解放を求めるいくつもの闘いの最前線をなし、同時に、宗教的な反啓蒙主義や性差別、経済的不平等といった、人間を抑圧するもろもろの力に抗する運動とつながっていたのだ。

『ハイファに戻って』とは、同胞のパレスチナ人に対し、「パレスチナ人であること」とは何かを、このような思想的地平で開示した作品である。カナファーニーはこれを「人間とはその一人ひとりがひとつの大義（a cause / qaḍiyya）なのだ」ということばで表現している。その二年後、カナファーニーは暗殺された。

ナクバから二〇年を経るなかでパレスチナ人が到達したこのひとつの思想的地平、同時代に世界各地で闘われたさまざまな解放運動の最前線を形成したこの普遍的理念（cause）への政治的コミットメントを意味する「パレスチナ人であること」。サイードが「拡張されたアイデンティティ」と呼んだそれが、一九八七年に始まる第一次インティファーダを支えることになる。

2　石の革命

西岸とガザの占領から二〇年がたった一九八七年十二月、それは始まった。インティファーダ――。イスラエル占領下のパレスチナの民衆による、占領に抗する一斉蜂起だ。抵抗の前線を担ったのは少年たちだった。彼らは、イスラエルの巨大な戦車や銃を構え重武装した兵士たちに石で対峙し、世界に大きな衝撃を与えた。それは「石の革命」だった。イスラエル軍は、少年たちの投石に実弾で応酬、これが国際社会の非難を浴びると、当時、国防大臣で、のちに首相となるイツハク・ラビン(2)が「では骨を折れ」と命じたのは有名な話だ。

インティファーダのさなか、占領下の子どもたちは暴力の嵐のなかにいた。逮捕され収監された者もいれば、家を破壊された者もいる。学校は二年間にわたり閉鎖された。このとき、イスラエルのユダヤ人の活動家、アルナ・メル＝ハミースは、イスラエルによる占領の暴力のただなかにある子どもたちをケアするため、西岸の街、ジェニーンに赴いた。

3　アルナ・メル＝ハミース

正義を、ただ正義だけを追い求めなさい
——申命記　第十六章二〇節

アルナは、ジェニーンの子どもからも大人からも慕われた。ユダヤ人でコミュニストで（ということは無神論者で）、アナキストであったにもかかわらず、ジェニーンという保守的な風土の土地で、アルナはパレスチナ人ムスリムの信頼を勝ち得、みなに愛されたのだった。

一九二九年、イギリス委任統治下のパレスチナで、アルナはレバノン国境にほど近い、ガリラヤ地方の入植地、ロシュ・ピナ（一八八三年に造られた、パレスチナでもっとも古いユダヤ人入植地のひとつ）に生まれた。一九四八年の「独立戦争」では、十九歳のアルナはユダヤ正規軍ハガナーの精鋭部隊パルマッハの一員として、自らジープを運転し闘った。誰も自分を止めることはできない、それは爽快な経験だったと、アルナはのちに、息子ジュリアーノが監督した彼女のドキュメンタリー映画『アルナの子どもたち』（二〇〇四年）のなかで回想している。この時期のアルナにとって、シオニズムは空気のように自明なものであったのだろう。

イスラエル建国後、アルナはイスラエル共産党に入党する。イスラエル共産党はシオニズムを支持せず、パレスチナ人の民族自決を掲げており、イスラエルのユダヤ人コミュニストとアラブ人(パレスチナ人)コミュニストがともに参画していた。アルナはそこで書記を務めるパレスチナ人キリスト教徒、サリバ・ハミースと出会い、結婚、アルナ・メル＝ハミースとなる。

パルマッハの一員として生の高揚感を覚えながら「独立戦争」に参画していたアルナが、イスラエル共産党に入る背景には、彼女の祖国がその「独立」においてパレスチナ人に対して行使した暴力に対する痛切な自覚があった。生まれ育ったロシュ・ピナの近くにあったパレスチナ人の村、ジャオニについて、アルナは次のように語っている。

ガリレア北部の、ガリレア湖とレバノン国境のあいだの、緑の丘陵地帯と岩山の上にその村はありました。英国の委任統治時代のことです。一九四八年以降、ユダヤ人のロシュ・ピナは成長し発展していきました。一方、ジャオニ村は地上から跡形もなく消し去られてしまいました。そして、村の住民たちは、私たちが「パレスチナ難民」と呼ぶものになってしまったのです。

自分たちのホームランドから四散し、難民キャンプに閉じ込められ、生活の源であり、すべての文化の基盤でもある土地さえも、純然たる強盗行為と強制追放によって他人の手に渡ってしまいました。このことが私の魂の深い傷となっています。私の半分は無傷のまま、もう片方はこうした現実を耐え難い痛みとして抱えています。この土地にレイシズムと苦しみ、数々の戦争、死、そして痛みの種が蒔かれたのです。(3)

一九八七年、インティファーダが勃発すると、アルナはジェニーンで、占領の暴力にさらされている子どもたちをケアする活動を開始する。(4)

一民族全体が人権を奪われて、私たちの眼前にいます。子どもたちは恐怖や脅迫、攻撃にさらされ、兵士と石と銃のイメージに囲まれて成長します。彼らが苦痛を訴える叫びは、法や命令や安全や発展をがなり立てる拡声器の声にかき消されます。私は自らの過去の重荷を抱えながら、これらの子どもたちとともに抵抗するようになりました。〔…〕難民キャンプは四五年前に造られましたが、キャンプで生まれた子どもたちも、その子どもたちも、今日に至るまでイスラエルの占領に直面しているのです。

血を流しておらずとも、子どもたちは深く傷ついています。魂も気力も傷ついているのです。つつがなく成長することはできません。殴られショックを受けています。親や兄弟が兵士に辱められる姿も目にしています。学校や幼稚園が閉鎖され、学ぶ機会も奪われています。この子たちが知っているユダヤ人、イスラエル人と言えば、自分たちを射殺し、殴り、辱める兵士だけです。

アルナはこうした子どもたちのために「ケアと学習センター」という組織を立ち上げた。まず取り組んだのは、逮捕され、イスラエルの刑務所に収監されている何百人もの子どもたちの人権擁護だった。イスラエルの弁護士の協力を仰ぎ、足繁く刑務所を訪ね、獄中の子どもたちをケアし、その家族を支えた。次に取り組んだのが、長期にわたり学校が閉鎖され、教育の機会を奪われている子どもたちのケアだった。アルナとボランティアたちは画用紙やクレヨン、絵の具などの画材を携えて、週末、定期的にジェニーンに通い、子どもたちに創造行為を通して自らを表現する術を教えた。映画『アルナの子どもたち』には、家を破壊された少年に向かってアルナが、怒れ、怒りを表せ、その怒りを全身で表現しろと、彼女自身が渾身の力で少年に迫る印象深い場面がある。
学校再開後、センターがジェニーンの子どもたちを対象に実施した調査では、八歳から十歳の子どもの多くが文字の読み書きができず、実に四七パーセントの子どもたちが、イスラエル兵に殴られたり撃たれたりした経験があった。アルナは、ジェニーンの街と難民キャンプに四つの「子どもの家」をつくり、占領の暴力のなかで成長する子どもたちに、安らぎと学びと創造性を育む場を提供、一九九三年までに一五〇〇人もの子どもたちがその活動に参加した。同年、これらの活動によりアルナは、「もう一つのノーベル平和賞」とも呼ばれるライト・ライブリフッド賞を受賞する。(5)

私たちは占領下の子どもたちを護るため「ケアと学習センター」という組織を作り、この任務に取り組んできました。街やキャンプが封鎖された日も、外出禁止令が敷かれた日も、休日もそうでない日も、毎日、何時間も。本やゲーム、教育冊子を通して、この子たちが一かけらの幸せと希望を持てるように。でも、何よりもまず私たちは、路上で、刑務所の近くで、あるいは軍事法廷のなかで、子どもたちに寄り添ってきました。より良い生に対する希望の種をまき、育むためです。その代わりに私たちが受け取るのは、何にも増して素晴らしい賞です——子どもたちの笑顔、彼らの自信、友情です。これらすべてが、ユダヤ人とアラブ人のあいだに新たな人間関係を育てることに資するでしょう。それこそが、ほんとうの平和をもたらす唯一の基盤です。

一九八八年以降、見慣れた生活のなかに新しい光景が見られるようになりました。難民キャンプの路地や、ジェニーンや近郊の村々の通りで、大きな紙が紐解かれ、絵の具や絵筆が配られて、何百人もの子供たちがいっしょになって、笑ったり騒いだりしているのです。六歳の子もいれば、八歳、十二歳の子もいます。みなが一緒になって、虹のすべての色のなかに、自分たちの考えや夢や怒り、そして希望を描きます。子どもたちにとってその時間は、占領の暴力と抑圧のただなかにあって、希望を感じることのできる唯一の時なのです。

アルナはライト・ライブリフッド賞の賞金で、ジェニーンに子どもたちのための劇場を造り、「石の革命」に因んで「石の劇場」と名づけた。『アルナの子どもたち』には劇場で、パレスチナとの連帯のシンボルであるクーフィーエ（白黒格子のスカーフ）をまとったアルナが、子どもたちを前に舞台の上で「ホッリーヤ（自由）！　ホッリーヤ！　ホッリーヤ！」と力強く連呼する姿が刻まれている。

私たち、そして私たちの子どもたちにとってインティファーダとは、自由を求める闘いです。私たちは、私たちの子どもたちのプロジェクトを「学びと自由」と呼んでいます。これは単に言葉の上だけの話ではありません。これこそ私たちの闘いの基盤です。知識なくして自由はありません。自由なくして平和はありません。平和と自由は一体です。一体なのです！

一九九五年、癌のためアルナは亡くなった。イスラエルのユダヤ人共同墓地は信仰者に限られるため、コミュニストなど無信仰者はキブツに埋葬されるのが慣例だが、イスラエルのキブツはいずれも、アルナのためにその一隅を提供することを拒んだ。ユダヤ人でありながらシオニズムに与せず、「パレスチナ人」であることを選びとり、「パレスチナ人」として生きた彼女の、その思想と実践のゆえだった。息子ジュリアーノは記者会見を開き、「母を自宅の庭に埋葬する」と発表、問題が社会的なスキャンダルとなったことでようやく埋葬を申し出るキブツが現れ、アルナはそこに葬られた。

4 アルナの子どもたち

ジェニーンでの活動を始めるにあたって、アルナは次男のジュリアーノに同行を求めた。八〇年代半ばからイスラエルの映画や舞台で役者として活躍していた息子のジュリアーノは、ジェニーンで子どもたちの演劇セラピーを担うかたわら、アルナと子どもたちの活動をヴィデオカメラに記録した。それらの映像はアルナの死後十年を経て、ドキュメンタリー映画『アルナの子どもたち』として完成する。

ユダヤ人の人権活動家アルナ・メル゠ハミースと、彼女を母と慕うジェニーンの子らとの交流を描いた『アルナの子どもたち』だが、物語はそこで終わらない。映画には彼女の死後、成長した子どもたちを襲った苦い現実が描かれる。

一九九三年のオスロ合意によって世界が言祝いだ「和平プロセス」なるものが始まると、パレスチナの独立国家が建設されるはずの西岸とガザでは、イスラエルによるパレスチナ人の土地の簒奪が加速度的に進行し、パレスチナ人にとって「和平プロセス」とは「絶望のプロセス」にほかならなかったことはすでに述べた。かくしてアルナの死から五年後の二〇〇〇年九月、第二次インティファーダが勃発、西岸とガザにイスラエル軍が再侵攻する。成長したアルナの子どもたちは再び、イスラエル占領軍の攻撃に見舞われることになる。

イスラエル軍が学校を砲撃し、アルナの子どもたちの一人は、傷ついた少女を抱きかかえて病院に運ぶが、少女は彼の腕の中で息絶える。憤怒に駆られた青年はイスラエル領内に侵入、銃を乱射してイスラエル人女性四人を殺害し、駆けつけた警官によって射殺された。また、別の者たちは、イスラエル軍が難民キャンプに侵攻したとき、銃をもって戦い、熾烈な戦闘の末に殺された。そしてついには、アルナの石の劇場も破壊される。絵筆を握りキャンプの路地や街の通りを笑い声で満たし、大人になったら役者になって舞台に立つんだと、目を輝かせていた子どもたちのその後の物語は、映画を深い苦渋で彩る。

成長した子どもたちが結局は暴力と無縁ではなかったことについて、アルナの試みは失敗ではなかったのかと問われて、監督のジュリアーノはこう答えている。

その質問は倒錯している。問題を、イスラエルによる占領の暴力の問題ではなく、子どもたちの暴力だと考える、シオニズム寄りの態度だ。ぼくらは子どもたちの暴力を癒そうとしたわけじゃない。もっと生産的なやり方で占領に挑戦しようとしたんだ。もっと生産的なやり方というのは、レジスタンスにとって代わるものという意味じゃない。ぼくらが劇場でやってきたことは、パレスチナ人の解放闘争におけるレジスタンスを何か別のものに置き換えることではなくて、それとは正反対のことなんだ。[…]

ぼくたちはあらゆる手立てを用いて、パレスチナ人の解放闘争に参加している。これは、ぼくらの解放のための闘いなんだ。このプロジェクトに関わった者たち誰しもが感じている、自分もまたシオニズムに占領されていると。イスラエルの軍事体制に、その政策に占領されていると。ジェニーンに住んでいようが、ハイファやテルアビブに住んでいようが関係ない。癒しのためにこの活動に加わった者なんて誰一人いない。ぼくらは自由のために闘う戦士なんだ。(6)

5 ソムード

二〇〇五年、日本のNGO「パレスチナの子どものキャンペーン」が『アルナの子どもたち』の日本語版を制作し、その完成を機に同年十月、ジュリアーノ監督を日本に招聘、私が勤める京都の大学でも上映会と監督の講演会を開催することになった。京都では、ジュリアーノの話だけでなく、映画を介してパレスチナの問題を私たちが生きるこの日本社会の問題と接続するため、大阪のコリアNGOセンターの金光敏さんをゲスト・スピーカーとしてお招きし、日本における在日コリアンの子どもたちの状況についてお話しいただいた。アルナが占領の暴力のなかで生きる子どもたちに、占領に抗い、パレスチナ人として自信をもって生きるための自尊感情や希望を育もうとしたように、コリアNGOセンターはここ日本社会で、在日コリアンの子どもたちに、在日コリアンとしてのアイデンティティと自信と自尊感情を涵養する活動をおこなっている。

翌日曜日は、ジュリアーノが東京に発つ前、京都観光をする予定だった。だが、講演会のあとで、もし関心があるなら、金光敏さんのお話にあった在日コリアンの集住地域を訪ねることもできるけれど……と水を向けると、ジュリアーノは一も二もなく頷いた。翌日、私たちは宇治市のウトロ地区を訪ねた。

ウトロ――そこはアジア太平洋戦争中、国策による軍事飛行場建設のため朝鮮出身の労働者たちが集められたところだ。敗戦後、請負い業者ら日本人は立ち去り、どこにも行く当てのない者たちがウトロに残された。人々はそのまま飯場跡に住み続け、極貧生活を送りながら戦後を生き延びた。ウトロの土地の所有権は飛行場建設を請け負っていた国策会社の後進にあり、住民たちは不法占拠とされた。一九八〇年代、バブルの全盛期、土地はある住民によっていつの間にか不動産業者に転売され、住民たちに対し、彼らの歴史そのものである家屋の撤去と、土地の明け渡しを要求する訴訟がなされ、二〇〇〇年、最高裁で住民の敗訴が確定した。私たちがウトロを訪ねた二〇〇五年十月当時は、業者の申し立てによる裁判所の強制執行がいつおこなわれても不思議ではない時期だった。

立派な一軒家もあるが、地区外の住宅と比べると明らかに貧しい木造の家が並ぶ。いまだ豪雨があるたび、床上浸水する家もある。「不法占拠」であってみれば、そこに暮らす者たちは、行政にとって十全たる「市民」ではなく、税金を投入する行政サービスの対象ではない（レバノンの難民キャンプが、ゴミ回収や水道など、レバノン政府の一切のサービスから排除されているのと同じように）。ウトロに水道管が敷設されたのは、ようやく一九八八年のことだ。隣接する自衛隊駐屯地との境にある用水路には柵もなかった。子どもが落ちて危険なため、市に何度も柵の設置を求めたが、「市民」でない者の安全は市の関知するところではなく、柵はなかなか設置されなかった。その意味でウトロは、紛れもない「ノーマンズランド」だった。ウトロをひととおり案内されてジュリアーノは言った、「日本にも〈難民キャンプ〉があるとは知りませんでした」

そのことばを日本語に訳して伝えると、ウトロに暮らす二世の男性は「難民キャンプ？」と首を捻った。たしかに人々が家を構え、何十年にもわたり生活を営むウトロは、一般にイメージされる「難民キャンプ」――簡易テントが立ち並ぶ、難民たちを一時的に収容する仮の施設――とは違う。だが、国民ならざる者たちが、そうであるがゆえにノーマンとして生きるウトロは、アガンベンの言う「暗黙の虚構」を白日のもとにさらす、国民国家という領土に穿たれた「位相幾何学的な穴」であり、それゆえに「難民キャンプ」にほかならないことを、パレスチナ難民たちの生の経験を通してジュリアーノは知っていた。

ウトロの広場にある家の壁には、強制執行の危機にさらされる住民たちの思いを記した立て看板が所狭しと並んでいた――「ウトロは私たちのふるさと」、「私たちはここで死ぬ」。広場で出会った在日一世のハルモニは、朝鮮語まじりの日本語で、「ブルドーザーが来ようが、私たちはもう、どこにも行かない。死ぬならここで死ぬ」と語った。それを聞いたジュリアーノは言った、「同じ言葉を何度、ジェニーン難民キャンプの難民一世の母親たちから聞いたことでしょう。これが「ソムード」です。日本にも、私たちと同じ闘いを闘っている者たちがいるのだと知ることは、私たちを勇気づけ、私たちの闘いに力を与えてくれます」

アラビア語には、「抵抗」を意味する言葉が二つある。「ムカーワマ」と「ソムード」だ。イスラーム主義を掲げるパレスチナの「ハマース」は、正式名称である「イスラーム抵抗運動」の頭文字をとった略称だが、そこにおける「抵抗」は「ムカーワマ」、武器をもって闘う抵抗、いわゆる「レジスタンス」を意味する。一方、「ソムード」の「抵抗」とは、不退転の決意をもってそこに何としても踏みとどまり続ける、そのような抵抗のあり方のことだ（サーメド――ソムードを貫く者――という名のパレスチナ人も珍しくない）。

ソムードの意味を日本語で説明すると、それを聞いたウトロの活動家がジュリアーノに、ぜひ、そのことばを広場の家の壁に並ぶ立て看板にアラビア語で書いてほしいと言って、マジックペンを持ってきた。「アラビア語で？」とジュリアーノは聞き返した。「アラビア語で」と私が答えると、ペンを受け取った彼は立て看板の前に佇んで、一瞬、躊躇したように見えたが、おもむろにアラビア文字で「ソムード」と書いて、その下に自分の名前を記した。

彼の書いた「ソムード」は風雨に色褪せ、今はもう消えてしまったが、その綴りには間違いがあった。「ソムード」の「ソ」を表す、Sにあたるアラビア文字の次に、本来は不要の母音が記され「ソームード」となっていた。パレスチナ人を父にもつジュリアーノだが、学校教育はずっとユダヤ人の学校でヘブライ語で受けた。パレスチナ方言のアラビア語は流暢だが、アラビア語の読み書きはあまり得意ではなかったのだろう。綴りを誤った「ソムード」それ自体が、ジュリアーノ・メル＝ハミースの生が凝縮した、彼の署名だった。

6　ジュリアーノ・メル＝ハミース

京都駅で東京行き新幹線の出発までの待ち時間、ジュリアーノと二人、コーヒーを飲みながらお喋りをした。自分を何人だと考えているの？　ユダヤ人？　パレスチナ人？　という私の問いかけに彼は、「ぼくは一〇〇パーセント、パレスチナ人で、一〇〇パーセント、ユダヤ人だよ」と答えた。そして、「でも、これからは、今までのようにイスラエルのユダヤ人社会で生きるのはやめて、パレスチナ人として生きたいと思っている」とも語った。

その言葉どおり、翌二〇〇六年、ジュリアーノは活動の拠点をジェニーンに移し、母アルナの遺志を継いで、二〇〇二年に破壊された「石の劇場」を再建、「自由劇場」と名づけ、その芸術監督に就任する。そして、演劇を通して二つの占領――イスラエルの占領と、ますます色濃くなっていくパレスチナ社会内部の文化的・宗教的占領――と闘いながら、人間の全的自由をラディカルに追求した。ジュリアーノその人が、カナファーニーの言う、まさにひとつの大義（cause）だった。

二〇一一年四月四日、ジュリアーノ・メル＝ハミースはジェニーンの自由劇場の前で何者かによって殺害された。

7　ジュリアーノの子どもたち

二〇一四年三月、私はヨルダン渓谷にいた。

ヨルダン渓谷一帯は、エリアA（完全自治区）であるエリコの町とその周辺を除いて、エリアC、すなわち、イスラエル軍の完全統治下だ。エリコの町は、エリアCの海に浮かぶ、離れ小島のようなものだ。エリコの町を出て少しすると、そこはもうエリアCだ。道の両側に大規模な緑の果樹園がいくつも広がる。イスラエルの入植者が経営するナツメヤシやバナナのプランテーションだ。そして、その合間に、壊れかけたあばら家のような小屋が点在する。パレスチナ人の「家」だ。オスロ合意によってエリアCに区分された地域では、パレスチナ人が家を建てることは禁じられたため、彼らの家は破壊され、家とも呼べない粗末な掘立小屋で生活しているのだった。入植者のプランテーションに労働力を提供し、糊口をしのぎながら。

ヨルダン渓谷におけるパレスチナ人の人権侵害をモニターし、世界に発信しているヨルダン渓谷連帯委員会のベースに到着すると、一台の年季の入ったバスが停まっていた。側面には「フリーダム・バス」と書かれている。ジェニーンの自由劇場が活動の一環としておこなっているフリーダム・バス・ツアーだった。世界中から——と言っても、ほぼ欧米諸国からだが——三〇名余りの者たちが参加して、ジェニーンを起点にこのバスで占領下の各地をまわり、イスラエルによる占領の実態をその目で確かめながら、現地のさまざまな連帯活動に参加するというプロジェクトだ。バスに同行するスタッフは、ジェニーン自由劇場の役者たちだった。前日はエリアCにあるため破壊された学校で、壁のレンガを積み上げ、再建を手伝ってきたという。参加者には高齢者も多く、中には杖をついて歩いている老人も二人ほどいて驚かされた。

その日の夕刻、私たちを乗せたフリーダム・バスは、エリアAの学校を訪れ、校庭で、地域住民たちを集めて、自由劇場の役者たちが観客参加型のパフォーマンスをおこなった。占領下で人々が経験した出来事を話してもらい、そのとき、あなたはどういう気持ちだったのか、本当はどうしたかったのかを聞き、それを役者たちが即興で演じてみせるというものだ。男性も女性も、役者として見事に鍛えられたプロの俳優たちだった。映画『アルナの子どもたち』を観た、ジュリアーノにも会ったことがあると伝えると、彼らは言った、「ぼくらは、アルナの子どもたち、ジュリアーノの子どもたちだよ！」

自由劇場のホームページには次のように書かれている。

> 自由劇場は、ジュリアーノの母、アルナのインスピレーションと、彼女が私たちに遺してくれたものの上に築かれました。そして、その未来の作品は、ジュリアーノが遺してくれたものの上に築かれるでしょう。自由劇場は、自由を促進するという彼の使命を実行します。パレスチナ人だけでなく、すべての人間の自由を。
>
> 私たちはジュリアーノの死を悼みながら、しかし、アートを通して私たちのレジスタンスを続けます。私たちの闘いを続けます。ベストを尽くすだけでなく、ベスト以上のものを尽くし続けます。ジュリアーノがいつも言っていたように、「革命は進み続けなければならない！」のです。（強調筆者）

8　Man is a Cause

二〇〇五年の十月、大学で『アルナの子どもたち』の上映会を開催したその晩、ジュリアーノは午前二時まで、彼を囲む学生たちとの会話につき合ってくれた。率直で、誠実で、深く暖かな人だった。あの晩、ジュリアーノをホテルに送る道すがら、学生たちにつき合ってくれた礼を言うと、彼は言った、「きみはこうやって、種を蒔いているんだね」

ジュリアーノの痛ましい死の報せに接して以来、彼のことを思い出したり、遺された写真や動画で彼の姿に触れることすら辛かった。本稿を書くために、ジュリアーノが亡くなってから初めて、彼について書かれたいくつかの文章を読んだ。自分は一〇〇パーセント、パレスチナ人であり、一〇〇パーセント、ユダヤ人であると語ったジュリアーノだが、しかし、そう言い切れるようになるまでに彼が、自分はいったい何者なのか、何者として、いかなる道を生きればいいのか探しあぐね、葛藤しながら生きていたことを私は初めて知った。そのさまは、読んでいて痛々しくなるほどだった。

ユダヤ人の学校に通いながら、パレスチナ人を父に持ち、ハミースというアラビア語の姓を名乗るジュリアーノは、イスラエルのユダヤ人社会ではアラブ人だった。ジェニーンでは、彼はユダヤ人だった。その出自というよりも、彼のラディカルな価値観は、ジェニーンのような保守的風土の社会では異質なものだった。両親の反対を押し切り、父方の姓を削って、彼はイスラエル軍の兵役に就いた。イスラエル兵としてパレスチナ人の少女の殺害隠蔽工作に加担し、デモ参加者のパレスチナ人を殴ったこともある。けれども、パレスチナ人の老人の身体検査を命じられたときは従わず、上官を殴って数カ月間、投獄された。釈放され不名誉除隊になると、今度はＰＬＯ（パレスチナ解放機構）への参加を考えたという。どちらの側でもいい、とにかくどこかに帰属したかったのだ。やがてテルアビブの演劇学校で役者の才能を見出された彼は、ジュリアーノ・メルとして映画や舞台で活躍するようになる。だが、それでも、「道」は見いだせなかった。フィリピンで暮らしてみたり、一九八七年には、イスラエルの占領に抗議して、テルアビブの通りで服を脱いで、からだを血にまみれたように赤くペイントするというパフォーマンスをおこなったこともあった。そんな息子を、母アルナはジェニーンに誘った。

アルナがライト・ライブリフッド賞を受賞したその年、ＰＬＯとイスラエルのあいだでオスロ合意が結ばれた。オスロ合意とそれによって確立されたオスロ体制とは、パレスチナ人にとって何であったのか。オスロ・プロセス六年目にサイードが書いた前掲のエッセイによれば、それは、世界的に共有された「パレスチナ人であること」の「拡張されたアイデンティティ」を打ち砕き、それをもう一度、狭い血縁集団のみを意味するものに鋳直して、「自治区」という「ホームランド」に閉じ込めておくためのプロセスにほかならなかった。

二〇〇六年に彼がジェニーンで劇場を再建したとき、オスロ体制を経て、第二次インティファーダの破壊を経たそこは、もはや二〇年前、母とともに通ったジェニーンではなかった。「パレスチナ人であること」がもつ普遍的かつ全的な人間解放への政治的コミットメントという意味合いは失われ、代わって宗教的、文化的な締め付けが社会を内側から抑圧していた。アルナが知ることなく逝った、占領下の新たな現実だった。

時代が変わっても、社会が変わっても、ジュリアーノはアートを通して、イスラエルの軍事占領のみならず、人間の自由を抑圧するあらゆる占領、あらゆる抑圧と闘おうとした。それが地元社会と軋轢を生んでいたことも事実だ。しかし、彼は妥協しなかった。この時、彼の目には、自らが進むべき道がはっきりと見えていたに違いない。母アルナがそうであったように。ジュリアーノ・メル＝ハミースという名を再び名乗りはじめたときに、彼は自ら選びとったのだ、パレスチナ人であることを。彼にはもう迷いはなかった。

カナファーニーの『ハイファに戻って』における「人間とはその一人ひとりがひとつの大義である」ということばは、十九世紀のアメリカの思想家、ラルフ・ワルド・エマソンのエッセイ集『自己信頼』の一節を踏まえたものだ。そこには次のように書かれている。

真の人間とは、どの時代、どの場所にも属さない。（…）真の人間とは一人ひとりが、ひとつの大義であり、ひとつの国であり、ひとつの時代である。彼の企図するものを完全に実現するには、無限の空間と数と時間が必要だ――やがて後の世代は列をなして彼の足跡を辿るだろう、自らの導きを求めて。(7)

エマソンが「真の人間とは」としたそれを、カナファーニーは「人間」全般に敷衍した。それは、ナクバによってノーマンとされたパレスチナ人同胞に向けて、一人ひとりが一つの普遍的大義、普遍的理念である、そのような人間たれ、という呼びかけだった。カナファーニー自身がそうであったように、アルナも、ジュリアーノも、自ら選びとった「パレスチナ人である」ことの cause を生きた者たちだった。

註

（1） Edward Said, "By birth or by choice?", Al-Ahram Weekly, 28 Oct.-3 Nov. 1999, No.453（「生まれついてか、選びとってか」、エドワード・サイード『オスロからイラクへ』、中野真紀子訳、みすず書房、二〇〇五年）。但し、ここでの引用は筆者による訳。

（2） のちに首相。オスロ合意によって一九九四年、ノーベル平和賞を受賞。一九九五年、「裏切り者」としてユダヤ教徒の宗教的ナショナリストに暗殺される。

（3） 一九九三年、ライト・ライブリフッド賞授賞式におけるスピーチから（アルナの発言引用に関しては、以下、とくに注記がない限り同様）。https://www.rightlivelihoodaward.org/speech/acceptance-speech-arna-mer-khamis/

（4） アルナの活動については、ジェニーン自由劇場のHPより。http://www.thefreedomtheatre.org/who-we-are/our-legacy/

（5） ライト・ライブリフッド賞は一九八〇年に創設、毎年、環境や人権、持続可能な開発などの分野で功績のあった複数の個人や団体が顕彰される。パレスチナ・イスラエル関連ではこれまでに、アルナのほか、モルデハイ・バヌヌ（一九八七年。イスラエルの核開発を世界に暴露し投獄されたイスラエル人技術者）、フェリシア・ランゲル（一九九〇年。占領下のパレスチナ人政治犯のために活動するイスラエル人弁護士）、グーシュ・シャローム（二〇〇一年。占領に反対するイスラエルの人権団体）、人権のための医師たち（二〇一〇年、イスラエル）、ラジ・スラーニー（二〇一三年、パレスチナ人の人権擁護活動に挺身するガザ出身のパレスチナ人弁護士）などが受賞している。

（6） Maryam Monalisa Gharavi, 'Interview with late Juliano Mer Khamis: We are Freedom Fighters', *Electronic Intifada*, 5 Apr. 2011.

（7） Ralph Waldo Emerson, *Ralph Waldo Emerson, The American Scholar, : Self-reliance, Compensation*, ed., with notes and suggestions for study by Orren Henry Smith, Ann Arbor, Michigan: University of Michigan Library, 2005, pp.60-61.

第十一章　魂の破壊に抗して

怪物と闘う者は、その過程で自らが怪物と化さぬよう心せよ。おまえが長く深淵を覗くならば、深淵もまた等しくおまえを見返すのだ。

――フリードリヒ・ニーチェ『善悪の彼岸』より

1　カランディア

カランディアの名を私が初めて知ったのは、二〇〇二年四月末のことだ。その頃、第二次インティファーダは頂点に達していた。イスラエルの侵攻もパレスチナ人側の抵抗も熾烈を極め、パレスチナ自治政府の置かれたラーマッラーにもイスラエル軍が侵攻した。私がラーマッラーに入ったとき、市街地に展開していたイスラエル軍はその前々日に撤退していたものの、パレスチナ文化省のビルは依然、イスラエル軍に占拠され、アラファト大統領が閉じ込められた大統領府ビルに対する攻囲も続いていた。

二〇〇二年四月のその朝、エルサレムからタクシーでラーマッラーに向かった私たちは、途中で車を降ろされた。カランディア検問所だった。今でこそカランディアは、イスラエルによるヨルダン川西岸地区の占領の暴力を象徴する検問所として悪名を馳せているが、当時のそれは、巨大なブロックで塞がれた道路の中央に土嚢を積み上げ、その上に銃座を据えた急拵えのチェックポイントだった。

銃口の先、土嚢から十メートルほど離れたところに、何百人ものパレスチナ人が男女別に長い列を作って順番を待っていた。一人ひとり土嚢のかたわらに立つ若いイスラエル兵のもとに歩み寄り、身分証明書を見せ、行き先と目的を告げる。つつがなく通過できる者もいれば、追い返される者もいる。病院に行くと言っていた母娘が通過を許されず戻ってきた。ふと見ると、男性の列から白い長胴着に白黒格子のクーフィーエを被った伝統衣装の老人が歩み出て、検問を無視して悠然と歩き去った。無事、向こう側に着くと、列に居並ぶ者たち全員がやんやの拍手喝采をして、占領者にささやかな一矢を報いた老人に快哉を叫んだ。突然、路肩にいた年かさの兵士が機関銃で地面を連射した。秩序を乱す動きに対する威嚇射撃だった。

太陽の高度が増すにつれ、じりじりと暑くなってくる。ようやく私の番が来た。隣にいたパレスチナ人女性が「グッドラック」と言って送り出してくれた。無事、検問を通過し、まだ列のなかで順番を待つ彼女に手を振ると、「よかったね！」という面持ちで大きく手を振り返してくれた。

2　ヘイラの微笑み

検問所は九〇年代にも存在したが、第二次インティファーダの勃発によって、ヨルダン川西岸地区とガザ地区に、一時は五〇〇を超える検問所《チェックポイント》およびロードブロック（通行を妨害する障害物）が設けられた。炎天下の夏も寒い冬も、人々はそこで自分の番が来るまで何時間も、ときには何日間も待たねばならなかった。検問所のせいで生徒たちが学校に来られないので、検問所のかたわらで授業をしている、という記事を読んだこともある。救急車が通過を許可されず、病人が病院に搬送できずに亡くなったり、病院に向かう妊産婦を乗せた車が検問所で待たされ、路上で分娩を余儀なくされるということもあの当時、頻々と報告された。路上分娩による死産や流産も多い（そもそも占領下で生きることのストレスが早産や流産につながってもいる）。当時のパレスチナでは夫が電話で医師の指示を受けながら自宅で妻の出産を援ける「遠隔分娩」も珍しくなかった。

「ヘイラの微笑み」と題された映像作品がある。第二次インティファーダただなかの二〇〇二年に制作された、十七名の映像作家によるイスラエルの「今」を描く三分間の作品十七本を集めた映画『モーメンツ・イスラエル二〇〇二』の一作である。二〇〇五年、京都造形芸術大学で開催された佐藤真監督のセレクションによる「ドキュメンタリー映画の世界二〇〇五――イスラエル／パレスチナのボーダーを超えて」の一本として上映された。ほかの十六作品がどのような内容であったのかまったくと言ってよいほど覚えていないというのに、イスラエルのユダヤ人映像作家、アリエラ・アズレイのこの作品だけは、そのタイトルとともに深く記憶に刻まれた。[1]

産気づいた妊娠七カ月のヘイラ・アブーハサンは病院へ向かう途上、検問所で十時間、足止めされ、路上で生まれた赤ん坊は数時間後に亡くなった。作品は、赤ん坊の死から数カ月後に撮影されたヘイラの顔写真と、その写真を撮ったイスラエルの男性カメラマン、彼女が向かっていた病院のパレスチナ人医師、そして検問所で彼女の通過を認めなかったイスラエル人兵士の証言映像で構成されている。映像のメインはヘイラのスチール写真だ。

連写された何十枚もの同じアングルの顔写真。そこに写るヘイラは、いずれも口元にうっすらと笑みを浮かべている。占領軍の検問のせいで路上で子を産み落とすことを余儀なくされ、生まれたばかりの赤ん坊を喪った母親に微笑みは似つかわしくない。「あの子は七カ月、私のお腹にいた。お乳を欲しがったけれど、あげることができなかった。あの子を空腹のまま逝かせてしまった……」と字幕で紹介されるヘイラ自身の言葉とも釣り合わない。ユダヤ人カメラマンはアラビア語の通訳を介して再三、ヘイラに笑わぬよう求めるが、向けられたレンズを前にした彼女は口元にかすかな笑みを浮かべるのをどうしてもやめなかった。いったいなぜ、ヘイラは微笑むのか？　この「なぜ」が作品の中核を構成する。

彼女にとっては検問所の兵士も自分も違いはなかったのだろう、とユダヤ人のカメラマンは述懐する。ということは彼自身は、同じユダヤ人であっても自分は検問所の兵士とは違う、と考えているということだ。不思議ではない。命令されるがまま、緊急を要する産婦の通過を認めず、路上で出産させ、嬰児を死に至らしめた兵士。彼女のお腹は目立たなかった、妊娠していたとは知らなかったと弁解する彼は、ハンナ・アレントの言う「凡庸な悪」を体現する占領の遂行者だ。その「悪」を、被害者の悲嘆を映し出した写真を通して自社会に対し、また世界に対し告発しようと企図するカメラマン。人間のありかたとしてぜんぜん違う。カメラマンには自国の占領に対する批判、怒り、占領によって抑圧される者たちに寄せる共感がある。

だが、レンズの前でヘイラが微笑み続けるのは、自身の悲しみをレンズの前で露にすることを彼女が頑なに拒否しているためだ。占領の暴力を告発しようとするカメラマンが欲するのは、このような目に遭ったパレスチナ人女性が抱えているはずの悲しみを、写真を通してイスラエルのユダヤ系市民に伝えることで、占領下のパレスチナ人に対する人間的な共感の回路を開くことだが、彼女が拒否するのはまさにその点である。ヘイラの微笑みは、「彼女を理解し共感しようとする試みに対して、そうさせまいと彼女が設けたバリケードなのだ」とアズレイは言う。「それは、ある種の境界なのだ。被占領者が占領者に対して設ける境界である」

ここで「境界 Boundary」という言葉が用いられているのは重要だ。「占領」という暴力には種々の性格、側面があるが、その暴力の本質のひとつが「境界の侵犯」だからだ。占領とはまずもって、軍の侵攻という境界線の侵犯によって始まる事態だが、占領下においては、内なる世界、私的な世界と外なる世界の境界がたえず脅かされ、侵犯される。境界によって明確に分かたれた私／たちのものであるはずのものが、そんな境界など存在しないかのように他者に支配、蹂躙されるのだ。未明に自宅に押し入る占領軍兵士たち。もっとも私的な時間、家の中でももっとも私的な空間である寝室でまどろんでいた者たちの私的世界に占領者たちは暴力的に侵入する。家具はひっくり返され、クローゼットの中身、引き出しの中身が何もかもいっしょくたにされて外にぶちまけられる。占領下に生きる者は、占領者の前にいささかのプライヴァシーも許されはしないかのように。検問所もそうだ。身体を検査され、バッグの中もチェックされる。そして、路上での分娩……。

西岸出身の女性監督、ブサイナ・ホーリーの作品に、一九七〇年代初頭、イスラエルの軍事占領に対する武装抵抗運動に参与した三人のパレスチナ人女性たちの生の軌跡を描いた『Women in Struggle——目線』(二〇〇五年)というドキュメンタリーがある。(2) 逮捕された女性たちはイスラエルの獄で拷問を受ける。子宮に対する直接的な攻撃によって、子どもを産めないからだになった者もいる。境界侵犯の暴力という点で、占領と拷問は本質を同じくする。占領が、私／たちの土地に対する私／たち自身の主権を剝奪するように、拷問は、私のからだに対する私自身の主権を奪い去るのだ。

ヘイラは子宮というもっともプライヴェートな身体的トポスのなかで七カ月間、大切に守ってきたものを占領によって奪われた。失われた大切な命に対する悲しみ、彼女のもっとも内奥にある彼女自身の大切な気持ち、それだけが彼女に遺された最後の私的なるものであり、占領者に対して決して譲り渡せぬものだった。ヘイラの悲しみの表情を撮りたいというイスラエルのカメラマンの欲望がヒューマニズムに根差したものであることは疑い得ない。しかし、私的世界とそうでないものの境界を絶えず侵犯し、被占領者にプライヴェートな生を許さず、彼ら自身が自らの境界を画する権利を否定すること、それが占領の暴力の一つの本質、核心部分であるならば、その暴力の犠牲者であるヘイラに遺された最後の私的な世界、そこに秘められた「悲しみ」という私的感情までも白日の下に暴こうとするカメラマンのふるまいは紛れもなく占領者のそれに等しい。ヘイラがカメラマンを検問所の兵士と同じと見なすのは、カメラマンが考えるようにエスニシティの同一性のゆえではない。たとえ普遍的な人間的共感に基づくものであったとしても、彼のふるまいは占領の暴力と本質を共有し、自国の占領を批判していながら、占領の暴力の本質を反復する彼はヘイラにとって、検問所の兵士と同じ、占領者にほかならなかったと言えるだろう。

3　黒猫

二〇〇六年の夏、四年ぶりにパレスチナを訪れた。第二次インティファーダが終息して二年。パレスチナはさらに変貌していた。

再訪したジェニーン難民キャンプは、四年前、土砂の海と化していた光景が嘘のように、国連パレスチナ難民救済事業機関（UNRWA）によって再建され、ペンキの色も鮮やかな真新しい家々が軒を並べていた。アラブ首長国連邦のザーイド首長が復興資金を贈ったのだという。キャンプの入り口の道の上には、首長の大きな肖像画が掲げられていた。四年前の出来事――イスラエル軍の侵攻と抵抗組織の戦闘、そしてあの徹底的な破壊――の記憶を喚起するものは何もなかった。四年前、人々が黙々と、瓦礫の山の中からマットレスをはじめ家財道具を掘り起こしていたその場所は、魔法のように、小ぎれいな住宅街に変貌を遂げていた。新たに再建されたキャンプには、難民キャンプに似つかわしくない、道幅の広い道路が走っていた。イスラエルの戦車が通りやすいように設計された道路だった。こつこつと築き上げてきた家を瓦礫にされ、茫然としていた住民たちにとっては、迅速なキャンプの再建は天からの救いにも等しかっただろう。だが、映画のセットのような造り物じみた街並みに私は強烈な違和感を覚えずにはおれなかった。出来事の記憶それ自体を厭うかのように、出来事そのものをなかったことにするかのように、破壊の痕跡はセメントや染みひとつない真っ白なペンキの下に塗りこめられ、消し去られてしまっていた(3)。

第二次インティファーダのあの頃、ジェニーン難民キャンプは抵抗の一大拠点であり、そうであるがゆえにイスラエル軍の侵攻を招き、「ジェニーンの戦い」としてパレスチナの歴史に刻まれる戦闘の舞台となり、占領軍によって徹底的に破壊されたのだった。四年前の四月、私が目撃した、全壊した建物に縁取られながらキャンプ中央部に一〇〇メートル四方にわたって広がっていたあの土砂の海、占領軍が遺していった巨大な破壊の跡が意味していたのは、寄る辺ない難民たちを襲った悲劇だけではない。それだけの破壊を招来せずにはおかなかったキャンプ側の抵抗の意志とその苛烈さの証でもあった。それを保存することなくきれいに再建されたキャンプは、ジェニーン難民キャンプ、のみならずパレスチナ人という存在の性格をも書き換えようとする試みのように思われた。

4 アパルトヘイト・ウォール

二〇〇二年のパレスチナと〇六年のパレスチナの最大の違いは、四年前には存在しなかったコンクリート製の、高さ八メートルもの巨大な分離壁が、何十キロにもわたって西岸の大地の上を邪悪な大蛇のように走っていることだった。占領地からパレスチナ人がイスラエル領内に侵入し、テロを行なうのを防ぐための安全保障壁であるとイスラエルは主張する。実際、第二次インティファーダの頃は、占領地のパレスチナ人によるイスラエルの市街地での自爆や銃乱射などの自殺攻撃がたびたび起きた。ジェニーンにイスラエル軍が侵攻したのも、難民キャンプの青年がイスラエルの街で自殺攻撃を行なったことが直接的な引き金となった。

イスラエルの主張が事実であれば、壁は西岸（一九六七年の占領地）とイスラエル領（一九四八年の占領地）のあいだの境界線である一九四九年の停戦ライン（いわゆるグリーンライン）上に建設されてしかるべきだが、実際の壁は西岸内部に深く食い込んで建設されている。分離壁は、イスラエルが言うようにイスラエルの市民の安全を守るために、イスラエルと占領地を、ユダヤ人とパレスチナ人を分離しているだけではない。むしろ、パレスチナ人の街と街を、彼らの家と学校や職場を、あるいは家と農地を分断しているのだ。壁がくねくねと細かく蛇行しているのは、西岸に建設されたイスラエルの入植地や西岸の地下にある水源を可能な限りイスラエル側にとりこむためだ。その結果、入植者たちがふんだんに水を享受する一方で、占領地のパレスチナ人住民は慢性的な水不足に陥っている。占領下の住民たちは、自分たちの土地の水を、イスラエルのミネラルウォーター会社から買って飲み水にしている。

壁の建設それ自体が、安全保障に名を借りた、パレスチナ人の土地と資源の簒奪のプロセスだ。二〇〇四年、国際司法裁判所は分離壁を国際法違反と裁定、イスラエルに対しこれを撤去し、壁がパレスチナ人住民に与えた損害を賠償するよう求める判決を下したが、分離壁の建設は続いている（国際刑事裁判所と異なり、国際司法裁判所の判決は勧告的意見にとどまる）。

エルサレムを、その周囲に建設された巨大入植地ごと囲い込むように分離壁が建設された結果、壁の向こう側に居住することになってしまった者たちは、エルサレムに出勤するために日々、多大な困難を強いられるようになった。その夏はエルサレムの聖ジョージ・カテドラル教会のゲストハウスに投宿したのだが、教会の門番を務める男性は、以前は自宅から教会まで車で十分もあれば来ることができたのに、壁ができた今は、往復に三時間を要するようになったという。壁を越えるために何キロも先にある検問所まで迂回しなければならない上に、エルサレムで働く何千人もの労働者が朝、検問所に殺到するため、二時間以上、列に並んで待たねばならないためだ。

四年ぶりにジェニーン難民キャンプを訪れた帰路、エルサレムが近づいたところで私たちはバスを降ろされた。カランディアだ。四年前には影も形もなかった灰色の巨大な分離壁が行く手を遮るように聳え立つ。そして、かつて道路の中央に土嚢を積み上げただけの簡易チェックポイントは、今や分離壁と合体した一大検問施設となっていた。

イスラエルナンバーの車がかたわらの専用道路をほぼノーチェックで通過していく一方で、パレスチナ人は列に並び、一人ひとり空港のセキュリティチェックと同様の検査を受けねばならない。バッグなど携帯品は、空港の手荷物検査のようにベルトコンベアーに載せられて、X線で中身を確認され（男性はさらに靴を脱ぎ、ズボンのベルトも外す）、パレスチナ人は、ガラスで仕切られたブースのなかにいる兵士にエルサレムへの入域資格があることを示す身分証明書を提示し、金属探知機のゲートをくぐる。玉蜀黍のような髪をした、ブースのなかの若い女性兵士（イスラエルは女性も二年間の兵役義務がある）が、私のパスポートを見て“Welcome to Israel!”とぞんざいな口調で叫んだ。かたわらでは若いパレスチナ人の男性が黙って脱いだ靴をベルトコンベアーの上に載せ、ズボンのベルトを緩めていた。午後の時間帯だったので人も少なく、十五分程度で通過できたが、これがエルサレムに出勤する者たちが殺到する朝であったら、通過するのに何時間もかかるだろうと思った。「カランディア」で画像検索すれば、何千人ものパレスチナ人が列をなしてひしめき合う検問所の写真を多数、見ることができる。

人種隔離壁として世界的に悪名高い分離壁だが、パレスチナ人の移動の自由を阻害しているのはこの分離壁だけではない。第二次インティファーダのさなか、西岸内部に無数のチェックポイントや道路封鎖が設けられたが、インティファーダが終息したのちも、多くの検問所や道路封鎖が常設化した（イスラエルの人権団体ベツェレムによれば、二〇一七年一月段階で西岸の検問所は九八を数える）[4]。

道路封鎖には常設のものと、人々が「空飛ぶロードブロック」と呼ぶものがある。これは、あるとき突然、昨日まで通ることのできていた道にブロックなどの障害物が置かれて通行できなくなる、というものだ。「空飛ぶロードブロック」がいつ、どこに出現するか分からない。遭遇してしまった人々は引き返すか、車を降り、延々と道なき道を迂回することを余儀なくされる、老人も病人も、子どもも妊婦もだ。以前、日本で、電車の車両事故のため乗客が電車を降りて、線路の上を次の駅まで何キロか歩かされたというニュースがあった。日本なら一生に一度、遭遇するかしないかの出来事が、占領下では意図的に、住民に対する日常的なハラスメントとして行なわれているのである。

検問や道路封鎖は、占領地のパレスチナ人がイスラエル領内や、占領地に建設された入植地に侵入し、市民や入植者を攻撃するのを防ぐためのものとされるが、実際にはこれら常設化した検問所や道路封鎖は、西岸のパレスチナ人から移動の自由を剝奪するものとして機能している。占領下にとどまるかぎり、友達に会う、親戚を訪ねる、大学に行く、買い物に行くといった、単にここからあそこへ移動するというシンプルきわまりない日常の営みですら、自分の意のままにはならない。検問所とは、文字どおりの「通過儀礼」として、パレスチナ人を日々、占領者の権威に服させることを通して、だれがこの土地の支配者であるかを被占領者の心とからだに刻み込む装置なのだ。

前述の映画“Women in Struggle”の日本語版の完成を機に来日したブサイナ・ホーリー監督にインタビューしたことがある。ブサイナさんは一九六六年生まれ。ラーマッラー近郊のタイベ村の出身だ。

生後半年で西岸はイスラエルに軍事占領され、ブサイナさんは占領下の故郷しか知らない。占領についてブサイナさんは次のように語る。

占領は私たちから刻一刻と尊厳を奪い、私たちの人間性を失わせます。一生涯、辱められながら生きるのです。人生のあらゆる瞬間を支配されて、何をするにも占領者の許しを乞わなければならないのです。占領とは恥ずべきものであり、卑劣であり、占領に正義はありません。それは人を破壊する苦しみです。私たちはその苦しみと闘い続けているのです。(5)

パレスチナの政治経済研究の分野では世界的第一人者であるユダヤ系アメリカ人の研究者、サラ・ロイさんの両親はホロコースト生還者だ。母親はアウシュヴィッツの、父親は、生還者が二人しかいなかったヘウムノのサヴァイヴァーだ(父親の名は、収容所跡の入り口の銘板に刻まれているという)。そのサラさんが、ホロコースト生還者の娘としての自身の半生を振り返ったエッセイのなかで、パレスチナで彼女自身が目にした占領についてこう記している。

占領とはひとつの民族が他の民族によって支配され、奪われるということです。財産が破壊され、魂が破壊されるということなのです。占領がその核心において目指すのは、パレスチナ人が自分たちの存在を決定する権利、自分自身の家で日常生活を送る権利を否定することで、彼らの人間性をも否定し去ることです。占領とは辱めです。絶望です。(6)

カランディアの検問を通過し、壁の反対側に出てくると、灰色の壁にカラフルな文字で、英語とへブライ語、アラビア語で大きく「楽しい旅を！」と書かれていた。今、このときこの場でもっともふさわしくない言葉があるとすれば、この言葉にちがいない。自分のすぐかたわらで、人間の自由が奪われ、辱められ、尊厳が傷つけられているとき、なぜ「楽しい旅」ができるというのだろう。私は、自分自身の人間性が侮辱されているように感じた。

5 スペィシオサイド

国際紛争は従来、死傷者の多寡でもって、紛争の強度が測られてきた。六〇〇万ユダヤ人の死（ホロコースト）、三カ月で一〇〇万の死者（ルワンダのジェノサイド）、一発の爆弾で十四万の死者（広島の原爆）、あるいは、一晩で十万人以上の死者（一九四五年三月十日の東京大空襲）など、私たちは死者の数を強調することで出来事の深刻さを表現しがちだ。パレスチナとイスラエルの紛争は、七〇年という長きにわたるにもかかわらず、そしてその間、一〇〇人単位、一〇〇〇人単位の集団虐殺が幾度となくパレスチナ人の身に生じてもいるが、死傷者の数という点では決して多くはない。だが、自身、パレスチナ難民二世でもある社会学者、サリ・ハナフィは、こうした従来的尺度によってはパレスチナ・イスラエル紛争の深刻さを測ることはできないとする。パレスチナで進行している事態、それは、その時々に生起する出来事の一つひとつをとってみればジェノサイドではないとしても、「スペィシオサイド」、すなわち「空間の扼殺」だとハナフィは言う(7)。

「空間の扼殺」とは、単に空間を物理的に破壊することを意味するのではない。「空間」とは人間が人間らしく生きることを可能にする諸条件のメタファーである。入植地建設や分離壁によって生活の糧である土地が日常的に強奪され、農業を営むにも生活をするにも慢性的な水不足に置かれ、夥しい数の検問所や道路封鎖によって移動の自由もない。入植者によるハラスメントや暴力行為は日常茶飯事であり、それに抵抗した者は、イスラエルの安全保障を脅かしたと見なされ、即、拘留される。拘留は何カ月も、あるいは何年にも及ぶ。十年以上収監されている者も珍しくない。占領は、占領下の生活のありとあらゆるレヴェルで、パレスチナ人が自分たちの土地で人間らしく、ごく普通の暮らしを送る可能性をことごとく潰していくことで、命を直接、奪わずとも、彼らの生を圧殺していくのである。人間らしく生きたければ、パレスチナを出ていくしかない。民族浄化は形を変えて、継続しているのである。

6 アーモンド

二〇一四年三月、金曜の早朝。ラーマッラーの街は深い霧に包まれていた。タクシーでビルイン村を目指す。ラーマッラーの西十数キロのところに位置するビルイン村は、村に建設された分離壁に抗議して、二〇〇五年以来、毎週金曜、欠かさず平和デモを行なっている。

谷あいの道を上っていった先に村はあった。デモ開始の時間が近づくと、パレスチナの旗を手にした村人たちが三々五々、集まってきた。前の週に、金曜デモが十年目に入ったことを記念し、パレスチナの内外から五〇〇人もの人々が参加して一大デモが行なわれたせいで、その週の参加者はいつもより少ないとのことだった。それでも、ノルウェーから二〇人ほどの人々がデモに参加するため、小型バスを乗り付けてやって来ていた。

畑の間を縫う緩やかな坂道を下りていく。道の彼方の丘の上にイスラエルの入植地が見える。ビルイン村の土地に建設された入植地だ。そして入植地の手前に、入植者の安全を守るという名目で分離壁が建設されていた。入植地と分離壁の建設で、ビルイン村の人々は村の半分にあたる土地、大切な農地を奪われていた。デモの先頭は分離壁の下を壁に沿って進んでいく。壁の途中にイスラエル軍の監視所があり、若いイスラエル兵が数人、壁の背後から銃を構えて、デモ隊を見下ろしている。やにわに少年たちがポケットに入れていた石を兵士に向かって投げ始め、兵士たちは壁の直下に催涙弾を撃ち込む。白煙が舞い上がる。イスラエル軍では、テロリストは即、射殺してよいことになっている。そして、投石もまたテロと見なされており、「テロ」の容疑で何百人もの子どもたちが恒常的にイスラエルの刑務所に拘留されている。

私は壁際まで下りてゆかずに、丘の上からデモの先頭が壁の真下で催涙ガスの白い煙に包まれていくのを見ていた。そのとき突然、高速の飛来音とともに催涙弾が飛んできて、近くに着弾した。弾はゴムでコーティングされているが、あのスピードで飛んでくる弾が頭に当たったら、大けがをするだろう。目に当たれば失明は間違いない。近くにいたパレスチナ人の男性が煙の動きを見定めて、風上に移動するのを見て、私も同じようにした。ところが続けざまに催涙弾が何発も周囲に撃ち込まれ、辺り一帯みるみるうちに白煙が立ち込めて、風向きを確かめるどころではなかった。思わず吸い込んでしまったガスは意外にも甘い匂いがしたが、にわかに呼吸が苦しくなった。催涙弾というが、「催涙」などという生易しいものではない。これは化学兵器だ、吸ったら死ぬと直感して（事実、これまでにも、催涙ガスを吸って呼吸困難に陥り亡くなった村人たちもいる）、ハンカチで口を押さえながら白煙のなか、ぬかるんだ畑に足をとられながら必死で逃げまどった。

なんとか白煙から脱して茫然と佇んでいると、イスラエルから来たというユダヤ人アクティヴィストが、催涙ガスを浴びたら決して水で洗ってはいけないと教えてくれた。刺激が余計ひどくなるからと。洗い流すには牛乳がいいという。壁際のデモを見やると、村人たちはいつの間にか大人も子どももガスマスクを装着していた。

泥濘の中を走り回って泥だらけになった靴で、もと来た道を戻っていると、通りすがりの車から若いパレスチナ人の夫婦が一緒に乗って行かないかと声をかけてくれた。ありがたく乗り込んだ後部座席には年季ものの黒いガスマスクが転がっていた。男性はラニといった。ビルイン村に住むカメラマンだった。

ラニの家にお邪魔してお茶をごちそうになった。二〇〇〇年九月、第二次インティファーダ勃発直後のラーマッラーでデモに参加したラニは、イスラエルのスナイパーが放った銃弾——国際的に使用が禁止されているバタフライ・ブレットだった——を首に被弾し、病院に搬送された。ラニは、第二次インティファーダで病院で治療を受けた最初のパレスチナ人だった。奇跡的に一命はとりとめたものの、脊髄を損傷したラニは半身不随となり、車椅子生活となった。ヨルダン、そしてラーマッラーでの長期にわたる入院生活とリハビリを終えてビルイン村に戻ってきたとき、村の土地の半分が奪われて、入植地と分離壁が建設されていた。以来、ラニは毎週、ガスマスクとカメラをもって車椅子で金曜デモに参加し、撮った写真をインターネットで世界に向けて発信している。自分と同じように、イスラエル兵の銃弾によって障害を負った者たちによる車椅子のデモを組織したこともある。ラニはイスラエル兵の恰好の標的となっており、デモでは何度も商売道具のカメラを狙撃され、車椅子も破損し、また彼自身、ゴム弾を被弾してもいる。

以上のことは、ISM（「国際連帯運動」の略称、占領下のパレスチナ人の人権擁護活動をおこなう国際NGO）のサイトに掲載されているラニの紹介記事に書かれていたことだ。(8) ラニは後遺症により記憶障害があり、一問一答式の短い対話ならできるが、彼自身がこのような一定量以上のまとまった話をすることはできない。

もてなしに感謝すると、日本人にはお世話になっているからとラニは言った。聞けば、毎年、日本の医師が家を訪れ、ラニを診てくれているという。札幌の整形外科医、猫塚義夫医師だった。猫塚先生は北海道パレスチナ医療奉仕団を組織し、二〇〇九年から毎年、一カ月にわたり、西岸とガザで医療奉仕活動をおこなっている。

ラニの家を辞すとき、ラニの奥さんが私の靴を持ってきてくれた。泥がこびりついていた靴はきれいに磨かれていた。一緒に暮らしているラニのお母さんは、庭先のアーモンドの樹から青い実を両手にいっぱい摘んで、お土産にくれた。

アーモンドの花は桜によく似ている。満開のアーモンドの樹は、遠目には桜と見紛うばかりだ。春先にはアーモンドの花が桜のように咲き乱れ、鶯がさえずり、秋には辺り一面、麦の穂で黄金色の海になるのだろう。あの壁がなければ、入植地がなければ、なんと美しい土地だろう。イブラーヒーム・ナスラッラーの小説『アーミナの婚礼』(9)（二〇〇四年）の一節を思い出す――占領さえなければ、海はほんとうの海になり、空はほんとうの空になるのに……。

ホテルに帰って、ラニのお母さんに貰ったアーモンドの実をかじる。初めて食べる生のアーモンドの果肉はほろ苦い味がした。

7 Stay Human

分離壁の建設に非暴力直接行動で抵抗するビルイン村の人々の姿を記録した映画がある。ビルイン村のイマード・ブルナートとイスラエルのユダヤ人アクティヴィスト、ガイ・ダヴィディが共同監督した『壊された五つのカメラ』(二〇一一年)だ。

金曜デモで、道の真ん中に立ち、自分たちに銃を向ける若いイスラエル兵たちに向かって、「話し合おうじゃないか、同じ人間だろう!」と呼びかける村の男性。フィール(象さん)の愛称で親しまれた大好きなおじさんを殺されて、「ユダヤ人をナイフで殺そうよ」という幼い息子に、どうしたらユダヤ人も同じ人間であることを教えられるか悩む父親……。なかでもとりわけ印象的だったのは、壁と闘う村人たちがことあるごとに宴を催してはみなで楽しく歌い踊ることだ。それを「根っから明るいパレスチナ人の民族性」などと評したレビューがあったが、とんでもない誤解だ。

占領と闘うとはどういうことか。占領下でパレスチナ人が生きることそれ自体が、占領に対する抵抗だとよく言われる。なぜか。パレスチナに物理的に留まり続けることで、今なお続く民族浄化に抵抗しているから、だけではない。「占領」とは他者の人間性を否定する暴力だ。それは、「人を破壊する苦しみ」だとブサイナ・ホーリーは言う。「魂の破壊」だとサラ・ロイは言う。占領と闘うとは、この人間の破壊、魂の破壊と闘うことだ。

闘う者がいつしか敵の似姿と化してしまうことをニーチェは警告した。占領という「人間を破壊する」怪物と闘うパレスチナ人にとって真の敗北とは、自らが怪物と化してしまうこと、敵の似姿となってしまうことだ。たとえ政治的に勝利したとしても、軍事的に勝利したとしても、「人間であること」を手放してしまったら、それこそが人間にとって真の敗北となる。だから、彼らは人間であり続けようとする。人間の側に留まり続けようとする。サリ・ハナフィが言う「スペィシオサイド」、パレスチナ人がパレスチナで人間らしく生きる可能性をことごとく圧殺する暴力のなかで、人間らしく生きること、それが占領下のパレスチナ人の根源的な抵抗となる。占領者が自分たちの人間性など一顧だにしないから、だからこそ自分たちは占領者の人間性を否定しない。同じ人間として呼びかけるのだ。占領が人間的な生を破壊するからこそ、壁と闘う彼らは宴を催して、笑い、冗談を言いあい、その瞬間、凝縮された人間的生を全身全霊で享受する。魂の破壊に抗して。

二〇〇二年四月、外出禁止令が敷かれたベツレヘムの、イスラエル軍に占拠されたスターホテルのロビーで、アウニーたちがなぜ、あんなに引きも切らず冗談を言っては笑い転げていたのか、今ならよく分かるような気がする。生を破壊する暴力、パレスチナ人の人間性を否定する暴力のただなかで、二人の青年たちは、生を愛し、今、この瞬間の生を精一杯、享受するという根源的な抵抗を遂行していたのだ。それはまた、ロビーの奥にたむろしている同年代のイスラエル占領軍の若者たちに対する抵抗のメッセージでもあっただろう。僕たちは何があろうと、生を愛し、人間であり続ける、お前たちに僕たちの魂を破壊することはできない、というメッセージだ。

あの日、占領軍兵士の若者がひとり、微笑みを浮かべながら、アウニーらと談笑している私のところにやって来て、所属先を示す証明書の提示を求めた。大学の職員証を見せると、「どうして君たちのＩＤは英語が書かれていないんだろう……」と困ったように笑いながら言って、職員証を私に返した。善良そうな青年だった。所属先の確認は口実で、彼はパレスチナ人の青年たちと楽しそうに話をしている私と何か話をしたかったのだと思う。しかし、そのときの私にとって、イスラエル兵はみな「占領者」であり「敵」だった。青年の気持ちを薄々察知しながら、私は彼と一言も話さず、青年は仲間の方に帰って行った。あのとき、青年のほうから差し伸べてくれた手を握らなかったことを、今、とても後悔している。

8　人間の勝利

ブサイナ・ホーリー監督の映画“Women in Struggle”は、次のような言葉で締めくくられている。

私たちは今、刻々と勝利に近づいている。国家が別の国家に対して収める勝利ではなく、人間が自分自身に対して収める勝利である。

註

（1）Ariella Azoulay, Kheira's Smile, in *Moments, Israel*, 2002.

（2）Buthina El-Khoury, *Women in Struggle*, 2005.

(3) Gideon Levy, Tank Lanes Built Between New Jenin Homes, *Haaretz*, 10 June, 2004. https://www.haaretz.com/1.4709450

(4) B'Tselem, Restrictions on Movement, https://www.btselem.org/freedom_of_movement

(5) ブサイナ・ホーリー「魂の破壊に抗して」、ＷｉＳＥＣ編『Women in Struggle―目線―　パレスチナ　ジェンダー・占領・人権を考える』、二〇〇八年

(6) サラ・ロイ「ホロコーストとともに生きる——ホロコースト・サヴァイヴァーの子どもの旅路」、『みすず』二〇〇五年三月号

(7) Sari Hanafi, 'Spacio-cide. Colonial Politics, Invisibility and Rezoning in Palestinian territory,' *Contemporary Arab Affairs*. London:Routledge, II (1), pp. 106–121.

(8) Rani Burnat from Bil'in, International Solidarity Movement, 15 March 2016. https://palsolidarity.org/2016/03/rani-burnat-from-bilin/

(9) Nasrallah Ibrahim, *A'arās Āmina*, al-dār al-ʿarabiyya lil-ʿulūm, 2004.

第十二章　人間性の臨界

1　世界の中心で

二〇〇九年一月二二日午後七時。大阪、扇町公園。

一月の冷たい雨が激しく降りしきるなか、雨合羽に身を包んだ五〇〇人あまりの市民たちがデモ行進に出発した。かじかむ手でプラカードや横断幕を握りしめ、あの晩、私たちはあらん限りの声でシュプレヒコールを上げながら夜の梅田の街をずぶ濡れになって進んだ。イスラエルはパレスチナ人を殺すな、子どもたちを殺すな、ガザの占領を止めろ、封鎖を止めろ……。四日前に停戦になってはいたが、ガザの人々を襲った許しがたい暴力に、私たちの誰もが全身全霊の怒りをもって叫ばずにはいられなかった。合衆国総領事館の前に差しかかると、シュプレヒコールはなおいっそう熱を帯びた。誰もその前を動こうとはしなかった、まるで、そこがイスラエルの首相官邸前であるかのように。まるで、その声が天に届きさえしたら、殺戮も、占領も、封鎖も一瞬で消え去ってしまうとでもいうかのように。雨に顔を打たれながら誰もが声を振り絞って叫んだ。そうせずにはいられなかった……。

2 Attack

二〇〇八年十二月二七日（土曜日）、十二時五一分。

何十もの高層ビルが攻撃された。死亡者は一二〇人以上、負傷者は何百人にものぼる。標的になったビルのうち、ひとつは我が家から一〇〇メートルのところ。恐ろしい光景だ……。

ガザのアズハル大学で英文学を講ずるサイード・アブデルワーヘド教授のメールが、いったいいつ、どのようにして私のもとに届くようになったのか分からない。しかし、どのようにしてか、教授の送信先リストに私のメールアドレスが加わって、いつの頃からか、ガザやパレスチナ問題について教授が英語で発信する情報が私にも送られてくるようになった。

二〇〇八年の暮れのその朝、冬休みを迎え、のんびりと朝寝坊した私は、昼近くに起きると、いつものようにコーヒーを淹れ、リビングルームのソファに座り、パソコン・メールの受信フォルダを開いた。新着メールのなかに教授のメールもあった。“Attack”と題されたそれに不穏なものを感じ、すぐにメールを開くと、現れたのは冒頭のような文章だった。ガザで何かとんでもないことが起きている、すぐに知らせなければ。そう直感し、メーリングリストに転送しようと日本語に訳しているそばから第二信、第三信が届く。

十三時三分。

二五の建物がイスラエルに空から攻撃された。建物はすべて木っ端微塵になった。死者はすでに推定二五〇人に達する。負傷者は何百人にものぼるが、貧弱な設備しかないガザの病院では、彼らは行き場もない。


十八時三分。

なんという光景だ……。シファー病院の発表では、すでに遺体が一九五以上、負傷者は五七〇人以上、病院に運ばれた。死傷者の数は刻一刻と増え続けている。これはガザ市だけの数字だ。自宅アパートの近くで末息子がスクールバスを待っていると、息子が立っていたところから、ほんの五〇メートルしか離れていない場所が爆撃された。息子の目の前で、男性二人と少女二人が殺された！　即死だった！


二〇〇八年十二月二七日に始まり、翌〇九年一月十八日まで二二日間にわたり続くことになるイスラエルのガザ攻撃の始まりだった。

3　ハッピーニューイヤー

それは、想像を絶する攻撃だった。アウシュヴィッツのあとで、人間が人間に対してなしうることに想像を絶することなど、もはや何一つないのだとしても。

世界がクリスマスの余韻にひたるなか、その攻撃は突然、始まった。ガザ地区はその前年から完全封鎖されていた。世界最大の野外監獄と化したそこに、一年以上に及ぶ完全封鎖で疲弊した一五〇万もの人々（当時）が閉じ込められていた。逃げ場もなく、まさに「袋のネズミ」状態に置かれた彼らの頭上に、空から海から陸から、ミサイルや砲弾の雨が二二日間にわたり降り注いだ。死者は一四〇〇人以上に及んだ。四年数カ月に及ぶ第二次インティファーダの死者が約三〇〇〇人だ。その半分近くが、たった三週間で殺されたことになる。まさに一方的な破壊、一方的な殺戮だった。

自治政府関連の建物も警察署も、大学も、スポーツセンターも、公園も、民家も、攻撃された。病院も、国連の学校も、モスクも容赦されなかった。いくつもの家族が瓦礫の下で生き埋めになって死んだ。攻撃は夜に集中した。真っ暗闇の中、砲弾やミサイルが周囲に着弾する轟音や振動が、深夜から明け方まで間断なく続く。そんな恐怖の長い夜を耐え抜いて、ようやく朝、陽がのぼって攻撃が止み、外を見れば、爆撃されたのは墓地だったり、すでに幾度となく攻撃され破壊された建物であったりする。住民をただただ恐怖に陥れるためだけになされる爆撃、まさに純粋テロルだ。それが二二日間、続いた。

二二日間……。それは終わったからこそ言えることだ。攻撃が現在進行形で続いているさなか、空爆下の人々は、この事態があと何日、続くのかなど知る由もなかった。この晩を生き延びて、もう一度、朝を迎えられるのか、そんな恐怖の夜を二二夜も経験したのだ。私たちが新年をのどかに言祝いでいたとき、ガザは血にまみれていた。

二〇〇九年一月一日　木曜日　十八時三四分

二〇〇九年元日のガザはどのような姿か？　死がガザを覆い尽くしている。嘆きと悲しみが、二〇〇九年という新年の挨拶なのだ。血と大量の死体のにおいがする！　毎分のように悪い知らせが新たに届く。爆発音、爆撃、ミサイルの飛来音、崩壊、すさまじい破壊、イスラエルのドローン、アパッチその他の軍用ヘリ、F16型戦闘機、足元を揺るがす大地。破壊の跡がいたるところに。死体、ちぎれた四肢、泣き叫ぶ子ども、幼い子どもや夫を探し求める母親。どこに行けばいいのか、どこに隠れればいいのか、誰にも分からない！　イスラエルの攻撃のもとでは、安全な避難場所などどこにもありはしない。市民社会の施設さえ標的にされた。法務省、教育省、文化省も破壊された！　モスクも手ひどくやられた。周辺の何十という家々もすさまじく粉砕された。人々は死に、そして、傷ついた。

だが、攻撃はその後さらに半月以上、続くことになる。アブデルワーヘド教授は電気も途絶えたなか、自家発電機を使って、燃料の続く限り、ガザで起きている事態を連日連夜、世界に向けて発信し続けた（その記録は同年三月、『ガザ通信』のタイトルで青土社から緊急出版された）。

一月四日　日曜日　十九時四一分

ガザで私たちは、雨のように降り注ぐミサイルと砲弾の集中砲火の真っ只中にいる！　今は完全な暗闇だが、その闇を破って、ドローンやヘリコプターの唸る音が聞こえてくる。通りは人っ子ひとりいない！　ときどき救急車と消防車のサイレンが聞こえる。今日、救急医療士三名が死ぬ。ほかの命を救おうとしているさなかだった。一昨日も、医師一人と救急医療士が殺された。

医療従事者に対する攻撃は国際法違反だ。しかしガザでは、負傷者の救出に奔走する救急医療士たちが狙い撃ちされ、殺された。ガザでパレスチナ人の人権擁護活動に携わる外国人の若者たちは救急車に同乗し、救急医療士を狙撃から護った。

一月八日　木曜日　十九時六分

昨夜のガザはほんとうに身も凍る思いだった。空襲は六〇回以上、加えて、戦車や大砲による砲撃があたり一帯、ところかまわず引っ切り無しに続いた。ガザでは一瞬たりとも安全な場所などどこにもない！　私たちが経験している、この身の毛もよだつような恐怖は、到底、言葉では言い尽くせない。死者の数もうなぎのぼりだ。今日だけで三〇人以上が死んだ。負傷者は言うまでもない。……死者の数は八〇〇人に、負傷者は三一〇〇人に達した。

一月十日　土曜日　二〇時三一分

どこもかしこも死が覆っている。昨晩の空襲は七〇回以上、さらに今日は三〇回！　これらの空襲で何百人もの子どもたちや女性たちが死んだ。このすさまじい破壊のさまは、あなたがたには想像できまい。人々は、この引き続く爆撃にとても耐えられない。いくつもの家族が、爆撃された建物の瓦礫の下敷きになって、一家全滅した。ガザ市全体が食料難に陥っている。当然のことながら、果物や野菜などまったくない。電気と水の状況も依然、ひどい。ガザは人道的危機の限界にある！　保健衛生状況も、貧弱な病院の数々も崩壊しつつある。

一月十三日　火曜日　十一時十四分

血まみれの夜だった。昨晩また、イスラエルの地上攻撃があった。深夜一時半に始まり、六時四五分まで続いた。またも、うちの地区だ。戦車やヘリコプターに加えて、彼らは白燐弾も使った。地区全体が白燐弾で煌々と照らされた。

白燐弾。燐は大気中で自然発火するため、空気に触れているかぎり鎮火しない。人体に付着すると、骨に達するまで皮膚と肉を焼き焦がし、吸い込むと、肺を内側から焼き尽くす。イスラエルは照明弾として使用したと主張するが、「ガザ、二〇〇八、白燐弾」で検索すれば、正視するに堪えない、頭部やからだに痛ましい火傷を負った子どもたちや、真っ黒な炭の塊と化した赤ん坊の写真などが多数、アップロードされている。

一月十九日　月曜日　一時五一分

今朝、イスラエルは一方的停戦を発表した。だが、実際には、コンタクト・ゾーンで銃撃を続けている。無人飛行機は上空を立ち去ることなく、F16は、停戦発表の十二時間後でさえ、いくつかの建物を攻撃目標にした。

今日、初めて、残骸の下や、ゼイトゥーン地区の裏道、ガザ地区北部、そして、イスラエル軍が攻撃し破壊したところから、新たに一〇〇体以上の遺体が見つかった！　瓦礫や破壊された家の下から子どもたちを含む一家全員の遺体が発見された家族もたくさんある。死者の数は一三〇〇人を超えた。こんなことをどうやって信じればいいのだ、理解すればいいのだ！……ガザの社会全体が打ちひしがれている。失われた命の数々、圧倒的な破壊、残骸、死傷者、そして絶滅のさまに！　農作地も農民の家々も、彼らのまわりのすべてが甚大な被害に見舞われた。市民たちは誰もがうちひしがれ、精神的外傷を負い、ショックを受け、悲痛な思いでいる。イスラエル兵が建物内部まで侵入した住宅は、どこもかしこも滅茶苦茶にされた。

これは、パレスチナ人という存在そのものに対する戦争にほかならない！

4　ぼくたちは見た

撤退するイスラエル軍の戦車は、その途上、収穫前の苺畑を蹂躙していった。ガザ攻撃の惨状を取材した土井敏邦さんが撮影した動画には、苺の実を握りしめて、「これが武装抵抗勢力だというのか！」と何度も叫ぶ老人の姿が記録されている(1)。

ガザには動物園がある。ガザの子どもたちにも、世界のほかの子どもたちと同じように笑顔になってもらいたい、職員たちのそのような思いと努力で開園された動物園だ。職員はみな手弁当だ。地上戦が始まり、侵攻したイスラエル軍は動物園を占領、職員の立ち入りを禁じた。職員たちは、せめて動物たちに餌をやることを許してほしいと懇願したが、叶わなかった。占領軍の撤退後、職員たちが園に駆け付けたとき、動物たちのほとんどが、痩せさらばえて絶命していた。

生き延びた子どもたちは深刻なトラウマを抱えていた。親族数十名が避難していた小屋が直撃され、親やきょうだいや、いとこたちの肉片をその身に浴びたまま、救出されるまで数日間を過ごさねばならなかった子どもたちもいる。攻撃がガザの子どもたちの心に残した深い爪痕は、古居みずえさんの映画『ぼくたちは見た――ガザ　サムニ家の子どもたち』（二〇一一年）で描かれている。

5 アウシュヴィッツ

停戦から五日後の一月二七日、アウシュヴィッツの解放記念日であるこの日、厳寒のポーランド、絶滅収容所の跡地では、例年どおりホロコースト犠牲者の追悼記念式典が開催された。各国の代表が参列し、合衆国大統領やローマ法王もメッセージを寄せた。だが、毎年、そこで語られる言葉、「このようなことを二度と繰り返してはならない」という誓いは、いったい何を繰り返さないというのか。

6 アイスクリーム

忘却が次の虐殺を準備する――韓国の文富軾さんがその著書『失われた記憶を求めて』[2]のある章のエピグラフに掲げた、韓国の詩人の言葉だ。攻撃が続いているあいだも停戦になったあとも、私はガザ攻撃について語る機会があるたび、その言葉を引用した。たとえ停戦になったとしても、この出来事をもし私たちが忘却するなら、私たちは次の虐殺への道を整えていることになる。私たちは今、《ガザ》のあとにいるのではない、次の《ガザ》の前にいるのだと。

二〇〇九年十月、日本国際ヴォランティアセンターの招聘で、ガザのNGOのスタッフ、モナ・アブーラマダーンさんが来日、京都でも講演会を開催した。一六〇人定員のホールはいっぱいになり、岡山から駆けつけた人もいた。攻撃が終わって九カ月がたつのに、ガザに関心を寄せて、これだけ大勢の人々が参加してくれたことにモナさんは驚き、かつ感激していた。ガザでは、攻撃のときのほうが良かったという子どもがいるのだという。攻撃のあいだは世界じゅうがガザに関心を向けてくれていたからと。しかし、攻撃が終わったとたん、ガザは急速に忘れ去られていった。完全封鎖は依然、続いているというのに。日本の報道もそうだ。もとより攻撃のあいだも、出来事の重大さに見合った質・量の報道ではなかったが、停戦を迎えたあと、ガザの名は聞かれなくなった。あたかも、一時に人間が大量に殺されない限り、私たちが注目すべきものなど何もないとでもいうかのように。

忘却がそれを準備したのだろうか。いや、忘却する暇すらなかった。ガザはその後、わずか五年半余りのあいだにさらに二度も、イスラエルによる大規模軍事攻撃に見舞われたのだった。とりわけ二〇一四年七月に始まる三度目の攻撃は、二〇〇八―〇九年の最初の攻撃――人間の想像を絶すると思われたあの攻撃――がのどかにすら思えてしまう、文字どおりのジェノサイド攻撃だった。このときの攻撃は五一日間に及び、死者は二二〇〇名を超えた。うち五〇〇人以上が子どもだった（若年人口が多いガザでは攻撃があるたびに必ず、大勢の子どもたちが犠牲になる）。六歳に満たない子どもがすでに三回もの戦争を経験したことになる。それも、生き延びていれば、の話だ。ガザからネットに投稿されたエッセイに添えられた一枚の写真が忘れられない。遺体を保管する冷蔵室が満杯なので、アイスクリーム用のショーケースに安置された幼いきょうだいの写真だ。

7　緊急のエクリチュール

この二〇一四年の五一日間戦争の破壊はすさまじかった。イスラエルとの境界線から数キロ以内に位置する街や村がことごとく、徹底的に破壊されたのだった。ドローンで空撮したガザの動画を見た。

息をのむような破壊の跡だった。真っ先に想起したのは東北の津波の被災地の光景、あるいは原爆投下直後の焦土と化した広島だった。実際、このガザ攻撃で爆撃や砲撃で使用された爆薬の量は、TNT火薬に換算した場合、広島型原爆に匹敵するという。(3) 一八〇万(二〇一四年当時)の人口で二二〇〇人の死者は、日本の人口比で言えば十四万人に相当する。一九四五年八月六日から同年暮れまでに広島で被爆によって亡くなったのが十四万人だ。核兵器こそ使われてはいないものの、このときガザで起きた破壊と殺戮のスケールは広島のそれに匹敵する。

それは「ダーヒヤ・ドクトリン」と呼ばれる戦術だった。「ダーヒヤ」とはアラビア語で「郊外」を意味する。二〇〇六年夏、ヒズボッラー追撃のためレバノンに侵攻したイスラエル軍が、ヒズボッラーの拠点のあるベイルート郊外の市街地を攻撃する際に用いたため、このような名で呼ばれる。端的に言えば、標的の規模とはまったく不釣り合いな圧倒的な武力でもって、敵をその周囲数百メートル四方に存在する民間施設もろとも瓦礫の山にしてしまう攻撃だ。たったひとつの小さな標的を叩くために、着弾誤差数十メートル、着弾すれば周囲一〇〇メートル四方を破壊する砲弾が何十発も撃ち込まれ、街区全体が土砂の海と化す。紛れもない戦争犯罪だ。こうしてガザでは、最大時、五〇万もの人々が家を追われた。五一日間戦争のあと、その戦術は「ガザ・ドクトリン」と呼ばれている。

民間施設に対する攻撃は戦争犯罪だ。イスラエル軍は、事前に警告しているから戦争犯罪には当たらないと主張する。事前警告とは、屋根に撃ち込まれるミサイルであったり(その「警告」用ミサイルで住民が殺傷されることもある)、あるいは一本の警告電話であったりする。受話器をとると、録音された音声が伝える――十分後にその地区を攻撃するから避難せよ、と。だが、どこに行けというのか。

国連のシェルターはどこも満杯だった。しかも、国連の施設さえも繰り返し標的にされ、避難民が殺されていた。ハマースが武器をそこに隠し置いている、ハマースが住民を「人間の盾」にしている、と主張することで、あらゆる戦争犯罪が正当化された。

何千人という人間たちが街路を埋め尽くすようすを記録した写真がいくつもある。差し迫る破壊から、とるものもとりあえず自宅を後にしてきた避難民たちの群れだ。貧しい者たちほど大家族だ。一軒の家で親族全員、五、六〇人が暮らすのも珍しくない。ひとつの街区が攻撃されれば、数千人が一挙に家を失う。

攻撃さなかの二〇一四年八月八日、ネットのパレスチナ関連サイトに投稿された、「十二秒間の電話」と題する匿名の英語のエッセイがある。少し長いが、以下に全文を引用する。

〈十二秒間の電話〉

電話。より正確には十二秒間の電話。十二秒間の電話が十家族全員を通りに追い出した。十二秒間の電話のせいで祖母たち、祖父たちは五〇年以上住み慣れた我が家、子どもを産み育て、その子どもたちが自分たちの子どもを産み育てた家を捨てねばならなかった。

伯父の電話が鳴った。私たち全員、ただちに家から避難しなければならない、占領軍があと十分でこの家を砲撃するからと。伯父の妻は気が狂ったように叫びながら家じゅうを走り回る。六人の子どもたちがどこにいるのか探し求めて。彼女の娘は障害者だ。誰が彼女を外に連れ出すのか？　誰にまず伝えればいいのか？　この建物に住んでいる家族六〇人に誰が知らせるのか？

十分間で何ができる？　服を着替える？　子どもたちに伝える？　うち棄てていく家の二〇年間の思い出を掻き集める？　死者の仲間入りから逃れるための十分間。上空で飛行機が旋回する音が聞こえて、彼女はもうおしまいだと思う、十分が過ぎてしまったのだと思って。でも、ありがたいことに、恐ろしいニュースはすぐに広まった。数分でお隣の末っ子は、自分の命が危険にさらされていると気がつく。

紛争のいくつかの報告記録に従えば、祖父は一九二八年か二三年に生まれた。第二次世界大戦を目撃し、英国によるパレスチナの占領を、ナクバを、一九六七年の戦争を、一九七三年の戦争を、ベイルート侵攻を、第一次インティファーダを、第二次インティファーダを、オスロ合意を、イブラーヒーム・モスクの集団虐殺を目撃した。基本的に、祖父は、これらすべてが始まったときから、これらすべてを生きてきた。

祖父は八四歳だか九一歳になってまたも、家を追い出される。最初に家を追われて、何年か難民キャンプで過ごしたあと落ち着いた家を離れるのを余儀なくされる。またもや暴力と不正が自分を襲う。またもや自宅を去らねばならない。祖父はそこに横たわり、動くことすらできない。歳をとっているから、ではない。死ぬことと難民キャンプあるいはＵＮＲＷＡの学校でもう一度暮らすことにどんな違いがあるのか、分からなくて。どうしたら自分が築きあげた家を捨てて出ていくなんてできるだろう。祖父は文字どおり、煉瓦を一つ一つ積み上げて、この家を築いたのだ。

祖父はようやく起き上がると、壁に手をつきながら力なく歩いて行く。オリーブの木に別れを告げる暇もなく、六〇年間毎朝、掃き浄めてきた床にも別れを告げる暇もなく。一から築き上げた家を目に焼き付ける暇もなく、この家がどうなるのか思いを馳せる暇もなく。

あと十分、思い出が、かみしめる時間もなくどんどん脳裏から零れ落ちて行く。あと十分、急いで移動しなければ、私たちの命も、私たちから零れ落ちてしまう。あと十分で、何もかもが瓦礫になる。私の金属製の机。父が何年もそこで仕事をしたその机。私が少なくとも十年は勉強し、私の兄弟全員が勉強するとき使った机。壁にかけられた額、父がエジプトのアズハル大学から授与された卒業証書がそこに誇らしげに飾られている。台所のバルコニーに気持ちよく巣作りしている鳩――この鳩もいなくなってしまう、どこに避難したらいいかも知らないまま。姉が書いた壁の落書き。消えることも色褪せることもなく、三〇年以上もそこにあった落書き。一撃で、なにもかもがなくなってしまう。

私たちの家族はすでに、一人を戦争で亡くしている。でも、私たちの誰も、こんなことが実際に起こるだなんて考えていなかった。六〇人もの人間が住んでいる家を、住民すべてをそこから追い出して、破壊するなどということが人にできるだなんて、誰も思いもよらなかった。叔母が絶望のあまり祈る、「ああ、神さま、私は息子を失いました、今度は家まで失うのですか?」

家を追われるのは私たちの家族だけではない。この通りのすべての家族がそうだ。四〇以上の家族が突然、難民になってしまった。こんな恐ろしい事態を予期していたのか、満杯の鞄、身分証明書の書類を手に。

十分が過ぎたけれど、飛行機はまだ攻撃してこない。でも、家に戻る者はいない。十分間が何事もなく過ぎたということは、砲撃の開始が遅れているということであって、中止になったというわけではない。これから起こることを考える時間が、悲しむ時間が、さらに長くなったということ。私たち

はただ立ちつくしている。子ども時代の懐かしい壁にもう一度、触れることもできずに。(4)

五一日間戦争のあいだ、戦時下のガザのようすを伝える英語のメッセージや写真、動画が数多くネットに投稿された。二〇〇八―〇九年の攻撃のときは、電子メールが世界に向けたほぼ唯一の発信手段だった。写真を送るのもメールに添付するしかなかった。しかし、それから五年半のあいだに、フェイスブックやツイッターなどのいわゆるSNS（ソーシャル・ネットワーク・サービス）の通信網が世界中を覆い尽くすと同時に、スマートフォンも瞬く間にゆきわたり（ガザも例外ではなかった）、世界に向けた情報発信が誰にでも可能になった。その結果、二〇一四年の攻撃では、ガザの若者たちがSNSを活用して英語で情報を積極的に発信した。そのなかには、先に引用したような英語のエッセイもあった。英文科の学生や卒業生が、得意の英語を活かして、単に今、そこで、何が起きているかをジャーナリスティックに伝えるだけでなく、今、ガザにあって、この状況を生きるとは人間にとっていかなる体験であるのかを、出来事のただなかで文章に紡ぎ、次々に発表したのだった。それは情報として消費されることに抗う、紛れもない「文学」――緊急のエクリチュール――だった。

彼らが英語で書いたのは、世界の人々に読んでもらうためだ。そうでなければ、母語であるアラビア語で書いただろう。情報に還元されない文学的強度をもったそれらのエッセイは、読み手の魂にダイレクトに訴えかける。ガザで今、私たちと同じ人間が、この破壊と殺戮にさらされているのだと私たちは感じる。しかし、それでも私は、彼らがこうしたエッセイを書いたのは、第一義的には彼ら自身のためであったのだと思う。

彼らは書かずにはいられなかったのだ。明日、生きているかどうか分からない日々を、正気を保って生き抜くために。世界と自分自身の身に今、起きている不条理を対象化し、出来事に翻弄されながらも、決して自分自身を見失わないために。一片の人間性も顧みられずに虫けらのように殺されようとしている、その出来事のただなかにあって、自ら書くという行為を通して、人間である自分をこの世界に刻み込むために。世界に発信するのは、そのためだ。《文学》には幾重にも、彼ら自身の生き延びが懸けられていた。

8　芝刈り

数年おきに繰り返されるガザに対する殺戮と破壊。二〇〇八―〇九年には、想像を絶するジェノサイドと思われたそれが、五年半のあいだに二度、三度と繰り返されるうちに、いつしかガザのルーティンになってしまった。イスラエル軍は軍のジャーゴンでこれを「芝刈り」と呼ぶ。伸びてきた芝が刈られるように、ガザのパレスチナ人は数年おきに「刈り取られる」のだ。そのたびに何十人、何百人という子どもたちが命を奪われ、心とからだに癒しがたい傷を負う。大学でガザについて話をしたとき、学生たちの感想のなかに出来事の本質を衝く一文があった――「ガザ、世界最大の野外監獄、無期懲役ときどき死刑、罪はパレスチナ人であること」

なぜ、そんなことが繰り返されるのか、とよく問われる。この問いには、幾通りものレベルの答えがある。

イスラエルがなぜ、こんなことをするのか、ということなら、イスラエル政府は、ハマースのテロから国民を守るため、国民の安全保障のためだと答えるだろう。だが、西岸に建設された巨大な分離壁が、イスラエルの主張する「安全保障フェンス」などではいささかもなく、パレスチナ人の土地と資源を簒奪し、パレスチナ人の移動の自由を奪い、彼らが自分たちの土地で人間らしく生きていくことを不可能にするスペィシオサイドの一環であるように、ガザに対する攻撃が国民の「安全保障」だというのも、事実を隠蔽する表向きの理由に過ぎない。

イスラエルはガザに対する大規模軍事作戦をつねに、ハマースによるロケット弾攻撃に対する反撃、自衛のための戦争と主張し、日本でもそのように報道されるが、実際にはイスラエルによる散発的爆撃はガザの日常となっている。二〇〇八―〇九年の攻撃のさなか、カリフォルニア大学法学部、国際法を専門とするジョージ・ビシャーラート教授は「ウォールストリート・ジャーナル」に論考を寄せ、ハマースの攻撃に先立ってイスラエルによるガザ爆撃があった事実を指摘し、ハマースの攻撃はそれに対する反撃であり、そうである以上、イスラエルは自衛戦争を主張することはできないと論じた(5)(イスラエルの最大の同盟国である合衆国の主流メディアに、このような論考が掲載されたことに驚いたが、のちにビシャーラート教授にお会いした折、その点についてうかがうと、同紙が親イスラエル資本の傘下に入り、イスラエルに対し批判的な記事は、教授のこの論考を最後に以後、一切、掲載されなくなったという)。

経済的見地から言えば、軍事産業はイスラエルの基幹産業のひとつだ。広島と長崎が二種類の新型爆弾の破壊力を実地に測るための実験場だったように、ガザもまた新兵器開発のための恰好の実験場であり、同時にガザ攻撃は、世界市場にイスラエル製の兵器の性能を宣伝するためのデモンストレーションの役目を果たしている。

そこにはまた、折々の政治的理由も絡む。二〇〇八―〇九年の攻撃は、〇九年二月に総選挙を控え、与党の得票率アップのために仕掛けられた。二〇一四年の五一日間戦争については、同年四月、二〇〇七年以来、分裂していたハマースとファタハが和解し、統一政府の発足に合意、その実現を阻止するために実行された。狙いは成功、統一政府はご破算になった。攻撃のたびに主張されるハマースによるイスラエル攻撃云々は、すでに準備され、あとは開戦の合図を待つばかりの軍事作戦に、作戦開始に必要なきっかけを提供したに過ぎない。

なぜ、繰り返されるのかという問いが、何がそれを可能にしているのかという意味ならば、このようにも言えるだろう。第二次世界大戦後、絶滅収容所の真実が明らかになると、ドイツ人は「私たちは知らなかった」と弁明した。本当に知らなかったのかどうかはここでは措こう。「知らなかった」ということが弁明になりうるのは、知っていればこのようなことは許しはしなかった、必ずやそれを阻止しようとしただろう、という含意があるからだ。だが、本当にそうなのだろうか。ガザの殺戮と破壊は、世界注視のなかで起きている。最新兵器の実戦デモンストレーションでもあるのだから当然だ。日本のメディアでも報道された。私たちは決して知らないわけではない。無知がホロコーストというジェノサイドを可能にしたのだとしたら、繰り返されるガザの虐殺を可能にしているのは、私たちの無関心だとも言える。茶の間に流れるガザのニュースは、一瞬、心を波立たせはしても、多くの者にとってそれ以上のものではないのだ。

別の次元では、法の支配がないことが指摘できる。ガザに本部を置くパレスチナ人権センター（PCHR）の代表、弁護士のラジ・スラーニは、五一日間戦争さなかの二〇一四年八月三日に発表した

「なぜ停戦だけでは十分ではないのか」と題する文章で、イスラエルの戦争犯罪がひとたびも裁かれていない事実を指摘している。PCHRは二〇〇八―〇九年の攻撃における戦争犯罪について、イスラエルに対して一〇四六名に関する四九〇件の刑事告訴を行なったが、それに続く五年間でイスラエル当局から回答があったのは四四件にとどまる。しかも、その内容はと言えば、「兵士一名がクレジット・カードを盗んだ廉で七カ月の懲役。兵士二名が九歳の少年を人間の盾に使ったことで有罪、三カ月の執行猶予。兵士一名が、白旗を掲げていた一団に発砲し、女性二名を死に至らしめた件では、「火器の誤用」で有罪、四五日間の投獄」だった。スラーニは言う。

ここに公正さなど欠片もない。これらの絶えざる戦争犯罪の衝撃の大きさと、にもかかわらず結果的に処罰がなされないことが、私たちの尊厳そのものを否定し、私たちの人間としての価値を否定している。これらの判決は、私たちの命など聖なるものではないと言っているのだ。私たちなど取るに足らないものだと。(6)

それは国際社会も同じだ。安保理決議に反して半世紀以上続く西岸とガザの占領、ガザの完全封鎖(それ自体が戦争犯罪だ)、西岸における入植地や分離壁の建設など国際法違反の数々。そして大規模軍事攻撃のたびに犯される夥しい戦争犯罪……。二〇〇八―〇九年の攻撃のあと、国連の事実究明調査団が組織され、提出された長大な報告書はイスラエルによる数多の戦争犯罪を指摘していたが、(7)結局、うやむやになってしまった。パレスチナに関しては、法による支配など存在しない。こうして、イスラエルを断罪しないことで国際社会は、スラーニが言うようにメタメッセージを発しているのだ、パレスチナ人など取るに足らないものだ、何をしてもいい、と。

しかし、また、先の問い——なぜ、このようなことが繰り返されるのか——には、次のように答えることもできるだろう。それは、イラン・パペが言う、一九四八年のナクバから続くイスラエルによる「漸進的ジェノサイド」、歴史的パレスチナの民族浄化の一環なのだと。あるいは、これを「ポリティサイド」と呼ぶこともできる。完全封鎖が深刻なダメージを与えたガザの経済基盤は、繰り返される軍事攻撃によって徹底的に破壊された。今やガザの住民の八割が国連をはじめとする国際機関やNGOの援助によって、かろうじて食いつないでいるというありさまだ。サラ・ロイは、「[ガザの]パレスチナ人は永続的に物乞《べ》いで生活《ガ》する貧者《ー》にしようと企図されている」というガザのサーミー・アブドルシャーフィーのことばを引用して、皮肉をこめて、世界は六〇年かけて難民をベガーにすることに成功した、と述べている。

ナクバで故郷を追われ、ガザにやって来たパレスチナ人は、国連が支給したテントで暮らし、国連の食糧配給の列に並ぶ、文字どおりの難民だった。一九六七年にガザが占領されると、父親たちは妻子を養うために、二〇年前、故郷を占領し、自分たちを追放したその国の底辺労働者となって糊口をしのいだ。それからさらに二〇年の歳月が過ぎたとき、人々は占領に抗して立ち上った。インティファーダだ。一九六七年の占領下の全土で展開された反占領の民衆蜂起を鎮めるために、合衆国の仲介で「オスロ合意」が結ばれた。それはパレスチナ側に妥協を強いるものだったが、その結果、ガザと西岸で無数のパレスチナの旗が翻った(それまでは、パレスチナの旗を所持するだけで逮捕された)。十年後、「和平プロセス」という名の占領永続化プロセスに対しても人々は再び立ち上がった(第二次インティファーダ)。二〇〇五年、イスラエルはガザの全入植地を撤退させ、それにともなってガザに駐留していた軍隊も撤退する。さらに人々は「市民社会」を築いていった。二〇〇六年、パレスチナの評議会選挙がおこなわれ、国際監視団を組織したジミー・カーター元大統領も「民主的で、嘘偽りなく遂行された選挙だった」とお墨付きを与えるこの選挙で、人々はイスラエルの占領支配と共犯し腐敗したファタハに代わってハマースを選んだ。イラン・パペと並んで、イスラエルの「新しい歴史家たち」の一人と評される、オクスフォード大学のアヴィ・シュライム教授は、この選挙の歴史的意義を高く評価する。民主的な政権交代という、いずれの中東諸国もいまだ成し遂げていないことを、パレスチナ人は占領下という多大な困難のなかで実現したのだから(8)。

ガザの歴史をざっと概観しただけでも、パレスチナ人がその難民的生の経験を通して、国連の援助でかろうじて命をつなぐ「難民」から、占領と闘う抵抗者、自らの権利を訴え、故郷への帰還と主権国家の樹立を求めて闘う政治的主体、自分たちの社会を自分たちで統べる市民へと変貌していったことが分かる。ガザの住民の八割が、ナクバで難民となった者たちとその子孫であり、分類上は依然「難民」だが、彼らは六〇年を経て、ナクバ当時の「難民」とはまったく異質な存在へと変貌を遂げた。継続する完全封鎖と繰り返される攻撃が目論むのは、このパレスチナ人を、今日を生き延びることに汲々として、国際社会の恩情がなければ生きていけない、テント暮らしの「難民」に再び鋳直すことにほかならない。ポリティサイド、政治的主体性の抹殺である。

だが、同時に、攻撃が繰り返されるのは、こうした破壊や殺戮や完全封鎖をもってしても、ガザの人々の、「パレスチナ人」という政治的主体性を消し去ることができないからだとも言える。刈り取っても刈り取っても伸びてくる逞しい雑草のように、いかに打ちのめされ、絶望の淵に沈もうと、七〇年前の民族浄化という歴史的不正義に対する闘いを、祖国帰還の夢を、彼らは決して手放そうとはしない。だから、彼らに対するポリティサイドの暴力も年追うごとに、なりふり構わぬすさまじさを増すのだとも言えよう。

9　怒り

ナチスのジェノサイドの生還者、および生還者と犠牲者の子孫たちは、ガザにおけるパレスチナ人の集団殺戮を全面的に非難する――ガザに対するジェノサイド攻撃が続いていた二〇一四年八月二二日、ホロコーストの生還者、および生還者と犠牲者の遺族ら三百有余名が名を連ね、「ニューヨーク・タイムズ」紙に意見広告としてイスラエル非難の声明を発表、世界的反響を呼んだ(9)。声明は力強い言葉で、「ガザにおけるパレスチナ人の集団殺戮と、歴史的パレスチナに対する継続する占領および植民地化に対する全面的非難を表明する」とともに、イスラエルに資金提供する合衆国や、外交を利用してイスラエルを非難から擁護する西洋諸国をも批判、さらにイスラエルの政治家や評論家がパレスチナ人のジェノサイドを公然と主張し、右派のイスラエル人がネオナチの記章を着用するなど、「イスラエル国内におけるパレスチナ人に対する極端な人種主義的非人間化が、熱狂的なレベルにまで達している」ことに不安を表明している。

声明は、エリ・ヴィーゼル（ホロコースト体験を描いた自伝作品でノーベル平和賞を受賞）をも厳しく指弾した。ヴィーゼルは七月末から八月初旬にかけ、「ニューヨーク・タイムズ」や「ウォールストリート・ジャーナル」、「ワシントンポスト」、「ガーディアン」など英米の主要紙に六万ドルの意見広告を掲載し、イスラエルを擁護して次のように述べた。「私は、自らの人生で、ユダヤ人の子どもたちが火の中に投げ入れられるのを目にした。今、私が目にしているのは、ムスリムの子どもたちが「ハマースによって」人間の盾に利用されている姿だ。どちらの場合も、それを行なうのは、死の崇拝者たちだ。……今日、私たちが耐え忍んでいるのは、ユダヤ人対アラブ人の戦闘でも、イスラエルとパレスチナの戦闘でもない。それは、生を讃える者たちと、死を称揚する者たちのあいだの闘い、文明と野蛮のあいだの闘いである」[10]。これに対し声明は、「イスラエルが総力を挙げてガザを破壊し、何百名もの子どもを含む二〇〇〇人近くものパレスチナ人を殺害しているという、決して正当化しえないことを正当化しようとしてエリ・ヴィーゼルが、露骨な嘘を広めるべく、これらの紙面で私たちの歴史を悪用していることに対し嫌悪と怒りを覚える。国連のシェルターや家や病院や大学を爆撃するのを正当化できるものなど何ひとつ存在しない」と批判した。

声明は次のような言葉で結ばれている。

「二度と繰り返さない」というのは、誰の上にも二度と繰り返さないということを意味するのだ!

註

（1） 二〇〇九年四月五日、京都大学で開催された土井敏邦さん講演会において土井さんが紹介したガザの取材映像。

（2）文富軾『失われた記憶を求めて――狂気の時代を考える』、板垣竜太訳、現代企画室、二〇〇五年

（3）Ali Abunimah, 'How many bombs has Israel dropped on Gaza?', *The Electronic Intifada*, 19 August 2014.

（4）Anonymous, Testimony from Gaza:A 12 Second Phone Call, *IMEU*, 8 August, 2014.

（5）George E. Bisharat, 'Israel Is Committing War Crimes:Hamas's violations are no justification for Israel's actions', *Wall Street Journal*, 10 January 2009.

（6）Raji Sourani, 'Why a Gaza ceasefire isn't enough', *The Electronic Intifada*, 3 August 2014.

（7）二〇〇九年、イスラエルによるガザ攻撃における戦争犯罪究明のため、南アフリカ共和国の元判事、リチャード・ゴールドストーンを代表に、国連が組織した事実調査団。同年九月、提出された四三〇頁におよぶ報告書（いわゆる「ゴールドストーン報告」）は、イスラエル・ハマース双方に戦争犯罪があったと指摘しつつ、とくにイスラエル国防軍による数々の戦争犯罪、人道に対する罪を批判しており、このためゴールドストーンは（彼自身、ユダヤ人であるが）、「反ユダヤ主義者」「ユダヤ民族の裏切り者」と、内外からの誹謗中傷にさらされることになった。

（8）Avi Shlain, 'How Israel brought Gaza to the brink of humanitarian catastrophe', *The Guardian*, 7 January 2009.

（9）'Holocaust Survivors Condemn Israel for'Gaza Massacre,'Call for Boycott', *Haaretz*, 23 August 2014.

（10）'Nobel laureate Wiesel : Hamas must stop using children as human shields', *CNN*, 3 August 2014.

第十三章　悲しい苺の実る土地

ガザでいちばん安いもの、それは私たちの命よ。
——二〇一四年三月、ガザで、NGOスタッフ、メイサのことば

地獄とは人が苦しんでいる場所のことではない。
人の苦しみを誰も見ようとしない場所のことだ。
——マンスール・アル＝ハッラージュ

1　オレンジ

一九八六年、四月初旬。朝七時、カイロのターミナルを出発したバスは、九時ごろ、アル＝カンタラでスエズ運河を渡りシナイ半島に入ると、一路、パレスチナを目指して北上を続けた。一九七八年のエジプト・イスラエルの単独和平合意を受けて開通したカイロ・テルアビブ間を結ぶ一日一本のバスだった。窓の外には、青い空の下にシナイ半島の白い砂漠がどこまでも続く。数時間走っても、窓の外の景色は、砂丘の稜線と風紋が絶えず変化することを除けば、あいかわらず乾いた白い砂の広がりが続いているだけだった。私はいつしかまどろんでいた。

正午を過ぎたころだろうか、バスが止まった。国境に到着したのだ。バスから降りてエジプト側のパスポートコントロールでアラビア語の出国印を貰い、バスに戻る。数十メートルほど進んで再びバスを降り、今度はパレスチナ側で入国印を貰う。国境を管理しているのはイスラエル兵だ。パスポートにヘブライ語の入国印が押される。乗客を乗せ、バスは再び出発した。突然、果樹園の深い緑とたわわに実ったオレンジの実の鮮やかな色が視界に飛び込んできた。『オズの魔法使い』のように、モノクロの世界が突然、フルカラーになった。道の両側にオレンジの果樹園が広がっている。白の紗幕に何時間も晒されて乾いた目に、生い茂った緑とみずみずしいオレンジが眩しかった。

それはガザのオレンジ畑だった。私は長らく、自分はガザを訪れたことはないと思っていた。だが、あのとき、そうと知ることなく、私はガザにいたのだった。

2 クレーシス

二〇〇八―〇九年のイスラエルによるガザ攻撃から五年がたった二〇一三年十二月、二〇〇七年に始まったガザの完全封鎖はすでに七年目に入っていた。人間の出入域も物資の搬入・搬出も著しく制限されている。外国人は国連関係者やイスラエルにNGO登録された団体のスタッフ、同様にイスラエル当局からプレスカードを発給された報道機関の特派員でなければガザに入ることはできない。

〇八―〇九年の攻撃以来五年間、私は、ガザを突然襲った、あの想像を絶する攻撃について――人間性の臨界を更新する二〇一四年のジェノサイド攻撃はまだ起きていなかった――、またその後も依然、継続する封鎖の暴力について、機会あるごとに語りながら、二〇〇九年には、学生や市民有志からなる劇団を立ち上げて、ガザをテーマとする朗読劇の上演活動を地元京都を中心に続けていたが、私自身はガザを見たことがなかった（三〇年近く前の、オレンジに心奪われたあの一瞬を除いて）。ガザに入りたかった。ガザに入って、私自身の目でガザを見たかった。ガザについて語れば語るほど、ガザに対する焦がれるような思いが募った。だが、封鎖のため、それは到底、叶わぬ夢だった。

だから、天恵と言うしかない。二〇一三年の十二月、東京で二日連続、三回にわたるガザの朗読劇を上演した翌日、日本の国際NGOから専門家としてガザに派遣したいという申し出があったのだ。

翌一四年三月、私は完全封鎖下のガザに入った。

3　生きながらの死

ガザの完全封鎖は二〇〇七年に始まる。その前年のパレスチナ評議会選挙で、ガザに拠点を置くイスラーム主義政党のハマース（正式名称は「イスラーム抵抗運動」）が、オスロ合意以後、自治政府を担い、腐敗しきったファタハを破り勝利を収めた。ガザの封鎖は、イスラエルやアメリカが「テロリスト・グループ」と見なす集団（ハマース）を代表に選んだ者たちに対する集団懲罰として始まった。国際社会の承認を得るため、ハマースはファタハとともに新政府を組閣、アメリカのブッシュ政権に特使を送り、統一政権を承認してもらえれば、西岸とガザに暫定国家を建設し、イスラエルとのあいだに長期にわたる休戦協定を結ぶ準備があることを伝えるが、アメリカは、ガザ地区におけるファタハのリーダーであったムハンマド・ダハラーンに兵站——資金、武器、アメリカで訓練された兵士たち——を提供し、二〇〇七年七月、クーデタを起こさせる。一九七三年九月のチリのクーデタと同じ手口だ。あのときもアメリカは、民主的な選挙で選ばれたサルバドール・アジェンデの社会主義政権を潰すためにピノチェト将軍にクーデタを起こさせたのだ。だが、チリと違うのは、ガザにおけるファタハとハマースの内乱で勝利を収めたのは、アメリカの期待を裏切って、ハマースの方だった。以後、パレスチナはガザのハマース政権と西岸のファタハ政権に分裂し、ハマースが統治するガザに対する完全封鎖が始まった。

封鎖下のガザの状況について、二〇〇八年の夏、ジャーナリストの古居みずえさんにお話をうかがった。(1) ガザに対するイスラエルの最初の大規模軍事攻撃が起こる半年前のことだ。古居さんはその年の春、ガザに入り、難民キャンプに暮らすパレスチナ人の家庭に滞在しながら、完全封鎖が始まって一年が過ぎたガザのようすを数カ月にわたり取材していた。

水、電気、ガス、ガソリン、そして食糧も医薬品も、必要最低限しか入ってこない。日本の都市部と変わらない近代的都市生活をしているガザで、人々は自動車の代わりにロバに引かせた荷車を移動や輸送の手段にし、電灯の代わりに油に浸した芯に火を灯すなど、中世への逆行を強いられていた。それだけではない。ガザを出て、イスラエルや海外の病院で手術や適切な治療を受ければ命をながらえさせることができるはずの病人たちが、イスラエルが彼らのガザ出域を認めないために(ここでも、その理由は「安全保障」だ)、出域許可が下りるのを待ちながらガザの病院で亡くなっている。古居さんの取材中にも、小児癌の少女が、出域を待ちわびながら亡くなった(アムネスティ・インターナショナルは、イスラエルに対し重病患者のガザ出域を認めるようにというキャンペーンを繰り返しおこなっている)。散発的な爆撃は日常茶飯事だ。そのたびに死傷者が出る。だが、日本ではまったく報道されない。一度に十数人の死傷者が出てようやく、新聞の外報面の片隅にベタ記事が載る程度だ……。

二〇〇八年はナクバから六〇年目の年だった。だが、ガザの住民たちは「今がナクバだ」と語っていたという。あのとき、古居さんが言ったことばが忘れられない。「日本のマスメディアの人権感覚はどうかしている。ガザでこれだけ深刻な人権侵害が起きているのに、それが日本ではまったく報道されないなんて……」

二〇一四年、完全封鎖という「ナクバ」はすでに七年も続いていた。その年、私が訪れた四カ月後に、ガザはあの大量破壊・大量殺戮に見舞われることになる。

攻撃開始から一週間後、イスラエルはエジプトを介して無条件停戦を提案するが、ハマースはこれを一蹴した。それを伝える日本のテレビ報道を今でもはっきりと覚えている。せっかくイスラエルが提案した停戦を、封鎖解除という条件に固執するハマースが受け入れないために攻撃が続いている、子どもたちが殺されている責任はひとえにハマースにある、というような報道ぶりだった。無差別攻撃で民間人を殺傷しているのはイスラエルであるにもかかわらず。ガザの学者、知識人、作家、ジャーナリストら一〇〇名以上が名を連ね、世界に向けて英語の声明を発表したのは、その一週間後だった。


ハマースは、エジプトとイスラエルがガザの誰にも相談することなく提案した一方的停戦を拒否したが、これは、ガザの圧倒的多数の住民の感情を代表している。単に既成事実——すなわちガザ地区の出入域をイスラエルが厳しく制限し、建築資材の大半をはじめガザに搬入される物資をコントロールし、実質的にあらゆる輸出を禁じ、それによって経済を不能にし、ガザをアラブ世界でもっとも貧困率と失業率の高い地域の一つとしているという状況――に戻るだけの停戦など受け入れがたいというのは、広く公衆に共有されている感情である。そんなことを受け入れろというのは、生きながら死ぬ状態に戻れと言うのに等しい。[2]（強調引用者）

パレスチナ人権センターの代表、弁護士のラジ・スラーニも八月三日付の英文の声明「なぜ停戦だけでは十分ではないのか」で次のように述べている。

封鎖下で生きること、それは「人間の」生ではない。私たちは、このような現実に戻ることはできない。（…）停戦だけでは十分ではない。停戦だけでは、この苦しみは終わらない。爆撃によって死ぬ恐怖が、じわじわと首を絞められて死ぬ恐怖にとって代わるに過ぎない。[3]（強調引用者）

では、ガザの人々が言う「生きながらの死」、「「人間の」生ではない」封鎖下の生とは、いったいどのようなものなのか。

4　封鎖

学生時代、そうとは知らずにガザの地を訪れた私を出迎えたのは、オレンジの実たちだったが、三〇年後、ガザに入った私の目をまず奪ったのは、街じゅうにあふれる真っ赤な苺の実だった。街の辻々で、荷車や屋台でこぼれんばかりに苺が売られていた。パレスチナ人権センターに、代表であるラジ・スラーニさんを訪ねたときは、大皿に山と盛られた大粒の苺でもてなされた。ガザ地区北部のベイト・ラヒヤは「苺の里」として有名だ。地平線まで苺畑が広がる。農場の主が畑から両手いっぱいの苺を摘んで来て、私にくれた。日本のデパートで売っているような大粒の、それはそれは甘い苺だった。EUのグレードなら一級品にあたる苺だと農場主は言った。だが、その口調は苦渋に満ちていた。

そんな上等の苺を西岸へ出荷することはできない。西岸の人口は約三〇〇万（東エルサレム、及びイスラエル人入植者を含む。二〇一七年）。西岸の市場で、入植地のプランテーションで栽培される農産物と競合させないためだ。一方、ヨーロッパ市場への出荷は認められているが、イスラエルの輸出業者を介して、という条件がある。当然、業者に仲介料を支払わねばならず、それが価格に反映し、市場での競争力がなくなる。価格を抑えれば収益がない。どんなに丹精込めてEU市場一級品の苺を作って出荷しても、経済的な利益はガザで地消するのと変わらないのだ。この季節、ガザの街じゅうに真っ赤な苺があふれていたのはそのためだった。封鎖がなければ、海外の食卓で消費され、ガザを豊かにするはずの苺だった。

封鎖とは、単に物資が入ってこない、あるいは外に出せない、という単純な話ではない。何を入れていいか、出していいか、どういう条件ならそうしていいかを占領者が自分たちの都合の良いように決め、住民たちはそれに従うしかない。苺はその一例であり、ガザ経済の自立的発展が封鎖によっていかに阻害されているかを端的に示している。占領地の経済の自立的発展の阻害、それは一九六七年の占領以来、イスラエルが占領地に対してとっている一貫した経済政策である。サラ・ロイはこれを

「反開発（Dedevelopment）」と名づけた。

封鎖も反開発の一環である。工場があっても、原材料をガザに搬入できなければ製品は造れない。電気が供給されなければ工場は稼働できない。製品が造れたとしても、ガザの外に搬出できなければ、輸出することはできない。封鎖はガザの経済基盤そのものを破壊する。失業率は四〇パーセントを超え、世界最悪の水準だ。その数値は年を追うごとに上昇を続けている。ガザが貧しいのは「途上国」だからではない。ガザの貧困とは、ガザの住民たちを恒常的貧困状態にとどめおくために占領者によって意図的に仕組まれ、人為的に作り出されたものだ。生活必需品はエジプトとの国境地帯に掘られた地下トンネルを通って運ばれてくるため（地下トンネルは、ガザの文字どおりの「ライフライン」だ）、物価は高騰する。ガザの人々は、ラジ・スラーニ氏のことばを借りるなら、「アフリカ並みの賃金で、東京並みの物価」を強いられている。貧困のせいで、子どもたちの健康状態は悪化している。大勢の子どもたちが栄養失調や、栄養不足からくる貧血を患っているという。

漁業はガザの基幹産業のひとつだが、ガザ港の埠頭には、何百艘もの漁船が漁に出ることなく停泊していた。オスロ合意で決められたガザの領海は二〇海里、だが、私が訪問した当時、沖合三海里のところにイスラエルの哨戒艇が停泊し、漁に出ようとする漁師たちを銃撃する。拿捕され、生活の糧である漁船を押収される場合もある。そのため操業は沿岸部の近海に限定され、稚魚まで乱獲された結果、魚も激減し、漁師たちもその多くが失業してしまった。海があるにもかかわらず、ガザの人々が口にできるのは、地下トンネルを通ってエジプトからやって来る冷凍の小エビだけだ。

今やガザの世帯の八割が国連や国際NGOの援助なくしては生活することができないでいる。だが、援助物資として配給されるのは、工場で大量生産される安価で栄養価の低い「白い」小麦、化学的に精製された安価な油、安価な白砂糖だ（かつてガザの伝統的食卓を彩っていたのは全粒粉の「茶色い」小麦で焼いたパン、エクストラバージン・オリーブオイル、そして海で獲れた新鮮な魚だった）。必要なカロリーを肉や魚などの良質なたんぱく質で摂ることができないため、人々は油脂や糖分を多量に摂取することで補う。その結果、糖尿病をはじめとする生活習慣病がガザの風土病と化している。生活を支えるための援助が、ガザの人々の生を蝕むのだ。

水も同じだ。封鎖により建築資材が入ってこないため、破壊された下水処理施設を再建することができず、生活排水などの汚水がそのまま川に流され、流域の地下水を汚染している。また、かつてイスラエルの入植地があったころ、入植者がプランテーション経営のために地下水を過剰に汲み上げたことで、海水が地下帯水層に浸透し、地下水の塩水化が進行している（ホテルの水道水はなんとなくぬめりがあり、石鹸はほとんど泡立たなかった）。地下水の汚染と塩水化でガザ地区の水道水の九割が飲用には適さない。地下トンネルを通って運ばれてくる高価なミネラルウォーターや浄水フィルターを購入することができるのはわずかな富裕層にかぎられる。圧倒的多数の貧困層は、からだに悪いと分かっていても、汚染された水道水を飲むしかない。ガザには病人が多いが、病気の多くが、汚染された水を飲んでいることに起因するという。生きるための水もまた、ガザの人々の命を内側から蝕む。

私が訪問した二〇一四年当時、電気の供給は八時間サイクルだった。午後二時から午後十時まで八時間供給されたら朝の六時まで八時間停電し、次の八時間はまた供給されるという具合だ。自家発電機を備え、停電になったらトンネル経由でもたらされる高額な燃料で自前で電気を賄える富裕層はいいが、圧倒的多数を占める貧困家庭はロウソクで灯りをとるしかなかった。しかし、火事で子どもが焼死するという事故が相次ぎ、中国製の充電ランプ——もちろんトンネル経由だ——が普及した。とはいえ使用頻度が激しいため、すぐに使えなくなる。頻繁な買い換えも家計をさらに圧迫する。ダメージは家計だけではない。周囲数十センチをぼんやり照らすだけのランプの灯りで、子どもたちは夜、学校の宿題や自宅学習をしなければならない。封鎖が始まってから、ガザの子どもたちの学力は明らかに低下しているという。

電力不足がもたらすのは、明るさの欠如だけではない。近代的な都市生活は全面的に電力に依存している。とりわけ医療がそうだ——保育器に人工透析器……。ガザ市のシファー病院を訪ねたとき、案内してくれた医師は、燃料は病院の自家発電機の稼働を優先して、救急車の出動を控えていると語った。救急病棟に来ると、医師は無言のまま戸棚を開けて中を見せてくれた。医薬品も救急用の医療キットも払底していた。毎年、パレスチナを訪れ、一カ月にわたり西岸とガザで医療活動をおこなっている北海道パレスチナ医療奉仕団の猫塚義夫医師によれば、人工透析は本来、要すべき時間の半分しかおこなえていない。長期的に見れば、明らかに命を縮めていると猫塚医師は言う。また、ガザで掌に火傷を負っている者を多数、治療したそうだ。冬、暖房用の燃料がないため、廃材などで焚火をして暖をとっているとき、可燃性のものが爆発して掌を火傷するのだ。日本であれば、ただちに適切な治療を受けて、何の問題も残らないような火傷であっても、封鎖下のガザでは一生涯残る障害となってしまう。

地中海式気候のガザは冬が雨季だ。しかし、電力不足で下水用のポンプが稼働しないため、大雨が降ると、低地は下水が氾濫し、大洪水になる。冬の洪水はガザの年中行事になってしまった。その一方、高層住宅では、水道水を上層階に汲み上げるポンプが稼働しないため水が出ない。

北部にあるガザ市から海岸通りを南へ向かって走る。地中海に面したガザの海岸線は約四〇キロ。遠浅の、海水浴には恰好の砂浜だ。かつては海岸沿いにイスラエルの巨大入植地があったために、ガザの人々は浜辺に行くことすらできなかったが、二〇〇五年に全入植地が撤退したおかげで、海辺が人々の手に戻り、夏には再び、海水浴を楽しむことができるようになった。とはいえ、ガザから入植者がいなくなったために、ガザ全土に対する無差別攻撃もまた可能になったのだ。ちなみに、ガザを撤退する入植者たちは、それまで経営していたプランテーションを破壊し、作物を根こそぎにしていった。自分たちが去った後、残していった農園をガザの人々に利用させないためだ。かつて入植者の農園が占有していた広大な土地には、殺伐とした荒れ地が広がっていた。

海岸通りを走りながら思う。ガザはヨーロッパからも近い。上質の浜辺もある。開発すれば、夏のリゾートにはもってこいの場所だ。ヨーロッパから大勢のリゾート客が来るだろう。だが、封鎖が続くかぎり、そんなことは望むべくもない。農業、漁業、観光業……、高等教育を受けた優秀な人的資源も含め、ガザは潜在的には経済発展できる豊かな資源をもっている。しかし、その可能性のすべてがことごとく阻害され、ガザの人々は意図的かつ人為的に極度の貧困状態にとどめおかれているのだ。サラ・ロイの言う「反開発」によって、サリ・ハナフィの言う「スペィシオサイド」によって。

突然、車内に悪臭が漂う。ガザ渓谷にさしかかったときだ。ガザ渓谷を流れる川に未浄化のまま排出された生活排水が地中海に注ぎ、河口付近に汚水溜まりをつくっていた。それが悪臭を放っているのだ。まるで、パレスチナ人に美しい海辺など楽しませてやるものか、とでもいうかのように。気温がさほど高くない三月でもかなりの悪臭だった。夏場は耐え難いにちがいない。自分たちの愛する海と美しい浜辺を、人々は日々、自分たち自身の手で汚染し続けねばならないのだ。

ここに素描したのは封鎖という暴力の断片的な一部に過ぎない。それでも封鎖が、ガザの人々の生活のあらゆるレベル、あらゆる側面にわたって、複雑に絡まりあった因果関係を辿りながら、遅効性の毒のように時間をかけつつ、しかし最終的には、繰り返される戦争と同じように、いや、戦争よりもはるかに広範囲に、ガザの人々の生に致命的に破壊的な影響を与えていることが分かるだろう。

四年前の訪問時、漁業組合のオフィスを訪ねると、「麻薬に手を出すな」という啓発ポスターが貼ってあった。トラマドールという鎮痛薬が麻薬代わりに用いられているのだ。しかし、それまで潤沢に供給されていたトラマドールが、あるときを境に入ってこなくなり、品薄になった薬は価格が高騰、依存症の男たちによる家庭内暴力や犯罪が多発している（ガザに流入するトラマドールには、本来の成分には含まれていない、禁断症状を誘発する何らかの成分が加えられていると専門家は言う）[4]。封鎖は、住民のからだのみならず、ガザの家庭や社会の倫理基盤をも内部から蝕んでいた。

5　構造的暴力

二〇一二年十月にガザを訪れたノーム・チョムスキーは、「ガザの印象」と題するエッセイを次のような一文で書き起こしている。

監獄で一晩を過ごしただけで、外在的な力に全面的に管理されるとはいかなることかを味わい知るには十分なように、世界最大の野外監獄で生き延びようとすることがいかなるものであるか理解し始めるには、ガザで一日過ごすだけで十分だ。(5)

だが、ガザに入った私の第一印象はチョムスキーとは全然、違う。表面的には、ガザには驚くほどごく普通の「日常」の光景があった。朝になれば制服に身を包んだ子どもたちが学校に向かい、大学のキャンパスは学生であふれ、街にはカフェやレストラン、アイスクリーム・ショップもある。市場の店先には中国製の鍋やら何やらが賑やかに並べられ、質素だが普通の身なりをした人々が買い物をしていた。何も知らない行きずりの旅行者なら(もちろん、そんな旅行者はガザには入れないのだが)、数日、過ごしただけでは、ガザが封鎖下にあることさえ気づかないかもしれない。そこここで不自由さや貧しさを感じても、途上国なのだからと納得してしまうだろう。ガザに一歩、足を踏み入れるや、無差別攻撃に見舞われている人々が無条件停戦を拒否するほどの耐え難い状況——生きながらの死——が、誰にでもそれと分かるような形で眼前に展開しているというわけではないのだ。

従来、平和とは戦争のない状態であると考えられてきた。これに対し、一九七〇年代、「平和学の父」と呼ばれるノルウェーの平和学者、ヨハン・ガルトゥングは、暴力を、戦争など物理的暴力が直接行使される「直接的暴力」、貧困や差別など社会の構造から間接的に生み出される「構造的暴力」、そして直接的暴力や構造的暴力を正当化したり維持したりする態度や思想などの「文化的暴力」の三つに分類して平和を再定義し、戦争という直接的暴力がないだけでは消極的平和に過ぎない、真の平和（積極的平和）とは直接的暴力に加え、構造的暴力がない状態のことだとした。

占領と同じく封鎖は、ガルトゥングの言う構造的暴力である。物理的暴力の直接的行使である戦争は、人間の殺傷、建造物の破壊を大々的に伴うがゆえに、たった一枚の写真でも、その致命的な破壊性を私たちは容易に看て取ることができる。だが、構造的暴力である封鎖は違う。外形的な物理的破壊を伴わないので、封鎖がガザの人々の生――すなわち生活、命、人生――をいかに致命的に蝕み破壊しているかということは可視化されない。封鎖とは不可視の暴力なのだ。そこにはただ、真綿でじわじわと首を絞めるような、人間と社会を内側から蝕む封鎖下の生という「日常」があるだけだ。戦争のようなスペクタクルな事件性もない。だから報道もされない（これは、ガルトゥングの言う文化的暴力だ）。

一週間やそこらホテル住まいをしながらガザを見たくらいでは、封鎖という暴力の致命的な破壊性を理解することなど到底できない。ガザの住民の圧倒的多数を占める貧困層が見舞われている封鎖というスペィシオサイドの実態を実感するには、古居さんがそうしたように、何カ月も、彼らの家庭で寝食のすべてをともにしなければならない。いや、そうやって封鎖の暴力の一端を体験したところで、ガザを出て日本に戻るという選択肢をあらかじめ持っている私たちに、そこに閉じ込められ、いつ終わるとも知れない封鎖のもとで「生きながらの死」を耐え忍びながら、数年おきに生起する大規模軍事攻撃によって「刈り取られる」しかないガザの人々の絶望の深さを測ることはできない。

6 誇り

二〇一四年夏の五一日間戦争の停戦から二カ月後の十月、ジャーナリストの土井敏邦さんの招聘で、ガザから、パレスチナ人権センターの代表、弁護士のラジ・スラーニさんが来日した。私が勤める京都の大学でも、「ガザに生きる」と題してラジさんの講演会を開催した。

その数年前に来日されたとき、大阪で講演したラジさんは話の最後、ガザのパレスチナ人に生まれて自分は本当に幸せだと語った。なぜなら自分には、同胞の人権のために闘うという、人生の明確な目的、使命があるからだと。再び来日した彼に、京都での講演会の最後、司会を務めた私は訊ねた。「数年前、ガザのパレスチナ人に生まれたことを幸運に思うとあなたはおっしゃいました。この夏のジェノサイド戦争を体験した今もそう思っておられますか。思っておられるとすれば、それはなぜでしょうか」

ラジさんは間髪入れずに答えた。

「ガザのパレスチナ人に生まれて、私は幸せです。今回の攻撃で何十万人もの人々が家を失いました。にもかかわらず、ガザで飢え死にする者はいません。人々は一切れしかないパンですら、ほかの者と分け合っているのです。このようなガザのパレスチナ人に生まれたことを私は誇りに思います」

だが、その数週間前、福岡を訪れた折、ガザに親族のいる女性が、最近、ガザの家族から電話で聞いたという話をためらいつつも私に教えてくれたのだ、今、ガザで男たちが、一枚の毛布をとりあって殴り合いをしていると。一切れしかないパンを、それでもなお他者と分かち合おうとする人々がいる一方で、一枚の毛布を奪い合い（それは自分のためではなく、おそらくは地べたや瓦礫のあいだで寝起きする子どもたちのためだろう）、殴り合う者たちがいるのもまた、ガザの悲しい現実だった。

7　カタストロフ

あれから四年。ガザの完全封鎖は二〇一八年、十二年目に入った。状況は加速度的に悪化している。今、ガザのすべてが崩壊に向かっている。四年前、一日八時間だった電力の供給は今や一日わずか四時間。二時間のこともある。ガザの発電所を稼働させるための燃料代は従来、西岸のパレスチナ自治政府（ファタハ）がイスラエルに支払っていたが、二〇一八年三月、ハマースとの対立から、ファタハの自治政府がこの支払いを滞らせるようになった結果だ。そして、ガザの海。ガザの人々に恵みを与え、封鎖下の暮らしに疲弊した心とからだを癒してくれていた、かつての美しい海はもはやない。稼働していた下水処理場までも電力不足により機能停止し、二〇〇万人が暮らすガザの生活排水が未処理のまま、日々、大量に海に注ぎ続け、海水の汚染はガザの海岸線の八割、そして水平線近くまで広がっている。「碧い海」は水平線の彼方にかろうじて見えるくらいだという。海水浴など論外だ。泳げば皮膚病その他の疾病を招く。亡くなった者もいる。ガザの人々の命を育み、憩いや癒しの場となり、その生活を彩ってきた海は、行ってはいけない場所になってしまった(6)。

パレスチナ中央統計局の発表では、ガザの住民の貧困率は五三パーセント、すなわち一〇〇万人以上の人々が、一日四・六ドル未満で生活することを余儀なくされており、そのうちの三分の二にあたる六五万人が一日三・六ドル未満、教育費も交通費も払えず、雨露をしのぐシェルターと着るものと食べる物だけでかつかつという重度の貧困状態に置かれている(7)（二〇一八年五月現在）。彼らは援助で、かろうじて生をつないでいるのだ。

ガザは若年人口が多い。二〇一八年現在、十四歳以下が総人口の四五パーセント、二四歳以下が六六パーセントを占める。トラマドール中毒は四年前すでに、ガザの大きな社会問題となっていたが、今、未来に希望を見いだせない若者たちのあいだで、薬物依存は燎原の火のごとく広がりを見せている。封鎖は、次代を担う若者たちを薬物によって破壊することで、ガザのパレスチナ社会の未来をも破壊しようとしている。いや、そもそも、ガザに未来などあるのか、とさえ思わずにはおれない。自殺を禁じるイスラーム社会のガザで、自殺もまた、とりわけ若者たちのあいだで、劇的に増大している。灯油をかぶって、自らの身体に火を放つのだ。

封鎖が構造的暴力であることに変わりはないが、それはもはや四年前のような「不可視の」ものではなく、ガザに入った者の誰の目にも明らかな顕在的暴力と化している。外から来た人間に計り知れないのは、そこで生きる人々の絶望の深さだ。

二〇一七年十一月、定期的にガザに入って子どもたちのカウンセリングをおこなっているイスラエルのパレスチナ人精神科医、ムハンマド・マンスール医師は、イスラエルの「ハアレツ」紙のインタビューでガザの現状について次のように語っている。


［ガザには］社会的な規則などありません。その頂点にあるのは、おそるべき絶望感です。ガザで私が会う者みな、絶望しています。タクシーに乗れば、運転手が自分の絶望について語り、どんなふうにトラマドールを飲んでいるか話します。夕食をとりにレストランに入れば、ウェイターが私の席に

座って彼らの絶望について語ります。病院を訪ねれば、精神科医や精神分析医がやって来て、専門的事例について話をする前に、彼らが個人的に抱える問題を語るのです。誰もが絶望しています。[…]

——ディストピア小説か映画のプロット、あるいは戦慄すべき社会的実験のようです。完全に隔離された社会で、忌むべき状況のもとに置かれ、電気もなく、瓦礫のなか、独裁的な政府の支配下で生きる。いったい何が社会をひとつにまとめているのですか？

何もありません。人々は内輪もめばかりしています。かつては、みな同じ船に乗っているという感覚が人々を結び付けていました。誰もが封鎖に苦しんでいる、イスラエルの攻撃に苦しんでいるという感覚です。みなが運命をともにしているという思いがありました。それが今はもうありません。人々は互いを責め立て、罵り、腹を立てます。まさにカオスです。社会をまとめている要因と言えるものがもし一つだけあるとすれば、体制です。

——独裁政権［ハマース］が、ガザを全面的崩壊から守る最後の砦なのですか？

不幸なことに、そうです。もし、ハマースがいなければ、ガザにあるのは犯罪、四六時中、犯罪ばかりという状況になってしまうでしょう。[…] みな、考えるのは自分の利益のことだけです。私の同僚でさえそうです。ガザにはかつて連帯意識がありました。善良で強い人間関係で結ばれた、固く団結した社会でした。最近の人々は、親友のことにさえ無関心です。[…] 家族でさえ助け合いません。

私たちは今、ガザの社会が大規模かつ急速に瓦解しているさまを目撃しているのです。［…］

——そこから哲学的に導き出される結論とは？

人間性の喪失です。当然です。私の友人のイタリア人の精神分析医、フランコ・ディマシオは、生存のための闘いの中で生きねばならないとき、私たちは人間性を喪失すると主張しています。

——人間性という言葉が意味するものとは何ですか？

他者の痛みを知る力です。(8)


十年以上にわたる封鎖は、難民から、彼らに最後に残された人間性をも剝奪することによって、彼らを真のノーマン、人間ならざる者にしようとしている。これがナクバから七〇年後のガザの姿だ。「世界は六〇年かけて難民をベガーにすることに成功した」というサラ・ロイのことばをもじって、世界は七〇年かけて難民というノーマンを、人間性を喪失した真のノーマン／人間ならざる者にすることに成功した、とでも言うべきだろうか。

インタビューの中でマンスール医師は、大人から子どもに至るまで暴力が蔓延するガザの現状を「地獄だ」と語っているが、中世のイスラーム神秘主義の思想家アル＝ハッラージュの「地獄とは人が苦しんでいる場所のことではない。人の苦しみを誰も見ようとしない場所のことだ」ということばを踏まえるなら、人々が他者の苦しみに無関心なガザとは、ハッラージュのいう「地獄」だと言える。一九八七年、二〇年にわたり占領の軛に繋がれていた人々が、その抑圧に抗して、自由を、そして尊厳ある生を求めて立ち上り、死を恐れず占領軍に対峙した（第一次インティファーダ）。いかなる圧政も人間から外形的な自由は奪えても、自由を求める自由を奪い去ることはできない。自由と尊厳を求める人間の闘いにおける世界的な前衛だったそのガザの、三〇年後の姿が「地獄」だった。だが、もちろん真の地獄とは、ガザをそのような地獄にしながら、それを知らずにつつがなく暮らしている者たちが住まう「この世界」のことにほかならない。

数カ月に一度、ガザの地獄を体験するマンスール医師は、彼自身、それによってPTSDに苦しんでいる。しかし、それでも、彼はガザに通うのをやめない。人間が善なる存在であると、あなたはなおも信じているか、と問われて、マンスール医師はこう答えている。「深刻なトラウマを経験した者であっても生き続ける力、より良い生を生きる力があると私は信じています。希望を失ったら、働き続けることはできません。（…）ガザの状況は良くなる、人々はガザの状況を変える力があるという希望を抱かなければ、私はガザに通い続けることはできません」

希望――。ラジ・スラーニさんが京都の講演会で述べた「一切れのパンすら他者と分かち合う者たち」とは、この文脈で理解しなければならないのだと思う。あのことばは単に、こんな悲惨な目に遭っても、それでもパンを分け合っている、人間性を失わないガザの人々の素晴らしさを讃えたのではない。それは、彼が身をおいて生きるガザという地獄の絶望の深さと、そこでなお、その状況を変えるために彼自身が働き続けていくために彼が信じ続けようとする希望なのだ。地獄の絶望的な闇のなかで、人は、絶望に蝕まれず、明日を生きるための魂の糧、希望を必要としている。真の「希望」というものは地獄の中でしかみいだすことはできない。ラジさんはあの日、講演会の最後を詩の一節で締めくくった。トルコの詩人、ナーズム・ヒクメットが獄中で綴った次のような詩だ。

いまだ誰も渡ったことのない
もっとも美しい海
いまだ成長していない
もっとも美しいこども
私たちがいまだ目にしたことのない
私たちのもっとも美しい日々
私がいまだ口にしたことのない
あなたに語りたいもっとも美しいことば
人生とはね
希望がすべてなのだよ　愛しい人(2)

註

（1）古居みずえインタビュー「現在がナクバだ――封鎖されたガザで何が起きているか」、『インパクション』一六五号

（特集「21世紀のアパルトヘイト国家・イスラエル」）、二〇〇八年八月

（2） 'No ceasefire without justice for Gaza', *The Electronic Intifada*, 22 July 2014.

（3） Raji Sourani, 'Why a Gaza ceasefire isn't enough', *The Electronic Intifada*, 3 August 2014.

（4） 'Gaza Kids Live in Hell:A Psychologist Tells of Rampant Sexual Abuse, Drugs and Despair', *Haaretz*, 11 November 2017.

（5） Noam Chomsky, 'Impressions of Gaza', *chomsky.info*, 4 November 2012.

（6） Kaamil Ahmed, 'GAZA'S GROWING WATER POLLUTION CRISIS', *Pacific Standard*, 18 March 2018.

（7） OCHA, '53 percent of Palestinians in Gaza live in poverty, despite humanitarian assistance', The Monthly Humanitarian Bulletin, 5 June 2018, https://www.ochaopt.org/content/53-cent-palestinians-gaza-live-poverty-despite-humanitarian-assistance

（8） 'Gaza kids Live in Hell', op. cit.

（9） ナーズム・ヒクメット（一九〇一／〇三―一九六三）。ここに引用した詩は、中東現代文学翻訳者の石井啓一郎さんのご教示によれば、ヒクメットがトルコのブルサの監獄に収監されていた時代に、長い監獄生活で隔てられてしまった妻のピラーイェへの想いを綴った『21時と22時の間の詩集（Saat 21-22Şiirleri）』という連作詩のなかの一篇。英訳は、Randy Blasing&Mutlu Konuk trans., *Poems of Nazım Hikmet*, Persea Books, 2002, New York. 石井さんの御教示に感謝申し上げます。

第十四章　ガザに地下鉄が走る日

Don't forget Palestine

エドワード・サイード　臨終のことば

私たちを取り巻くこのすべての苦しみや同僚の死には意味があるのか。もしも無意味だとしたら、収容所を生き延びることに意味などは無い。生き延びるかどうかに意味があるだけの生は、偶然の幸運に左右されるわけであり、そんな生はもともと生きるに値しない生なのだ。では、この苦しみの状況で私たちが生きる意味はなんなのだろうか。

ヴィクトール・フランクル『夜と霧』

1　七日目

一九九二年の秋、東京上野で日本アジア・アフリカ美術会議が主催する「第三世界とわれわれ展」が開催された。イスラエル占領下のパレスチナからはターレブ・ドレイクとファトヒ・ガビンの二人のパレスチナ人アーティストが参加、日本にやって来た。

東エルサレム出身のターレブの作品はいずれも、エルサレムの街の風景を彼独特のタッチで描いたものだった。ユダヤ化の進行によって、エルサレムの街から、アラブの街としての歴史的風景が日々、消え去っていく、いつかそれが完全に過去のものになってしまうのではないか、その危機感ゆえに、自分はこの街の記憶をカンバスに刻みつけているのだとターレブは語った。

ファトヒは、ガザ北部にあるジャバリヤ難民キャンプの出身だった。一九四七年生まれの彼は、生後一歳で難民となった。展示されたファトヒの作品の一枚を今でもよく覚えている。「砂漠の母子」と題されたその油絵には、西洋絵画における聖母子像を彷彿とさせる構図で、若い母親とその胸に抱かれた嬰児が描かれていた。西洋の聖母子と違うのは、母子の背後に刺々しいサボテンがおい茂り、母親がパレスチナの伝統衣装をまとっていること、そして、幼な子の顔には苦悶が、母親の顔には不安が浮かんでいることだ。二人を取り囲むサボテンは、難民の母子がガザでこれから生きることになる苦難を象徴しているのだと画家は語った。思えば二〇〇〇年前の聖家族も、パレスチナからガザを通ってエジプトへ逃れたパレスチナ難民だった。

会期中、ファトヒのインタビュー取材のアラビア語通訳をしていたときのことだ。記者に年齢を訊かれて、ファトヒは答えた、「七日だ」と。耳を疑い、思わず聞き返すと画家は言った。「私は生まれて初めてガザを出て、一週間前に日本にやって来た。そして、日本で日本人がどのように生きているのかを見た。日本人のこの暮らし、これが、人間が生きるということであるならば、私はこれまでガザで、ひとたびも人間として生きたことなどなかった。私は、日本に来て初めて、人間が生きるとはいかなることかを知った。だから私の齢は七日なのだ」

それから十年ほどのちのこと、長らく全国紙の外報部員として世界各地を取材した新聞記者の方とお話しする機会があった。アパルトヘイト体制下の南アフリカにも、経済制裁下の北朝鮮にも行ったことがあるというその方が、今まで見たなかでもっとも悲惨であったと言うのがガザだった。なぜなら、「未来に希望がまったく見出せないから」

いずれもガザが完全封鎖されるはるか以前の話である。

2 強制収容所

一九四八年、「ユダヤ国家」を標榜するイスラエルの建国に伴う民族浄化によって、パレスチナ人は難民となった。デイル・ヤーシーン、タントゥーラ、ダワーイメ……、パレスチナの各地で起きた集団虐殺によって、肉親を殺され、強制追放され、あるいは差し迫った魔の手を逃れるために、樹の幹から樹皮を剝ぐように、石造りの家から、オレンジの果樹園から、アーモンドの花咲く村から引き剝がされた難民たちの群れは、ユダヤ軍に追われながら北へ、東へ、南へと四散し、そしてひとたび国境を越えた者たちの多くは、以後、七〇年という歳月がたち、孫子の代になっても故郷へ帰還できないでいる。

パレスチナの南西部、地中海に面したガザ地方の、一九四八年にかろうじて占領を免れた一画——今のガザ地区——には、十九万人を超える難民たちがやって来た。当時のガザの人口は八万人強。住民の数の二倍を上回る難民を迎え入れたことになる。この小さなガザ地区全体が、一つの巨大な難民キャンプになったようなものだ。七〇年後の現在、ガザの総人口は約二〇〇万、その約七割にあたる一三〇万人が、ナクバで難民となってガザにやって来た者たちとその子孫だ。うち五〇万人が、ガザの北部、中部、南部に合わせて八つある難民キャンプで暮らしている。ファトヒの出身であるジャバリヤ難民キャンプでは一・四平方キロメートル四方の土地に十二万人が、ビーチ難民キャンプでは、わずか〇・六平方キロメートルの土地に八万四〇〇〇人が暮らす。一キロ四方に換算したら十四万人だ。ガザの難民キャンプは世界でもっとも人口過密な場所となっている。

ガザの二〇〇万のパレスチナ人、二〇〇万のノーマンたち。人間の諸権利のいっさいと切り離された者たち。ガザのパレスチナ人だけではない。イスラエル占領下の西岸のパレスチナ人も、「ユダヤ国家」イスラエルにおけるユダヤ人ならざるパレスチナ人も、レバノンその他の難民キャンプに暮らすパレスチナ人も、アガンベンの言うこの世界の「暗黙の虚構」、すなわち「人間であること」と「主権概念と強く結びついた国民」であることのあいだにいささかの隔たりもないという虚構の外部で、人間の生まれと市民の同一性を破断しながら生きる者たちはみな、そうだ。彼らがそもそも人間的諸権利の一切から切り離された者であってみれば、この七〇年間、異邦の難民キャンプ、あるいは占領下という、彼らが留めおかれているそれぞれの《ガザ》、それぞれのノーマンズランドで彼らが被る一切の不条理——イラン・パペが「漸進的ジェノサイド」と名づけ、サリ・ハナフィが「スペィシオサイド（空間の扼殺）」と呼ぶ暴力――にも納得がいく。人間的諸権利から切り離された人間ならざるものとされるかぎり、彼らは法外な暴力にさらされ続ける。ナクバが七〇年前に生起し完了した出来事ではなく、七〇年間、現在進行形で今日までずっと継続する事態であるのもそのためだ。

なかでも、七〇年以上がたっても故郷に帰還できない文字どおりの難民が人口の七割を占め、さらに五〇年以上にわたり占領下に置かれ、そして二〇〇七年に始まる完全封鎖のもと、二〇〇万の住民が監禁され、生命維持に必要な最低限のカロリーすらも供給されず、ドローンによって絶え間なく監視され、ミサイルが日常的に撃ち込まれ、数年おきに大規模な破壊と殺戮が繰り返されるガザ地区とは、今や「難民キャンプ」というよりも、むしろ「強制収容所」と呼んだほうが似つかわしい。今日を生き延びることが、明日、あるいは数年後に空爆で殺されるためでしかないような、そんな生活。ガザ、それは、アガンベンの言う、諸国家からなる空間に穿たれた穴、位相幾何学的な変形を受けた土地、生きながらの死者たちが住まう砂漠の辺獄である。

ナクバから十数年後、この周辺アラブ諸国の難民キャンプという「砂漠の辺獄」に留めおかれている同胞たちに、ガッサーン・カナファーニーは小説『太陽の男たち』で「壁を叩け」と訴えた。お前たちを砂漠のノーマンズランドに打ち棄て、飢えをしのぐパンと雨露をしのぐテントを与えて、あとは忘却のうちに安らいでいる世界に向かって、お前たちの存在を、パレスチナ人の存在を、この世界の壁を叩いて知らしめるのだ。難民として生物学的な生き延びだけに汲々としているかぎり、お前たちはこのノーマンズランドで世界から忘れ去られたノーマンのまま、窒息死するしかないのだと。

3 帰還の大行進

映画化された『太陽の男たち』(1)のラスト。砂漠に放置された給水トラックの、焦熱地獄と化したタンクのなかで、三人の男たちは必死にタンクの壁を叩く。砂漠の太陽に、落ちた汗の滴が瞬時に蒸発するほど熱せられた金属製の壁を素手で叩き続けながら、肺を焼き尽くす熱のなかで、彼らは叫び続けた。世界に向けて、自分たちの存在を知らしめるために。その叫びはしかし、エアコンの室外機の騒音に掻き消され、冷房のきいた屋内で安逸をむさぼる者たちの耳には届かず、三人の男たちは結局のところ、原作と同じく骸となってゴミ捨て場に打ち捨てられた。

ナクバから七〇年目を迎えた二〇一八年春、ガザでは、七〇回目のナクバ記念日である五月十五日に向けて「帰還の大行進」と銘打たれた一大デモンストレーションが始まった。行進は三月三〇日、「土地の日」に開始された。「土地の日」とは、すでに述べたとおり、一九七六年のこの日、イスラエル政府によって、イスラエル領内のパレスチナ人の土地が強制収用されることに反対して、パレスチナ系市民がイスラエルの全土でゼネストと抗議デモをおこない、軍・官憲の弾圧により六名が殺害され、以来、パレスチナ人のソムードを象徴するものとして記憶されている日だ。

「帰還」と言っても、パレスチナ人が行けるのは、ガザとイスラエルの境界フェンスの手前、数百メートルのところまでだ。イスラエルは自国の安全保障を理由に、ガザ地区の、境界線から三〇〇メートルまでの地帯をパレスチナ人オフリミットの軍事的立ち入り禁止区域(バッファーゾーン)に指定している。だが、実際には、境界線から一・五キロ以内に進入しただけで実弾を見舞われる。「ガザ回廊」とも呼ばれる細長い長方形をしたガザ地区は、海からイスラエルとの境界まで、もっとも短いところでは四、五キロしかない。そのうちの一・五キロが、立ち入ると命にかかわるのだ。バッファーゾーンだけでも、ガザ地区全体の土地の十七パーセントを占め、パレスチナ人の農地もあるというのに。二〇〇五年のガザからの全入植地撤退をもってイスラエルは、ガザは占領から解放されたと主張するが、この一事をもってしても、ガザが占領下にあることが分かる。

ガザの市民社会のイニシアティヴで始まったこの非暴力直接行動、「帰還」のマーチには毎日、数千人ものパレスチナ人が参加し、週末ともなると、その数は数万人を数えた。ガザのパレスチナ人がまさに怒濤となって境界地域に押し寄せたのだった。国際社会が認めるパレスチナ人の正当な権利である難民の帰還と、国際法を踏みにじって継続する違法な封鎖の解除を求めて。その前年の二〇一七年、アメリカのトランプ大統領が、駐イスラエル大使館のエルサレム移転を宣言し、ナクバ記念日前日の五月十四日（一九四八年のこの日、イスラエルが「独立」宣言をおこなった）に移転式典を設定したことで、米国大使館のエルサレム移転反対も三つ目の要求として加えられた。

デモの舞台となった境界地帯では、故郷の村々の名がつけられた、七〇年前の難民キャンプのテントも再現され、その傍らで、難民一世の老齢の女性たちが——ナクバで故郷を追われたときはまだ幼い少女だった女性たちだ——パレスチナの伝統衣装に身を包み、村での生活そのままに竈でパンを焼き、伝統料理をマーチの参加者にふるまい、パレスチナの歌を歌い、孫たちに故郷の村での生活の記憶を語り聞かせた。故郷への思い、帰還への思いが、十二年続く封鎖でばらばらになった人々をまた、ひとつに結びつけた。

若者たちのなかには、バッファーゾーンに進入し、フェンスの向こう側にいるイスラエル兵に向けて石や火炎瓶を投げたりする者もいれば、フェンスによじのぼって、パレスチナの旗を掲げる者もいた。ドローンから催涙ガスが放たれ、フェンスに接近した者たちは容赦なく狙撃された。いや、銃弾の標的となったのはこれらの「侵入者たち」だけではない。バッファーゾーンに進入しようがしまいが関係ない。立ち入り禁止区域の手前に立ってフェンスの彼方にある故郷を幻視しながら、パレスチナの旗を振り、七〇年前、父が、母が、祖父母たちが、暴力的に追放された故郷への帰還の実現を世界に向けて訴える、そんな非暴力のデモンストレーションに参加していた市民たちも次々に狙撃され、殺傷されたのだった。負傷者の救命にあたっていた看護師も狙い撃ちにされた。ナクバ記念日までの六週間で五〇名以上が殺され、数千人が負傷したが、それでも人々は行進に参加するのをやめなかった。そしてナクバ記念日前日の五月十四日の一日だけでさらに六〇名が殺された。これまでの負傷者は一万数千人に及ぶ。負傷者の半数が実弾によるものだ。とくに若者たちの脚が狙われる。撃ち込まれるのは炸裂弾だ。着弾の衝撃で弾が炸裂し、血管をずたずたに裁断するのだ。左脚を撃たれ、続いて右脚を撃たれた者もいる。多くの若者たちが、片脚、あるいは両脚の切断を余儀なくされている。

イスラエルによる「集団殺戮」がピークに達した五月十四日と翌十五日の二日間、ガザの病院は修羅場と化した。三〇〇〇人以上の負傷者が次から次へと搬送され、病床も満杯、手術室も満杯だった。医薬品も底を尽き、鎮痛剤もないままに、何時間も手術を待たねばならなかった者もいる。ガザ最大の総合病院であるシファー病院では、六時間のあいだに八〇件もの手術がおこなわれた。二二〇〇人以上が殺害された二〇一四年夏の五一日間戦争のときでさえ、ここまでのあり様は呈してはいなかったという。海外から駆けつけたボランティアの医師たちも、こんな現場は見たことがないと語る。ここでもまたひとつ、パレスチナの最悪が更新されたのだ。[2]

地元のスポーツクラブに参加して、サッカーや、ハンドボールやバレーボールを楽しみ、その瞬間だけは、封鎖も貧困も何もかも忘れて、つかの間の「自由」を味わい、体を鍛えるために朝は浜辺をランニングして、そうやって必死に、人生に明日を生きるための「目的」を作り、ガザで生きる意味をかろうじて見出そうとしていた若いアスリートたちの多くもマーチに参加し、そして炸裂弾の犠牲になり、二度と運動のできないからだになっている。[3] 脚を奪うということは、それでもなおガザで生きようとする彼らの意志を支えていたものを破壊するということだ。十二年にわたる封鎖にもかかわらず、それでもなお「生」の側にとどまろうとする者たち、こんなガザでそれでも生きることに依然、「意味」を見出そうと努める者たちから、その意味を、その糧を奪い去るということだ。

ガザのジャーナリストやアクティヴィストが英語で世界に向けて発信した記事を読むと、帰還のマーチは、パレスチナ人がナクバ以来この七〇年間、否定され続けてきた人間の尊厳の回復のために、ガザの全人民を挙げて難民の帰還と封鎖の解除を世界に向けて訴える非暴力の一大運動であり、ばらばらになったガザの人々を再び結束させ、かつてのインティファーダのように、パレスチナ人が一丸となって占領に立ち向かう新たな抵抗運動であると期待を込めて語られている。

しかし、マーチに参加する皆がみな、そうであるわけではない。マーチに参加したある青年は、バッファーゾーンの奥深く、境界フェンスのすぐ近くまで進んでいく若者について次のように語る。

> メディアの報道の大半は、抗議行動で若者が死傷していることは伝えても、彼らがなぜ、自ら進ん

で命を「擲《なげう》とう」とするのかは伝えない。彼らがそうするのは、これ以上、生きていても何の意味もない、と思うに至ったからだ。ガザに閉じ込められたまま、移民であれ何であれ、ガザの外に出ていくこともかなわず、生活の糧もなく、ほんのささやかな夢すら叶えることができない。過去に多くの死を目にし、現在は悲惨きわまりなく、未来は知れない。だから、彼らにとっては、生きるより死ぬ方がましなのだ。(…)ぼくや、ぼくと同じように後方にいた若者たちの人生はおそらく、前にいた者たちに比べれば、まだしもましなものなのだ。前方の若者たちには、もはや失うものなど何もないということだ。(4)

「失うもの」とは何か。それは、強制収容所と化したガザにあって、それでもなお意味を見出しうる「生」のことだ。たとえばこの青年のように。彼は、英語のエッセイを書いて、それを世界に発信するというプロジェクトのメンバーだ。大学に通うだけの経済的余裕があり、英語でガザの状況を外の世界に伝えることで、状況を自らの手で変革しようとする営みに与ることができる。これらの者たちにとって、マーチは、パレスチナ人の民族的大義を世界に訴えるという額面どおりのものだ。だが、バッファーゾーンの奥深くまで進入し、自ら命を擲つ若者たちにとって、マーチはまったく違う意味を持っている。

境界フェンス近くまで進入して、イスラエル兵に向かって投石したり、フェンスにのぼってパレスチナの旗を掲げようとするのは、血気にはやる若者の向こう見ずな行動などではない。「脚を撃たれ、切断した者がすすり泣いている。脚がなくなったからじゃない、兵士が自分を殺してくれなかったからだ」という一文で始まる、イスラエルの「ハアレツ」紙の記者、アミラ・ハスの“Don't Wound Us, Kill Us”と題された記事（意訳すれば、「ぼくたちを確実に仕留めてくれ」とでもなろうか）は、イスラエル兵の銃口の前に自ら命を投げ出す若者たちについて伝えている。[5] 自殺はイスラームでは禁じられている（それでも、自らの身体に火を放って命を絶つ若者が増えていることは前章で述べた）。パレスチナの大義を訴える帰還のマーチでイスラエル兵に射殺されれば、それは祖国解放のための闘いで殉じたということであり、自殺には当たらない。さらに、「殉難者《シャヒード》」には、ハマースから家族に弔慰金が贈られる（とはいえ、それは、彼らが期待しているほどの額ではないのだが）。

二〇一八年九月、ガザで長期取材したジャーナリストの土井敏邦さんの帰国報告会が東京であった。その冒頭、土井さんが語ったのも、これら境界フェンスに向かっていき、射殺されてシャヒードとなる若者たちのことだった。「シャヒードになりたい」と言ってマーチに参加した十四歳の少女は、境界フェンスの前で礼拝をおこなったあと、パレスチナの旗を掲げてフェンスにのぼり射殺されたという。少女の家族は極貧状態にあった。

バッファーゾーンでイスラエル兵による「合法的自殺」を選ぶ者たちがガザで生きている「地獄」――あるいは絶望――がいかなるものかは人によって違う。だが、ガザで生きるということが、肉体的死にしか避難所を求めることができない、耐え難い生き地獄であることに変わりはない。そして、その「生き地獄」を現出させているのは、封鎖による、「想像を絶する、筆舌に尽くしがたい貧困」（ハス）である。

ガザが、そこに生きる人間にとって「生き地獄」となっているのは、イスラエルがガザに対して一〇年以上にわたり課している違法な封鎖のゆえであり、その責任は第一義的にはイスラエルにある。しかし、それを踏まえた上で、指摘しなければならないのは、西岸を統治するファタハとガザを統治するハマースの両政府の責任である。

二〇〇六年の評議会選挙で勝利を収めたハマースは、それまで十数年にわたって自治政府を担うことで腐敗を極めたファタハに対するアンチ・テーゼだった。だが、民主的な手続きでパレスチナの代表に選出されたハマースもまた、自治政府が分裂し、封鎖され、ゲットー化されたガザを十年以上、強権的かつ独裁的に統治することによって、民主主義の欠片もない、ファタハと変わらぬ腐敗した集団に堕してしまった。ガザの若者たちが自らの身体に火を放つか、イスラエルの狙撃手の前に命を投げ出すか、あるいは命を賭してガザ脱出を図るしかない絶望的貧困を生きている一方で、ハマース政府にとって重要なのは、ガザにおける自分たちの政治権力を維持することであって、ガザで苦しむ二〇〇万のパレスチナ人の生でもなければ解放でもないのだ。そしてそれは、西岸のファタハ政権も同様だ。

ナクバ記念日が過ぎても、マーチは依然、続いている。殺傷も続いている。帰還のマーチに参加する者たちの思いがいかなるものであれ[6]、それは、ガザという、国境のはざまに打ち棄てられ、生き地獄と化した「タンク」のなかに閉じ込められた人々が、自分たちとこの世界を隔てる灼熱の壁を、手の皮膚が熱に爛れ、裂けるのもかまわず、血のほとばしる素手で叩き続け、気道を焼き焦がしながら世界に向けて上げ続ける叫びにほかならない。

4　ワタン

「あなたにとって祖国《ワタン》とは何ですか？」

一九八二年、レバノンの首都ベイルートにあるサブラー・シャティーラ両パレスチナ難民キャンプで起きた住民虐殺から二〇年目の九月、犠牲者遺族の証言を聴くために訪れたシャティーラ・キャンプで案内をしてくれた難民二世のソーシャルワーカー、ズフール・アッカーウィーさんに訊ねたとき。「ワタン、それは」、ズフールさんは間髪入れずに答えた、「アッラーの次に大切なものです。私たちに人間としての尊厳を与えてくれるものです」

レバノンの難民キャンプもパレスチナ人の「砂漠の辺獄」のひとつだ。この七〇年間、レバノンのパレスチナ人は難民として、ノーマンであることの苦渋と辛酸を日々、生きてきた。彼らに人間としての尊厳を与えてくれるものとしてのワタン。ガザのパレスチナ人の若者たちを帰還のマーチへと駆り立てるのも、ガザというノーマンズランドでノーマンでいるかぎり否定され続ける人間の尊厳を与えてくれるものとしてのワタンへの希求であるだろう。

パレスチナ人がノーマンであるかぎりナクバが——民族浄化の暴力が——永続するのだとすれば、この漸進的ジェノサイドに終止符を打つには、一刻も早くパレスチナ人が占領から解放され、自分たちのワタンを持つことだ。だが、それは、いかなるワタンなのか。

二〇一八年七月、イスラエル国会《クネセト》は新たに「ユダヤ人の国民国家としてのイスラエル基本法」を可決した。基本法とは、いまだ成文憲法がないイスラエルで、「独立宣言」が謳う建国の理念を明文化し、憲法と同等の働きをする法律である。一九五八年の「クネセト基本法」に始まり、統一エルサレムを恒久的首都と定めた一九八〇年の「エルサレム基本法」(占領地である東エルサレムの併合は国際法違反だ)、「人間の尊厳と自由基本法」(一九九四年)など、これまでに十三の基本法が制定されている。新法は、その名のとおり、イスラエルが「ユダヤ人の国民国家」であることを成文化したものだ。

十一条から成る新法は、その第一条「基本原理」において、エレツ・イスラエル(「イスラエルの地」の意。イスラエルとは旧約聖書の創世記に登場するヤコブのこと。神がヤコブ＝イスラエルに約束した土地を意味する。それが包摂する範囲は時代によって異同があるが、近代では、英国委任統治領となった歴史的パレスチナ全土すなわち現在「イスラエル」と呼ばれている地域に、西岸とガザ地区を加えた地域を指す)はユダヤ人の歴史的郷土、イスラエル国家はユダヤ人の国民国家であるとし、イスラエル国家における民族自決を、ユダヤ人のみの権利と定めている。現在、イスラエルがその全土を支配している歴史的パレスチナには、この地のユダヤ人人口と拮抗する約六〇〇万人のパレスチナ人がいる。ユダヤ人以上に、この地を歴史的郷土とする者たちだが、新基本法は彼らに、自らの民族的郷土における一切の自決権を認めていない。いや、それ以前に、新法を読む限り、イスラエル総人口の二割を占めるパレスチナ人の存在も見事に排除されている。イスラエルの「独立宣言」は、新生国家が「宗教、人種、性にかかわらずすべての住民の社会的、政治的諸権利の完全な平等を保障し」と謳っていた。パレスチナに「ユダヤ国家」の建設を認めた国連決議(国連総会決議一八一号)が、建国宣言において「全住民の平等」を明記することを建国の条件にしていたためだ。だが、新法には、「全住民の平等」はおろか「平等」という文言も一切、出てこない。

イスラエルが「ユダヤ人の国民国家」であるとは、植民地支配がそうであるように、また、アパルトヘイト体制下の南アフリカの白人がそうであったように、パレスチナの全土を、そこに住まうパレスチナ人の意志に関係なく、ユダヤ人が自分たちの思い通りに支配するということを意味する。占領地における入植地の建設はその象徴だ。新基本法の第七条は、入植地はユダヤ国家にとって国家的価値を有するものであり、イスラエル国家はその建設・強化を奨励・推進すると謳い、パレスチナ人のさらなる土地の簒奪と占領の永続化を宣言している。ユダヤ人の優越主義に基づくアパルトヘイトの原理をイスラエル国家の基盤として成文化したのが今回の基本法だ。パレスチナ系米国人作家のスーザン・アブルハワーは新法の条文をナチスの「ニュルンベルク法」と逐次比較して、その類似性を指摘し、新法は黒人や先住民の差別を合法化した米国の「ジム・クロウ法」や「インディアン移住法」、さらに「ニュルンベルク法」の轍を踏むものだと批判する。(7)

一方で、ユダヤ人の優越主義に基づくアパルトヘイト体制とは、イスラエルの建国このかたずっと、この地の現実だった。「ユダヤ国家」なるものはこの七〇年間ずっと、ユダヤ人によるユダヤ人のためだけのユダヤ人の国家、イスラエルの政治学者、オレン・イェフタシェルのいう「エスノクラシー」(ひとつの民族がほかの民族を支配する政治体制)にほかならなかった。従来、イスラエルは、そのナショナル・イデオロギーであるシオニズムや自国の占領政策を「植民地主義」「アパルトヘイト」と批判する者たちを「反ユダヤ主義者」と呼んで論難してきたが、新法制定によってイスラエル国家は自らアパルトヘイト国家宣言したと言えよう(新法は賛成六二、反対五五の賛成多数で可決したが、反対票を投じた議員の八割近くは、イスラエル国家はつとに「ユダヤ人の国民国家」として実在しているのだから、それをわざわざ成文化することは世界から無用な批判を招くことになる、という理由で反対したのだった。普遍主義的価値観から新法が体現する「ユダヤ人優越主義」に反対した議員はわずかだった)。

ユダヤ人の優越主義に基づくパレスチナ人に対する差別とアパルトヘイト体制がつねにすでにイスラエル国家の実態であり、新法はそれをあらためて明文化したにすぎないにしても、それが今や憲法に準じる法として成文法化されたことで、パレスチナ人に対する差別、占領、アパルトヘイトはさらに勢いを得て、その実践に拍車がかかるだろう。実際、新法成立の翌八月、イスラエル政府は既存の入植地を拡張する形で新たに一〇〇〇戸の住宅建設を決め(これにより、パレスチナ人の土地がさらに奪われる)、また、イスラエル国内で、パレスチナの旗を掲げることを禁じる法案も国会に提出された。

「人が自らの家にあって、くつろぎすぎないことは人間の倫理の一部である(It is part of ethics not to be at home in one's home)」というアドルノのことばを思い出す。シオニズムが希求し、そしてパレスチナに実現したユダヤ人のワタン/ホームランドとは、アドルノのこのことばの対極にあるものだ。

5 すべての市民のための国家

イスラエルが「ユダヤ人の」国民国家であるとは、同国が、イスラエルのユダヤ系市民と、イスラエル市民ではない諸外国のユダヤ人を「国民」とする国家だということだ。パレスチナ難民が七〇年以上にわたり故郷に帰還できない一方で、イスラエルの「帰還法」は、諸外国のユダヤ人はいつでもイスラエルに「帰還」することができると定めている。ユダヤ人であれば、その「歴史的郷土」で「国民」としての特権を行使することができる、それがシオニズムの思想だ。イスラエルのパレスチナ系市民は、イスラエル人ではあっても「国民」ではなく、イスラエルは「イスラエル人の国」ではない。新法成立前の六月、パレスチナ系議員三名が、「すべての市民のための国家としてのイスラエル」法案を国会に上程したが、国会常任委員会は、「ユダヤ国家イスラエルの存在を否定する」として、法案の審議それ自体が拒絶された。

イスラエルをユダヤ人のための国ではなく、その地に暮らすすべての市民のための国に、という考えは、シオニズムを乗り越える思想として従来から主張されてきたが、近年、そのような国家を構想し、その実現のために活動するパレスチナ人やユダヤ人のグループが、イスラエルや占領下で複数誕生している。「ユダヤ人国家」法が成立し、シオニズムの本質が誰の目にも露わになった今、「すべての市民の国」を求める声は、ますます高まりを見せている。

パレスチナ人を抑圧し、その犠牲の上にユダヤ人が特権を享受するアパルトヘイト国家ではなく、ユダヤ人、アラブ人の別なく、そこに暮らす市民すべてが完全な平等を享受する「すべての市民のための国、民主的な一国家」。かつてPLOが「パレスチナの解放」と呼び、武装闘争によって実現しようとしたそれは、半世紀を経て、グローバルな市民社会がBDS運動（反アパルトヘイト運動における南アのボイコット運動をモデルにした、イスラエルに対するボイコット、投資引き揚げ、経済制裁）を通して実現すべきものとして、世界中の市民にその参加が呼びかけられている。数年前には、ミュンヘンで共同宣言もなされた。その冒頭は次のように謳う。

歴史的パレスチナに建設される民主的な一国家は、現在、そこに住む者たちと、前世紀にそこから追放された者たちとその子孫を含むすべての市民の国だ。独立した主権国家で、すべての市民が平等な権利を享受し、自由かつ安全に暮らすことができる。パレスチナの民主的な一国家は、パレスチナ人がシオニズムとイスラエルのもとで苦しんできた民族浄化、占領、人種差別を終わらせる。(8)

夢のような話だ。だが、アパルトヘイトなき虹色の共和国も、レイシズムの暴力のただなかで、夢みられることから始まり、そして、その夢を決して手放さないことで実現したことを忘れてはならない。

6　ガザの地下鉄

二〇一四年三月、封鎖七年目のガザ。フランス文化センターを訪れたときのこと。建物に入ると、玄関脇の壁に飾られた、額に入ったカラフルな絵が注意を引いた。よく見るとそれは、ガザの地下鉄路線図だった。赤や青に色分けされた何本もの路線が南北に走り、駅名もすべて載っている。東京をはじめ日本の主要都市や、ロンドンやパリでお目にかかるのと同じ地下鉄路線図だ。それが、虚構のアート作品であることに気づくのに、しばし時間がかかった。あまりにも精巧に作られているので、一瞬、本当にこんな地下鉄の路線がガザの地下を走っているのかと思ってしまったほどだ。ガザの地下鉄という思いもかけないものを目にして、私はしばらく、その場に釘付けになって作品を凝視せずにはいられなかった。

それは、ガザのアーティスト、ムハンマド・アブーサル(一九七六―)が制作した「ガザの地下鉄」と題する想像上の地下鉄路線図だった。それだけではない。彼はメトロを表すMの文字を大きくあしらって、下にアラビア語で「地下鉄駅」と表示した標識を作ると、彼が構想した路線図上の駅のある場所、七〇カ所の地表にその標識を置いて撮影し、その一連の写真も作品にしたのだった。港、海岸通り、繁華街、銃弾に見舞われた建物の前、朝のガザ、夜のガザ……。地下鉄の標識によってひとつに繋がるガザ地区の、さまざまな表情をしたさまざまな場所の風景。アーティストはさらに、地下鉄の車両までデザインしていた。地下トンネルを走る、二階建ての流線型のメタリックな近未来の地下鉄車両だ。

ガザの地下トンネルと言えば、エジプトとの境界の地下に掘られた無数のトンネルが頭に浮かぶ。完全封鎖され、食糧も医薬品も燃料も生活物資もほとんど入ってこないガザにとっては、文字通りの「生命線《ライフライン》」となっているトンネルだ。ガザの動物園の動物たちも、このトンネルを通って運ばれてきた（その動物たちも十年以上続く封鎖のせいで、痩せさらばえて餓死し、今はミイラにされて展示されている）。世界でもっとも人口過密なガザは公共交通機関もなく、地上は車であふれ、しかもその燃料は、封鎖のため、地下トンネル経由で入って来る安物のガソリンや、ガソリン代わりの廃油だ。それが大気を汚染し、人々の健康を害する。これもまた「封鎖」によってガザの自然環境や住民の心身の健康が複合的に蝕まれる一例だ。封鎖による大混雑と大気汚染。ムハンマド・アブーサルは、想像のなかでガザに地下鉄を走らせることでこの問題を「解決」したのだった。「地下トンネルを掘るという経験を今度はポジティヴなことに使うんだ。地下トンネルにかけては、ぼくらはエキスパートだからね」(9)とアブーサルは言う。ガザの地下鉄は、将来的にはさらに延長され、西岸のエルサレムとも結ばれることになっている。

もちろん封鎖が続くかぎり、境界線下の地下トンネル——エジプトから物資をガザに運び入れるトンネルや、ガザの戦士がイスラエルに潜入するための軍事用のトンネル――は掘られても、ガザの地下鉄などありえない。夢物語だ。だが、二〇〇万の住民たちを生き地獄のもとに置いている、この強制収容所のフェンスがついになぎ倒されたとしたら……？　ガザがもはや巨大な難民キャンプでも世界最大の野外監獄でも強制収容所でもなく、そこに今、閉じ込められている二〇〇万の者たちが、その軛から解き放たれたとしたら……？　ヨルダン川から地中海まで、いま、イスラエルが支配するその土地の上で、ユダヤ人もアラブ人も、神の前でそうであるように、自由で平等な人間となったら……？　それこそが、シオニズムが何よりも恐れる事態だ。だから、帰還の大行進に参加する市民たちは、あたかも境界線のバリヤーを越えて侵入して来ようとするゾンビの群れのように銃弾を見舞われ続ける。でも、もし、それが実現したら……？　地上の現実、この世界の現実となったら……？

砂漠の檻の鉄格子がなくなったとき、ガザに地下鉄が走るだろう。その日、ガザの人々はガザの中だけではない、どこへでも自由に行けるだろう。地下鉄に乗ってエルサレムのアル＝アクサー・モスクにも礼拝に行ける。ナブルスの大学に通い、ヘブロンの親戚を訪ねることもできる。エルサレムの人々は地下鉄で、週末、ガザのビーチを楽しみに来るだろう。次の攻撃はいつ起こるのだろうか、一年後、果たして自分は生きているのだろうか、と不安に思うことなく、誰もが未来を思い描くことができるだろう。海外を旅することも、海を越えて世界に飛翔することも、もはや「夢」ではなく、一人ひとりの努力によって実現するだろう。碧さを取り戻した海は、再び人々に天の恵みを与えるだろう。子どもたちは浜辺で歓声をあげながらサッカーボールを追いかけるだろう。

ガザに地下鉄が走る日、そのとき西岸の分離壁ももはやなく、レイシズムもない。かつて入植者であった者たちとかつて難民であった者たちが、兄弟のように、断食明けの食卓をともに囲むだろう。ユダヤ人の子どもたちとパレスチナ人の子どもたちが兄弟姉妹のように手をつなぎ、同じ学校に通い、ハヌカーの祭りでともにプレゼントの鉛の独楽をもらい、いっしょに遊ぶだろう。そのとき、過去に起きた出来事すべての意味が変わる。ガザは――かつて砂漠の辺獄であったそこ、不正と抑圧の炎で焼かれていたそこは――「自由と正義のオアシス」に変わるだろう。

これが私たちの希望だ。(…)。この信念があれば、私たちは、絶望の山から希望の石を切り出すことができる。この信念があれば、私たちは、この国の騒然たる不協和音を、兄弟愛の美しい交響曲に変えることができる。この信念があれば、私たちは、いつの日か自由になると信じて、ともに働き、ともに祈り、ともに闘い、ともに牢獄に入り、ともに自由のために立ち上がることができる。

マーティン・ルーサー・キング Jr.「私には夢がある」

「ガザの地下鉄」は、私たちがまだ見ぬ、美しいパレスチナの明日、美しい世界の明日を想像させてくれる。「絶望の山」から「希望の石」を切り出す鑿だ。この世界がいまだ目にしたことのない、私たちのもっとも美しい子どもたち、私たちのもっとも美しい日々を想像すること。すべては想像することから始まる。「人間に想像できることはすべて、実現することができる」(ジュール・ヴェルヌ)。

今、ガザの砂漠の辺獄の際で、生を賭してワタンへの帰還を求めるガザのパレスチナ人の魂の叫びを聴き取るとは、私たちがこの世界を私たち自身のいかなるワタンとして想像し、それを全霊で希求するのか、ということと限りなく同義である。

註

（1）Taufiq Saleh, *al-makhdū'ūna*, Syria, 1973.

（2）Amjad Ayman Yaghi, 'Gaza's health sector near collapse', *The Electronic Intifada*, 7 June 2018.

（3）Ali Abusheikh, 'What the Great Return March means to me', *We are not Numbers*, 17 June 2018.

（4）Amjad Ayman Yaghi, 'When a sniper shot a surfer', *The Electronic Intifada*, 19 July 2018.

（5）Amira Hass, 'Palestinian Protesters in Gaza:Don't Wound Us–Kill Us', *Haaretz*, 13 August 2018.

（6）政治的な抗議とも合法的自殺とも無縁な者たちもいる。「マーチ」では、現場に設けられたテントでデモ参加者にサンドイッチが、断食月《ラマダーン》のあいだは断食明けの食事がふるまわれるため、それを目当てに参加していた者たちだ（ハス、同右）

（7）Susan Abulhawa, 'Israeli 'nation-state' law follows in footsteps of Jim Crow, Indian Removal Act, and Nuremberg Laws', *Mondoweiss*, July 23, 2018.

（8）ODS:One Democratic State in Palestine, 'The Munich Declaration', https://odspal.jimdo.com/documents-1/the-munich-declaration/

（9）'A metro for Gaza:Unveiling the underground', *Mashallah News*, 5 Jan. 2012. https://www.mashallahnews.com/a-metro-for-gaza-mohamed-abusal/

あとがき

二〇一八年八月九日、イスラエルはガザの一五〇カ所を爆撃した。ハマースがイスラエルに向けて二〇〇発のロケット弾を放ったことに対する報復であるという。ビーチ難民キャンプにあるサイード・アル＝ミスハール文化センターも爆撃され、五階建てのビルは瓦礫となった。イスラエルの常として、ハマースがここで活動していたから、というのがセンター攻撃の理由だ。二〇〇四年にオープンし、二つの劇場と映画館を擁する同センターは、ハマースではなく、ガザの芸術文化活動の一大拠点だった。完全封鎖のもとで「生きながらの死」を耐えるガザの人々に舞台や映画、コンサートを提供し、いくつもの劇団や楽団がここを自分たちの活動のホームグラウンドにしていた。ここから世界の舞台へ羽ばたいていった者たちもいる。センターはパレスチナの民族舞踊ダブケの舞踊団も運営しており、二五〇名の子どもたちが参加していた。そのセンターが一瞬にして瓦礫の山になった。

自殺という宗教的禁忌を犯して地獄に堕ちることと、封鎖下の生き地獄を生きることのあいだに、もはや違いが見いだせず、命を絶つ者たちが激増しているガザで、それでも生の側にとどまり続けること、人間であり続けること、それがガザの人々の闘いの根幹を形成しているこのとき、《芸術》というものが、どれほど彼、彼女らを支える力の源、糧であることか。プリモ・レーヴィの『これが人間か』を読んだ者なら、ダンテの「神曲」を諳んじていたことが、絶滅収容所にあって、いかにレーヴィの生を支えたか、知っているだろう。イスラエルがアル＝ミスハール文化センターを標的にしたのも、センターがガザのアーティスティックな活動の拠点であり、人間をただ生きているだけの命に還元してしまおうとする完全封鎖の暴力のなかで、アートというものが、それでもなお人々を深く《人間》たらしめる魂の糧であることを知っているからだ。

センターが破壊された翌日、ガザのアーティストたちは楽器を持ち寄って、センターの瓦礫のなかで演奏した。十年前、二〇〇八―〇九年のガザ攻撃のときも、停戦になるやガザのアーティストたちは、破壊を免れた絵画作品を半ば崩れかけたビルの壁に飾り、それを撮影した動画を「廃墟のなかのアート」と題して世界に発信した。パレスチナ人の回復力《レジリエンス》を世界に見せつけるように。だが、文化センターを標的とする攻撃に現れているように、昨今のイスラエルの攻撃は、武装解放勢力《レジスタンス》を叩くというより、パレスチナ人のこの「レジリエンス」の根源、彼らが「それでもなお人間であり続けよう」とする精神的基盤――それこそがナクバからこの七〇年間、パレスチナ人の闘いを支えてきたものだ――を根源的に破壊しようとしているように思われる。

「パレスチナは訪れるたびに最悪を更新している」、二〇年ほど前に聞いたことばだ。二〇年後の今、むしろこのように言うべきだろう――パレスチナは訪れるたびに幾何級数的に最悪を更新している、と。パレスチナについて話をすると、必ず質問される、「希望はどこにあるのですか」と。

かつて、ナクバから四半世紀を経た一九七〇年代、パレスチナの若者たちは――男性だけでなく女性も――解放戦士《フェダーイーン》となって、その手に銃を握り、祖国の解放と故郷への帰還のために命を擲った。「パレスチナ」は、エドワード・サイードが言うように、人間の全的自由を求める闘いの、世界の前衛だった。それから五〇年後の今、歴史の勝利者が凱旋喇叭を高らかに吹き鳴らしながら、瓦礫の山を造り続ける傍らで、ガザでは、軽油をかぶり、その身に火を放つ若者たちがいる。あるいは、イスラエルの狙撃手の前にみずから身を投げ出したり、事故として処理されるように屋上から「足を滑らせ」転落死したりする者たちもいる。ある妊娠中の女性は、ガザで子どもを産み育てることを拒否して、お腹のなかの赤ん坊ともども、自ら命を絶った。これが、ナクバから七〇年後のパレスチナの現実だ。

ガザにおける若者たちの焼身自殺。それは、チュニジアの青年、ムハンマド・ブアズィーズィの行為に倣ったものであろう。二〇一〇年十二月、チュニジアの一地方都市の貧しい青年、ムハンマド・ブアズィーズィが市庁舎前で自らのからだに放った火が、体制変革を求める全国民的なデモにつながり、大統領は退陣に追い込まれた。そのチュニジアの革命（ジャスミン革命）の成功が、瞬く間にアラブ世界全土に波及し、エジプトのムバーラク大統領も、リビアのカッザーフィ大佐も権力の座から追放された。一人の青年が自らの肉体に放った火が世界を変えたのだ。

偽装された殉死や事故死とは対照的に、ガザの青年たちが我と我が身を炎で焼き焦がし、自らの行為を敢えてスペクタクル化して、それがイスラームで最大の宗教的禁忌である自殺であることを露にするのは、自らの命をもって「この世界」に向けて訴えるためだ、封鎖下のガザの生が、宗教的禁忌を犯して地獄に堕ちるのと変わらない生き地獄であることを。そのことを「この世界」の人間たちに知らしめるために、彼らは敢えて、地獄に堕ちることを選びとっているのだとも言える。炎に包まれたムハンマド・ブアズィーズィの姿が世界を揺さぶり、体制の変革をもたらしたように、彼と同じように火に包まれて死ぬことで、青年たちは、「この世界」が、「生きながらの死」を強いられているガザの二〇〇万のパレスチナ人に応答することを願っている。彼らが自らの命を絶つのは、救いようのない絶望からだが、しかし、彼らが自殺を偽装せずに、敢えて衝撃的な「焼身自殺」という形を選ぶのは、この事態を放置する「この世界」に対する抗議であり、同時に、その命を擲つのみならず、天国に行くという死後の救いまで犠牲にしてでも、「この世界」に応答を求めているからだ。だが、それは報道すらされない。希望はどこにあるのか。

イスラエルのパレスチナ人俳優、ムハンマド・バクリーが来日し、東京と京都で、パレスチナ人作家エミール・ハビービー（ナクバののちも故郷ハイファにとどまり、パレスチナ人が被った歴史的不条理をアラビア語の小説に書き続けた作家だ）の小説『悲楽観屋サイードの失踪をめぐる奇妙な出来事』（山本薫訳、作品社）の一人芝居を上演したのは二〇〇六年のことだ。このときバクリーは、イスラエルからひとりの男性の友人をともなって来日した。ラーミーという名のその友人は、反シオニストのユダヤ人だった。京都公演の開演前、舞台裏の暗がりのなかで独り煙草をくゆらすバクリーの傍らに行くと、彼は、「真っ暗闇のなか山の中で、はるか彼方に、かすかに見える灯」、そう言いながら、指に煙草を挟んだ手を、いかにも役者らしい仕草で大きく伸ばした。闇のなかに煙草のかすかな灯りが浮かぶ。「ぼくにとってラーミーとは、そのような存在だ。その灯りがあるから、絶対的な闇のなかで、絶望せずに歩み続けることができる」

闇のなか、はるか遠くに浮かぶかすかな灯りであっても、それが「私」のために灯されているものだと知っていれば、私たちは孤独ではない。絶対的な闇のなかでも、歩み続けることができる。バクリーにとってラーミーがそうであったような、真っ暗闇の山中の遠くに浮かぶ灯に、私たちもまた、なることができるのではないか。いや、そうならねばならないのだと思う。パレスチナに希望があるとしたら、それは、私たち自身のことだ。

本書は、月刊『みすず』に二〇一六年三月から二〇一八年七月まで隔月連載したものに新たに最終章を書き加え、加筆修正してまとめたものです。前著『アラブ、祈りとしての文学』に続き、みすず書房編集部の鈴木英果さんには企画段階から、足かけ三年にわたる連載、そして単行本化までたいへんお世話になりました。パレスチナについてこのような本を著すことは、私自身の積年の願いであったので、鈴木さんが連載を企画し、ずっと伴走してくださったことで、それが実現しました。心より感謝申し上げます。

「パレスチナ」と出会って四〇年という歳月が過ぎました。その間、訪れたパレスチナで、あるいは日本で、さまざまな「出会い」がありました。直接、出会って言葉を交わす、そのような出会いもあれば、レイチェル・コリーさんのように、彼女の死後初めて出会う、という場合もあります。いずれであれ、私はそれらの出会いから、パレスチナについて多くを学びました。いえ、これらの出会いこそが、私にパレスチナについて教えてくれた、と言うべきかもしれません。本書はそうした、私にとって「過ぎ去らない人々」をめぐる記憶の物語の一部です。これらの出会いを通じて、私が少しずつ、パレスチナについての理解を深めていったように、本書に綴られた個人的な出会いの物語を通して、読者のみなさんがパレスチナに触れ、それについて知り、パレスチナと出会うことを願って本書は書かれました。

この四〇年間、パレスチナとともに歩み続けるなかで、さまざまな方々と出会い、教えられ、励まされ、支えられてきました。ここに、その一人ひとりのお名前を記すことはできませんが、支えてくださったすべての方々に心から感謝を捧げます。

いかなる不正義も永久に続くということはありません。ナクバ以来、パレスチナ人が被っていることの苦しみ――終わらないナクバ――に終止符が打たれる日が必ず来ます。問われているのは、私たちがそれにどのように関わるか、そして、その日が少しでも早く訪れるように私たちは何をするのか、だと思います。

その日、来たりなば……、その日、来たりなば……。

二〇一八年　ナクバから七〇年目の十月に

岡　真理

著者略歴

（おか・まり）

1960年生まれ．東京外国語大学アラビア語科卒，同大学院修士課程修了．京都大学大学院人間・環境学研究科教授を経て，2023年より早稲田大学文学学術院教授，京都大学名誉教授．専門は現代アラブ文学，パレスチナ問題．著書に『記憶／物語』（岩波書店），『彼女の「正しい」名前とは何か』，『棗椰子の木陰で』（以上，青土社），『アラブ，祈りとしての文学』（みすず書房），『ガザとは何か』（大和書房），『中学生から知りたいパレスチナのこと』（共著，ミシマ社）ほか．訳書にエドワード・サイード『イスラム報道　増補版』（共訳，みすず書房），サラ・ロイ『ホロコーストからガザへ』，『なぜガザなのか』（以上，共訳，青土社），ターハル・ベン＝ジェルーン『火によって』（以文社），アーディラ・ライディ『シャヒード，100の命』（インパクト出版会），サイード・アブデルワーヒド『ガザ通信』（青土社）ほか．2009年から平和を目指す朗読集団「国境なき朗読者たち」を主宰し，ガザをテーマとする朗読劇の上演活動を続ける．

岡 真理

ガザに地下鉄が走る日

2018年11月16日　第1刷発行
2024年9月2日　第8刷発行

発行所 株式会社 みすず書房
〒113-0033 東京都文京区本郷2丁目20-7
電話 03-3814-0131(営業) 03-3815-9181(編集)
www.msz.co.jp

本文組版 キャップス
本文印刷・製本所 中央精版印刷
扉・表紙・カバー印刷所 リヒトプランニング
装丁 細野綾子

ISBN 978-4-622-08747-2
[ガザにちかてつがはしるひ]